旅游演艺
理论与实践探索

——国家艺术基金
2019年度艺术人才培养资助项目
"旅游演艺管理人才培养"
论文集

朱 敏 ◎ 主编

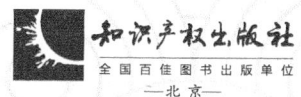

图书在版编目（CIP）数据

旅游演艺理论与实践探索：国家艺术基金2019年度艺术人才培养资助项目"旅游演艺管理人才培养"论文集 / 朱敏主编 . —北京：知识产权出版社，2022.12
ISBN 978-7-5130-8462-8

Ⅰ. ①旅… Ⅱ. ①朱… Ⅲ. ①旅游业—表演艺术—组织管理—人才培养—培养模式—中国—文集 Ⅳ. ① F592.3-53

中国版本图书馆 CIP 数据核字（2022）第 218055 号

内容提要

本书是"旅游演艺管理人才培养"项目结项成果，是项目组学员经过学习、讨论及实地调研之后的研究成果，是演艺行业相关工作人员从业多年的所感所得，是产学研等各界人士在旅游演艺领域集体思考与探索的智慧结晶。其中，既有旅游演艺产业开发的逻辑理路，又有旅游演艺品牌构建与运营的内容思路，还有演艺产品建设与文旅景区发展的未来进路。

本书适合旅游演艺、文化产业研究等相关领域从业者、研究人员、高校师生使用。

责任编辑：李石华　　　　　责任印制：孙婷婷

旅游演艺理论与实践探索
LÜYOU YANYI LILUN YU SHIJIAN TANSUO
——国家艺术基金2019年度艺术人才培养资助项目"旅游演艺管理人才培养"论文集

朱　敏　主编

出版发行：	知识产权出版社有限责任公司	网　　址：	http://www.ipph.cn
电　　话：	010-82004826		http://www.laichushu.com
社　　址：	北京市海淀区气象路50号院	邮　　编：	100081
责编电话：	010-82000860转8072	责编邮箱：	laichushu@cnipr.com
发行电话：	010-82000860转8101	发行传真：	010-82000893
印　　刷：	北京九州迅驰传媒文化有限公司	经　　销：	新华书店、各大网上书店及相关专业书店
开　　本：	720mm×1000mm　1/16	印　　张：	17
版　　次：	2022年12月第1版	印　　次：	2022年12月第1次印刷
字　　数：	280千字	定　　价：	85.00元

ISBN 978-7-5130-8462-8

出版权专有　侵权必究
如有印装质量问题，本社负责调换。

前　言

当前，文化和旅游朝着更高、更深的维度融合发展，以文化资源为依托、以本地化人文故事为主要内容、以综合性歌舞表演为呈现形式的旅游演艺日益受到关注，文旅演出日益成为文化和旅游领域融合发展的重要载体与重点突破口，成为文化旅游品牌与经济增长的新引擎。

在见证旅游演出市场日趋繁荣的同时，不能忽略旅游演艺背后还存在管理粗放、专业人才缺口较大及投入产出不成正比等若干问题。鉴于此，加强旅游演艺管理，探讨旅游演艺人才培养模式和发展路径，是规范发展旅游演出市场、推动旅游业提质增效的重要抓手，是打造民族文化演出精品、推动中华文化对外传播的应有之义。

为推动旅游演艺管理工作质量与水平的提升，中国传媒大学文化产业管理学院于2019年启动了国家艺术基金2019年度艺术人才培养资助项目"旅游演艺管理人才培养"。项目立足于中国传媒大学在文化和旅游领域雄厚的研究实力，为来自全国各地的50位优秀学员提供了一场集专业面授、交流互访及创作实践等在内的知识盛宴。项目于2019年8月正式启动，在30天的时间里，项目组共聘请了30多位文化和旅游演艺领域的专家学者授课，同时，组织学员先后奔赴北京和西安等地进行实地调研、项目考察与交流，最终形成了阶段性的结课学术成果。

本书由"旅游演艺管理人才培养"项目结项成果组成，是项目组学员经过学习、讨论及实地调研之后的研究成果，是演艺行业相关工作人员从业多年的所感所得，是产学研等各界人士在旅游演艺领域集体思考与探索的智慧结晶。其中，既有旅游演艺产业开发的逻辑理路，也有旅游演艺品牌构建与运营的内容思路，还有演艺产品建设与文旅景区发展的未来进路。

旅游演艺推动的文旅融合方兴未艾。当前，我国旅游演艺项目逐年增多，有关旅游演艺的学术研究也在不断增长，理论架构不断丰富完善。但需要看到的是，旅游演艺相关理论的研究仍然滞后于行业发展实际，现有的理论框架不能全面反映当前旅游演艺存在的问题及发展的动向趋势。因此，必须做好旅游演艺管理与发展的相关研究，将对于旅游演艺的感性认知与理性思考结合起来，将理论基础与实践探索结合起来，将本土实践与国际视野结合起来，多多关注旅游演艺在旅游业发展中的新动态、新变化，思考当前旅游演艺存在的实际问题。

范周

2022 年 1 月

目 录

第一篇　文旅融合 ··· 1

旅游演艺与非物质文化遗产融合发展的思考 ····························· 张　更 3
文旅融合
　　——"文化＋演艺"前世今生及未来思考 ···························· 薛剑英 10
文旅融合背景下湖南旅游演艺高质量发展的新思路 ···················· 郑　骞 18
文旅融合视角下地方戏进景区模式研究 ··································· 时玉亮 25
关于深圳旅游演艺创新发展的探究
　　——论"大湾区""先行示范区""文旅融合"如何助力鹏城旅游演艺
　　腾飞 ·· 姚迩晓 34
旅游演艺对城市的触媒效应探析
　　——以《鼎盛王朝·康熙大典》实景演出为例 ······················· 梁嘉欣 45
大运河旅游演艺平台的构建研究 ··· 夏春燕 52
推动我国旅游演艺产业发展之我见 ·· 王　璐 63
中国文旅产业旅游演艺的展望 ··· 裴歆悦 73
民族文化在旅游演艺中呈现的国际传播 ·································· 高　慧 79
意义生产与文化认同
　　——旅游演艺产品要讲好中国故事 ································· 刘　昂 84
夜间经济背景下旅游演艺模式创新研究 ·································· 孙浪滔 91
旅游演艺新发展下中小旅游景区的机遇 ·································· 刘　聪 99
旅游演艺已成为文旅产业融合的最佳催化剂 ····························· 邱　军 106
存量旅游演艺的增量价值体系构建 ·· 龚胡婷 110

第二篇　科技赋能······121

数字影像技术在文旅内容的应用及创新················龙若虚 123
消费迭代背景下旅游演艺的轻量化沉浸体验创新路径研究·······王科雅 130
浅析"沉浸式娱乐"国内发展现状···················叶怀阳 138
浅析沉浸式旅游演艺的经济拉动效应··················翟佳羽 147
红色革命历史开合式演出《新中国从这里走来》项目分析
　　——舞台科技元素在情境演出中的运用初探············唐　颖 155
智慧旅游背景下旅游演艺产品的传播困境与建议············谌　蕾 164

第三篇　实践探索······173

旅游演艺产业发展困境的破解之道
　　——以宋城演艺为例·····················张玉彪 175
旅游演艺语境下的旅游戏剧
　　——以青春版《牡丹亭》为案例分析···············李　俊 184
浅析《又见平遥》品牌的成功创建···················姚　瑶 190
旅游演艺产业的营销现状及创新策略研究················秦倩倩 198
管窥旅游演艺产品打造的关键要素···················周青青 205
试论旅游演艺内容模式及前景·····················邱　璇 213
论儿童旅游产品的研究与开发·····················郭燕宁 222
论文旅演艺设备的必要性·······················杨金明 229
以渔窑小镇为例研讨湖南文旅特色小镇演艺的植入···········唐宏岳 237
武乡县红色旅游发展的困境及其发展对策················陈凤枝 244
中小景区投资旅游演艺量力而行····················李学强 252
县域旅游演艺发展前景分析······················耿铭生 259

第一篇　文旅融合

旅游演艺与非物质文化遗产融合发展的思考

■ 张 更

摘 要：资料显示，过去的十几年，是我国旅游演艺业蓬勃发展的一段时间，主要体现在有旅游演艺的城市及旅游演艺节目场次的双重增加。同时也是非物质文化遗产（以下简称"非遗"）相关工作快速发展的十几年。旅游演艺的本质目的是使游客延长停留在旅游地的时间从而促使再消费，那么旅游演艺内容的精彩与否，是不是足够吸引观众的眼球就成了关键。笔者认为，一台好的旅游演艺既要很好地体现当地人文特色又要与时代接轨。而各地众多的非遗项目是可以很好地体现当地特色的重要演艺资源，笔者实地考察了一些旅游演艺项目，发现众多知名非遗项目均与旅游演艺项目产品无缘。想来是可以"1+1＞2"的事情，却没有很好地体现，本文就旅游演艺如何与非遗融合共同发展做了一些思考。

关键词：旅游演艺；非遗；融合；发展

我国是四大文明古国之一，五千年的文化积淀和深厚的历史底蕴培育了丰富多彩的多元文化。基于民族和地域发展的多元性，形成多种文化生态，所以非遗资源是丰富多样而又多姿多彩的，优秀的传统文化一直传承延续至今未曾断代，可见我们优秀传统文化具有多么顽强的生命力，而众多传承至今的非遗项目就是支撑这生命力的DNA。迅猛的城市化进程正在改变着大部分人的生活方式，同时也在吞噬着非遗项目的生存空间，很多项目传承发展都遇到了困境。笔者在调研了一些旅游演艺之后发现，很多旅游演艺产品存在形式大于内容的问题，即过于重视旅游演艺产品对受众的视觉冲击而忽略了内容的丰满。虽然说旅游演艺产品的定位不是高大上的艺术作品，但是也要尽可能向充实的内容与极其绚丽视觉的完美结合的方向进行，尽可能地做到准艺术产品的水准，从而延长旅游演艺产品的生命力，非遗无疑可以为旅游演艺内容创新提供源源不断的养分。本文主要聚焦非遗赋能旅游演艺发展的方法和思路。

一、两个概念

首先,什么是旅游演艺?笔者试着总结为:在景区、主题公园、城市剧院,以及其他专业演出场地,以旅客为主要服务对象,大部分的旅游演艺产品主要作用是以增加旅客停留时间促进再消费为目的的演艺或展示统称为旅游演艺。

其次,再来看一下非遗的概念。2011年,国家颁布实施《中华人民共和国非物质文化遗产法》(以下简称《非遗法》)。《非遗法》中明确定义的非遗是指各民族世代相传并视为其文化遗产组成部分的各种传统文化表现形式,以及与传统文化表现形式相关的实物和场所。包括以下方面内容:①传统口头文学及作为其载体的语言;②传统美术、书法、音乐、舞蹈、戏剧、曲艺和杂技;③传统技艺、医药和历法;④传统礼仪、节庆等民俗;⑤传统体育和游艺;⑥其他非遗。

最后,根据联合国教科文组织2003年10月颁发的《保护非物质文化遗产公约》(以下简称《公约》)的定义(第2条),非遗是指被各社区、群体,有时是个人,视为其文化遗产组成部分的各种社会实践、观念表述、表现形式、知识、技能及相关的工具、实物、手工艺品和文化场所。这种非遗世代相传,在各社区和群体适应周围环境及与自然和历史的互动中,被不断地再创造,为这些社区和群体提供认同感和持续感,从而增强对文化多样性和人类创造力的尊重。

按上述《公约》中定义的"非遗"包括以下内容:①口头传统和表现形式,包括作为非遗媒介的语言;②表演艺术;③社会实践、仪式、节庆活动;④有关自然界和宇宙的知识和实践;⑤传统手工艺。

截至2018年,国务院公布了四批1372项国家级非遗代表性项目,文化和旅游部认定了五批3068名国家级代表性传承人,批准设立了21个国家级文化生态保护试验区;各省、区、市认定了15777项省级代表性项目和16432名省级代表性传承人。各省、区、市普查的非遗资源总量近87万项,国家、省、地、县4级代表性项目和代表性传承人制度逐步完备。表1和表2是按照现有概念体系分类的十大类国家级非遗代表性项目及国家级代表性项目代表性传承人分类统计信息。

表1 国家级非遗代表性项目分批分类数量统计表

单位/项

项目类别	第一批	第二批	第三批	第四批	合计
民间文学	31	53	41	30	155
传统音乐	72	67	16	15	170
传统舞蹈	41	55	15	20	131
传统戏剧	92	46	20	4	162
曲艺	46	50	18	13	127
传统体育、游艺与杂技	17	38	15	12	82
传统美术	51	45	13	13	122
传统技艺	89	97	26	29	241
传统医药	9	8	4	2	23
民俗	70	51	23	15	159
总计	518	510	191	153	1372

表2 国家级代表性传承人分批分类数量统计表

单位/人

项目类型	第一批	第二批	第三批	第四批	第五批	合计
民间文学	32	—	25	20	46	123
传统音乐	—	104	96	31	149	380
传统舞蹈	—	72	56	49	121	298
传统戏剧	—	304	196	111	173	784
曲艺	—	66	51	34	56	207
传统体育、游艺与杂技	15	—	19	13	41	88
传统美术	72	—	83	76	147	378
传统技艺	78	—	136	112	192	518
传统医药	29	—	24	21	58	132
民俗	—	5	25	31	99	160
总计	226	551	711	498	1082	3068

二、三点思考

（一）旅游演艺与非遗是不是可以融合

1. 非遗项目众多，足够支持旅游地区的演艺

旅游演艺项目中绝大部分的产品以音乐、舞蹈、戏剧或者添加一些杂技等内容相结合的形式呈现。从表1和表2中，我们可以得出非遗项目中与之相关的可以进行展演的国家级代表性项目有传统音乐（170项）、传统舞蹈（131项）、传统戏剧（162项）、曲艺（127项）和杂技（6大项，其中包含很多小的表演项目）这五大类共计596项，约占国家级代表性项目总数1372项的43%，已经近一半的国家级代表性项目可以进行展演了，还有民俗类的某些项目也是可以展演的。这些可以展演的非遗项目理论上都是可以与旅游演艺相结合的。

2. 非遗项目分布地域广泛，可充分支持所在旅游目的地演艺

上文提到的五大类可以进行展演的国家级代表性项目596项，分布在我国所有省、区、市中，无论在哪个旅游景区、哪个城市都能找到体现当地特色的非遗项目。

3. 案例分享

武术是中国传统体育项目，同时人们耳熟能详的少林功夫也是在2006年以传统体育、游艺与杂技的类别入选第一批国家级非遗代表性项目名录。随着时代的变迁，传统武术已经完成了不同历史时期所赋予的功能使命。

现如今，传统武术与时俱进，不断尝试多元化发展，在北京红剧场上演的《功夫传奇》舞台剧便由此衍生出来，成为满足当代大众艺术审美的后现代武术表演新模式。作为中国最早以功夫为主题的舞台剧，《功夫传奇》秉承展现中国功夫的传统理念，以武术元素为主体内容，辅以其他艺术表演形式，以情感丰富的故事情节串联表达传统武术真谛。《功夫传奇》将传统武术、芭蕾、杂技、魔术等艺术表演效果及数字多媒体技术兼容并蓄，尽可能满足中西方观众的审美要求。《功夫传奇》剧中一组模仿动物的象形拳种螳螂拳、猴拳、虎拳、蝎子拳的表演，极大地增强了传统武术的趣味性、观赏性。其中的螳螂拳（主要分布于山东省青岛、烟台一带的胶东地区）于2008就入选了国家级非遗代表性项目名录。

《功夫传奇》舞台剧是旅游演艺与非遗项目相结合堪称完美的一部经典的旅游演艺作品，是两者融合发展的典范。

（二）旅游演艺与非遗可以怎样融合

充分了解旅游演艺与非遗各自的特点是使二者零距离对接的必要功课。

1. 旅游演艺的特点

（1）突出不同地域、民族的文化特色是旅游演艺产品创作的根基。人们到各地旅游除了要参观与其生活常住地不同的自然景观外，还要感受与之不同的人文景观，即体验不同的民族带来的生产生活方式的神秘感、新鲜感。旅游演艺产品的创作核心就是要充分挖掘本土地域文化特色，艺术化呈现文化资源与民族精神内涵，通过演艺科技手段的赋能，打造极具地方特色的旅游演艺盛宴。

（2）注重娱乐性与旅游者参与性的结合是旅游演艺产品存在的根源。旅游演艺从其商品属性来讲，其本质是为旅游者提供休闲娱乐的精神文化产品，所以需要在保证其艺术性的前提下，注重其商品化的特质，即易懂性和娱乐性。旅游演艺产品综合运用多种艺术表现手法，如舞蹈、歌曲、杂技、武术等，使演出内容绚丽多彩，演出氛围欢快热闹、喜闻乐见；充分利用各种高科技声、光、电等手段给游客带来强烈的视听冲击，从而加深其消费体验；不仅如此，台上台下的强互动感，也是为了增强游客的在场感及获得感。越来越多的沉浸式旅游演艺产品的推出，极大地增强了旅客的参与感。

（3）遵循其自然属性及商业特性是旅游演艺产品生存的根本。不同地域的旅游演艺产品受各地自然环境及气候的影响，自带相关自然属性。比如，身处北方景区的实景演艺产品每年的演出季受气候影响从三四月份开始至 10 月份结束，而南方实景演艺的演出季可以持续的时间更长。旅游演艺行业作为旅游行业的子行业，和旅游市场的整体发展持有较高关联度，并且会跟随整体宏观经济的波动而呈现周期性浮动。遵循这些规律利用各自景区优势适时调整经营模式，多方面保障游客的旅游舒适需求，从而延长其旅行逗留时间，以带动周边服务行业的发展，获取一定的商业利益，使旅游演艺生存的时间更长。

2. 非遗的特点

非遗是建立在人类存在这个基础之上的，有人类存在的地方才会有非遗。它记录着各个民族极具特色的生活方式，是民族审美、习惯最直接的呈现。它以人本为载体，通过声音、技艺及形象等表现手段，采用身口相传的文化链延续方式，呈现最具民族特色的文化样本，是"活"的文化中较为脆弱的部分，而与旅游演艺的融合是可以使其活起来的途径之一。

3. 旅游演艺与非遗结合的几种形式

（1）直接利用的结合形式。稍加改造直接可以搬上舞台的非遗项目有很多，如藏族民间说唱体长篇英雄史诗《格萨尔》、柯尔克孜族传记性史诗《玛纳斯》和蒙古族英雄史诗《江格尔》。相比较有些不太成熟的旅游演艺产品来说，其故事性完整，传承至今在人们心目中有一定影响力。这样的题材可以改编成一台完整的旅游演艺产品，在实景景区、主题公园、专业演出场馆进行大型演出。

（2）互为借力的合作模式。比如，有些非遗项目的艺术性本身就具备，项目的独立性又较强，民族性、地域性强，适合在白天展演展示的非遗项目，可以借助景区的区位优势、人流量优势进入景区、民俗村、主题公园等旅游地进行展演展示。一方面给景区等旅游地增光添彩，增加文化底蕴，另一方面景区也可以帮助非遗项目扩大知名度、增加景区及非遗传承人的经济利益。很多手工技艺类的项目或者是一些小而精的非遗项目可以采取这种相对灵活的合作模式。

（3）你中有我、我中有你的融合模式。旅游演艺产品创作人员可以从诸如传统音乐、传统舞蹈、传统戏剧、曲艺等非遗项目广泛取材，使之融入旅游演艺产品中，成为旅游演艺产品不可或缺的一部分，同时这些非遗项目增加了展示机会，为其进行持续更新、创造，增添项目活力提供了必然条件。此种模式为两者深度融合、促使二者共同发展指明了方向。

（三）旅游演艺与非遗融合中应注意的问题

1. 相互尊重，才能融合得更好

旅游演艺产品的创作人员与非遗传承人要互相尊重各自的主体地位，确定好适合的合作模式。合作中旅游演艺产品的创作人员要深度了解传统文化的精髓，不能漫无边际地改编非遗既有的展现方式；非遗传承人也要加强与旅游演艺产品创作团队的沟通，适时做出相应的改变，积极融入旅游演艺产品当中。

2. 知识产权问题

非遗的知识产权保护一直都是我国非遗保护工作中面临的最大、最亟待解决、最棘手的问题。至今还没有一套完整的适用于非遗知识产权保护的专项法律法规出台。当前有关非遗知识产权的法律保护方式沿用的是传统知识产权保护模式，即特别法保护模式。但采用综合保护模式，即兼采传统知识产权模式和特别法保护模式的优点，为非遗提供全面而充分的保护是较理想的方式。期待尽快完善《非遗法》中知识产权保护的相关内容，研究出台适用于我国非遗知识产权保护的专项法律法规。

三、结语

从当前市场来看,文旅融合已然成为旅游演艺事业发展的大趋势,在旅游演艺事业快速发展的前提下,在各级政府、社会各阶层人士稳步推进非遗保护工作中,加强旅游演艺与非遗的交流融合,既符合文旅未来发展的要求又满足人民群众对美好生活的需求。事实证明旅游演艺与非遗是可以融合发展的。从事旅游演艺产品的创作人员要多多关注非遗,研究非遗;从事非遗保护的相关人员,特别是各级非遗代表性传承人也要多多参与旅游演艺事业,积极促使旅游演艺与非遗在交流中互鉴、在互鉴中融合发展,努力创作出适合新时代、富有正能量的作品。

参考文献

[1] 邹统钎. 中国大型实景演出发展理论与实践 [M]. 北京:旅游教育出版社,2016:52-58.

[2] 李精华. 论非物质文化遗产的知识产权保护 [J]. 研究生法学,2010,25(4):125-131.

文旅融合
——"文化+演艺"前世今生及未来思考

■ 薛剑英

摘 要：随着中国经济的高速发展，涌现出许多高收入、高学历、重视生活品位的群体，他们对精神文化的消费需求促使中国文旅产业不断欣欣向荣发展壮大，并诞生了大批优秀文旅项目。伴随着文旅项目催生而来的"文化+演艺"进一步的发展，推进了我国文化产业、演艺产业、旅游业、餐饮业等各行业的蓬勃发展，同时也产生了各种各样的问题，需要我们去研究思考并解决。本文阐述了文化及演艺的各自形式及文旅融合产生的"文化+演艺"，对"文化+演艺"的发展现状的调查分析，指出目前存在的一些问题及原因，针对产生的问题及原因提出对未来文旅产业的思索，引导文旅产业的健康发展。

关键词：文化；演艺；文旅融合

在厉行改革与锐意创新的时代背景下，作为我国经济发展新增长点的文化产业，已经取得了很大成绩，并呈现欣欣向荣的繁荣景象。谁能够创意地利用文化、发展文化、融合文化，让"文化"成为品牌运营与企业发展的内驱力，谁就能在这个瞬息万变的互联网时代找到产业发展不变的规律，在产业竞争中保持长久的优势。在这样的背景下，催生了一系列的"文化+"，文旅融合也使得"文化+演艺"应运而生。

一、文旅融合——"文化+演艺"的概述

文化产业与旅游产业相互融合、互为依托，丰富的文化为旅游提供内容产品支持，旅游则以历史文化为支撑创造无穷的市场空间。在如今的旅游业中，群众通过挖掘当地优秀文化来发展旅游产业，现有旅游景区则通过增加文化附加值来打造自

己的文化形象，充分将文化产业和旅游业融合并创新发展。

（一）文化

文化，简单说就是各地区人类生活要素形态的统称，即衣、冠、文、物、食、住、行等，文化这一概念一直众说纷纭，普遍的解释认为，文化应该是相对于政治、经济而言的人类全部精神活动及其活动产品。

文化产业的主要活动是生产精神产品，以满足人们对文化的需要，文化本身的意义在于创作与销售手段以实现无限的价值，如文学艺术创作、音乐创作、摄像摄影、舞蹈编排和各种设计等。

（二）演艺产业

演艺产业是以演艺产品的创作制作、营销、表演场所等配套服务共同构成的产业体系。演艺产品具体形态丰富多样，涵盖各类艺术表演及演出。历史积淀、区位差异、地域文化、民俗特征等因素对演艺产业的发展具有很大影响。

（三）"文化+演艺"

在2009年国务院通过的《文化产业振兴规划》中，将发展文艺演出院线作为发展文化产业的八项重点工作之一，2012年2月，中共中央办公厅、国务院办公厅印发《国家"十二五"时期文化改革发展规划纲要》，要求加快发展文化产业，其中重点强调了要繁荣演出市场，满足人民群众多样化的精神文化需求。在国家统筹宏观调控指导下，在各地迅速发展起来的经济支持下，民众对精神文化的娱乐需求不断增加，文化消费时间逐渐增多，对文化产品的选择性日益增强，逐渐向高层次的精神文化需要转移，除了旅游度假，其目的地文化娱乐性强、知名度高、影响力大的文化演出节目成为民众热衷的文化消遣方式之一。究其根本在于比起高大上的、对观众专业素养要求高的各种传统专业舞台演艺，文旅演艺受众群体更为广泛，更能让普通观众享受文化艺术的快乐，并在欣赏文化艺术的同时，轻松学习领悟历史、感受中国各地传统文化，获取丰富人文知识。

整体来说，演艺产业作为文化振兴的重要组成部分之一，其具有较好的发展前景。就现阶段而言，旅游演出市场与话剧市场正处于快速发展时期，曲艺演出市场、儿童剧演出市场和音乐演出市场等新兴市场也具备较大的发展潜力。其中，旅游演出是产业化程度最高的演出领域，已经出现了多种相对成熟的产业化模式，如实景演出模式、主题公园模式、旅游舞台表演模式等。

二、"文化+演艺"的发展现状

（一）发展概况

北京、上海、广州是中国经济、文化发展的集中地，其演艺事业的发展也在全国范围内走在了前列，成为全国演出市场的第一阵营。

2011年5月，随着广州大剧院的落成，国内首次出现国家大剧院、上海大剧院、广州大剧院三家国家级剧院三足鼎立的局势，有效地推动了地域性演出的发展。此外，三大国家级音乐产业园区已确定在北京、上海、广州三地建立，这些音乐产业园区是集音乐团队的聚集、音乐作品的创作、宣传推广和对外演出等于一体的集聚地，必将对演出市场区域分布起到明显的带动作用。

近年来，云南、浙江、湖南、陕西、辽宁、四川、天津等地的演出市场出现大繁荣景象，并且都有自己的特色化发展行业。云南旅游演出业已经建立了多个全国知名品牌，如最具代表性的《云南印象》；浙江民营戏剧发达，农村演出市场的繁荣程度在全国位居前列；湖南娱乐性演出在全国的影响力巨大；陕西西安的盛唐宫廷文化各种演出繁荣发展；天津的相声和四川名人大型演出效应都在全国有一定的影响力。这些省市逐渐构成全国演出市场的第二阵营。

随着全国大型演出剧团转企改制的大力推进，陕西、安徽等地在安徽演艺集团、重庆演艺集团、陕西演艺集团、西安演艺集团、山西演艺集团、华夏文旅集团等演出集团的推动下，演出市场非常活跃，发展潜力巨大。演出市场的专业化定位和全国品牌打造成为演出市场第三阵营主要的发展方向和目标。

比如，美丽的滨海度假城市——山东威海，拥有中国生态环保第一城的美誉，白天碧海蓝天山清水秀的美景，夜晚精彩绚丽的实景演出《华夏传奇》让游客目不暇接、留恋其中。殊不知，在2003年前，这里是满目疮痍、荒凉萧条的废矿坑。华夏文旅集团经历"愚公移山"的艰苦卓绝，以环境整治与旅游发展相结合的超前理念和坚强意志，历经十余载终于凤凰涅槃，将几十个矿坑覆土绿化，依势而建，打造了中国跨度最大的华夏第一牌楼，实现了绿水青山的秀丽美景。在矿坑中打造的可容纳3000多名观众、360度旋转舞台的实景演出——《华夏传奇》，开创了自然景观与人文演艺相结合的先河，使威海逐步成为胶东半岛著名的旅游目的地之一。

威海华夏城的例子，是全国各地文旅演艺蓬勃发展的一个缩影。《鼎盛王朝·康熙大典》《长恨歌》《文成公主》等各种文旅演艺项目相继火爆，使传说中的"诗"与"远方"终于同频融合，文旅演艺持续发展壮大，上马项目逐年增长。

（二）发展形式

据参考数据显示，从2013年到2017年，我国文旅演艺节目台数增长了43%；旅游演艺场次增长了61%；旅游演艺观众人次增长了145%；旅游演艺票房收入增长了128%。伴随着台数、人数、收入的持续增长，旅游行业持续转型升级为文旅行业，曾经靠着"导游一张嘴"的旅游，逐渐转变为游客融入其中、耳目感知的亲身体验，十几年磨砺，文旅演艺行业随着设备技术的进步由开始的互动模式演变为机械投影视频高科技、灯光音响更绚丽的高冲击模式、沉浸式体验模式等。

被称为我国第一部山水实景演出的《印象·刘三姐》，带动了桂林旅游业的发展，成为广西壮族自治区的旅游名片，受《印象·刘三姐》的影响，各地实景演出如雨后春笋。但随着科技的高速发展、行业产品不断升级、商业模式单一、文旅演出产品自身问题、内容逐步同质化及游客审美的不断提高，致使文旅演出市场竞争激烈。近几年，实景演出明显增长缓慢，进入了行业发展的瓶颈期。据参考数据显示，2018年上半年，丽江旅游以《印象·丽江》为代表的文旅演艺同比下降5.11%。

依据调研结果显示，游客在选择旅游目的地时，与天气因素相比，文化因素更为重要。30%～50%的受访者为体验当地的人文风情选择某个目的地，仅1/5的游客表示旅行是为了目的地的好天气。这些年来，广西阳朔的《印象·刘三姐》、湖南张家界的《天门狐仙》、杭州的《宋城千古情》、山西平遥的《又见平遥》、陕西西安的《长恨歌》、陕西华夏文旅的《驼铃传奇》等文旅演艺项目，之所以获得几百场甚至上千场的佳绩，就是因为它们用舞台艺术的形式为游客提供了一个容易了解当地历史文化、欣赏当地民俗文化的窗口。但随着科学技术的快速发展及观众欣赏水平的日益提高，文旅演艺必须更新换代、转型升级，逐步向体验式、沉浸式、场景式等多种模式因地制宜探索发展。

三、"文化＋演艺"出现的问题

铺天盖地的投资热情，让文旅演艺似乎成为景区的标配，投资"泡沫"逐渐显现。投资误判、演艺项目质量牵强、内容雷同缺乏创新、观众审美疲劳等问题使部分文旅演出产业陷入困境。面对高昂的运营成本，有些文旅演艺项目的经营甚至举步维艰、亏损严重。业界开始对文旅演艺的内涵、质量及运营方式等重新思考，同时，中国演艺市场对演出人员、工作人员、舞台布景等末端环节具有较高的要求，产业处于发展的初级阶段，存在产业链不成熟、演艺市场分配机制不完善等诸多问题。

（1）盲目投资。受某些景区文旅演艺成功案例的影响，投资者一味跟风，忽略评估自身的地理位置、季节变化、交通位置、客流量转化率、夜间配套服务等重要因素，导致投资失误。

（2）投资巨大，产品单一，盈利能力匮乏，缺乏持续竞争力。文旅演艺一般投资巨大，少则几千万元，多则几亿元，建成后的运营成本非常高，如果投资预算成本回收缺乏科学预算、付现成本居高不下、营收造血功能匮乏，就会使项目财务费用和各项资产折旧摊销过高。

（3）产品内容同质化严重，主题不明确，体验性较差，感染力不强，亮点不足卖点不够，市场竞争力低下。

（4）专业管理人才匮乏，运营成本缺乏科学管控。新型的文旅演艺行业需要既懂旅游又知艺术又善管理的复合型管理人才，而此类型人才的缺乏致使部分项目管理得不到有效保障。灯光、音响、视频、服化道、演出质量、舞台机械维护等专业技术人才的匮乏，使人力成本偏高，演出质量和演出安全风险较高。

（5）市场竞争激烈，旅游演艺营销黔驴技穷、盲目投资。新文旅演艺项目市场培育期长，普遍打价格战走低价或赠送策略，同区域演艺项目不能抱团取暖，营销策划宣传推广不切合实际，盲目投入。

（6）行业缺乏科学引领，旅游演艺理论混乱，导致行业迷失方向。考虑天时地利人和，恰到好处的文旅演艺项目对于景区发展是锦上添花，否则，就是画蛇添足。国内近些年一些专家学者机构不深入调查研究实地采风，闭门造车，以点概全，过度解读旅游演艺的作用，虚夸成绩，以评奖排名牵着文旅演艺的发展方向，把因地制宜发展旅游演艺说成是旅游景区的标配、城市文化的名片等各种歪风歪理混乱现象致使中国文旅演艺到了痛定思痛的终结时代。

四、"文化+演艺"的未来

(一)解决"文化+演艺"存在的问题

为了更加充分发挥文化和旅游的有效融合,推进文旅演艺产业转型升级、保质增效,长远协调发展,提出如下意见。

(1)推进模式创新。由于之前文旅演艺投资科技的高速发展、行业产品不断升级、商业模式单一、内容逐步同质化及游客审美的不断提高,致使文旅演出市场竞争激烈。鉴于文旅演艺前期投资巨大,回收周期长的缺陷,支持鼓励中小型、特色类、主题类、小投资类旅游演艺项目。支持就地取材,充分利用室外广场、商业综合体、休闲公园等拓展中小型旅游演艺产品,宣传推广具有社会效应的演艺项目,支持数字艺术、智能演艺、灯光音响机械等高科技技术秀,增加观演群众的参与性、互动性和体验性。

(2)刺激消费,积极开展惠民活动。文旅企业应充分利用各地文旅部门推出的惠民政策积极推出优惠活动刺激当地消费群体,同时,结合中国旅游日、劳动节、母亲节、国庆节等重要节假日开展惠民活动。积极推动演艺项目网上传播获取更多关注。吸收当地服务群体参与经营,积极参与国家相关艺术基金的申报,获取更多发展支持。积极参与各级相关文旅项目评选,打造优质文旅演艺项目。

(3)深化跨境合作。文化交流无国界,依托国家大的外交政策,支持信誉好、有实力的文旅企业通过联合创意制作、版权国际交易、企业管理技术服务交流等多种方式,适时推动与周边国家和地区率先开展旅游演艺交流合作,适当组织开展跨境节庆共办、品牌项目共建等活动,优先推动境外旅游试验区或边境全域旅游示范区的建立。

(4)强化节目审核,加大市场监管。建立健全文旅演艺节目内容审核机制,严格依照法律落实意识形态责任制的相关要求,严把题材审核,严格市场准入机制,强化演出单位主体责任,联合信用惩戒机制加快信用体系建设,加大信用监管力度,加强对从业人员安全培训及素养教育监督工作,及时关注社会关注度高、票务供需紧张的旅游演出,依法查处炒作票价、虚假宣传等问题。

(5)从严管理,安全生产。旅游演艺经营机构应严格落实安全生产规定的"谁主办、谁负责"的原则,建立健全各项安全管理规章制度,建立各种突发事件的应对机制,建立火灾、洪涝灾害、拥挤踩踏等安全事故的应急预案,加强安全操作培训,定期组织消防演练、疏散演练和不定期现场实地检查。演出时做好入场观众数量控制与秩序维护，及时为旅游演艺项目购买公共责任险、财产险、意外险等保险产品。

（二）未来展望

随着中国文旅演艺产业的发展，演艺投资模式日趋多样化，如产业公司间股权并购投资、跨国兼并及重组、重大投融资等，诠释了文旅演艺市场的深度整合与多元融合的发展趋势。

在中共中央办公厅、国务院办公厅及文化和旅游部下发的有关旅游演艺发展的文件里都同时提出："鼓励打造中小型、主题性、特色类的文化旅游演艺产品。"这句话既是中国旅游演艺发展总的思路方向也是行业要求，期待中国旅游演艺通过自我洗牌、自我反思和大胆创新，逐步向健康、繁荣之路发展！

五、结语

为此我们更加需要牢固树立弘扬文化精品意识，更加突出文化创意创作及生产质量，引导文旅演艺机构充分挖掘中华优秀传统文化内涵，运用丰富的艺术形式及高科技手段，推出更多具有中华民族文化内涵、文艺思想精深、艺术精湛、特色鲜明、涵育人心、制作精良、底蕴深厚的经典文旅演艺作品，使文旅融合在演艺中得以更好地展现与发展。

参考文献

［1］马勇，陈慧英．旅游文化产业竞争力综合评价指标体系构建研究［J］．中南林业科技大学学报（社会科学版），2012，6（1）：4-7.

［2］赵强生，李东影．大型实景演艺产品开发模式初探［J］．消费导刊，2010（6）：34-34.

［3］方世敏，杨静．国内旅游演艺研究综述［J］．旅游论坛，2011，4（4）：152-157.

［4］庄志民．如何进行旅游文化资本运作值得深入研究［J］．旅游学刊，2005，20（5）：11-12.

［5］许二凤，洪帅. 河南省旅游演艺的现状分析与前景展望［J］. 河南商业高等专科学校学报，2009，22（6）：69-73.

［6］赵岚. 国内旅游演艺产品开发的现状及对策［J］. 四川职业技术学院学报，2011，21（1）：123-124.

文旅融合背景下湖南旅游演艺高质量发展的新思路

■ 郑 骞

摘 要：湖南作为文化大省和旅游资源大省，有高质量发展旅游演艺的基础和实力。但受困于本省旅游资源的不均衡，同时行业也缺乏顺应市场发展的产业思维和创新模式，使湖南省的旅游演艺只有少数几个亮点项目，而没有整体做大做强。在当下国家文化和旅游深度融合的背景下，政府、行业及研究机构是否可以共同努力，找到一条适合于湖南旅游演艺发展的新路，在提升本省旅游演艺发展水平的同时，在全国创出"旅游演艺湘军"品牌。本文从湖南旅游演艺行业的现状、存在的问题和发展的新思路几个方面梳理和研究，期待在当下文旅发展新时期找到一条湖南旅游演艺高质量发展的新思路。

关键词：文旅融合；旅游演艺；湖南；新思路

2019年4月，文化和旅游部印发了《关于促进旅游演艺发展的指导意见》，标志着我国首个促进旅游演艺发展的文件正式出台。旅游演艺是近年来文化和旅游融合发展的典型业态之一，据相关研究统计，近五年是我国旅游演艺的高速发展期。从2013年到2017年，演艺场所的数量增加了61%，观演人数同比增加145%。但是整体来看，当前演艺产品与丰富的文化资源相比，旅游演艺的种类还较为单一；与文化旅游产业相比，旅游演艺的潜力尚需重点挖掘；与日益增长的文旅消费需求相比，旅游演艺的水平还需要进一步提升。

该意见明确提出，到2025年，旅游演艺市场的发展布局将更为优化，涌现一批有示范价值的旅游演艺品牌，形成一批运营规范、信誉度高、竞争力强的经营主体。旅游演艺产业链将更加完善，管理服务体系基本健全，在推动文化和旅游融合发展中的作用充分彰显，也将持续发挥对相关产业行业的综合带动作用。

为了实现以上目标，全国各级政府、研究机构和旅游演艺从业者都应以此文件的发布为契机，抓住机遇迎难而上。湖南作为中部地区的文化和旅游资源大省也是重担在身，责无旁贷。本文将从几个方面对湖南旅游演艺行业做一个梳理，并结合国内其他省份的优秀经验，期望在当下文旅深度融合的新时期，找到一条湖南旅游演艺高质量发展的新思路，推进湖南旅游演艺产业跨域式发展，形成集团优势，在全国打出品牌。

一、湖南旅游演艺的行业现状

（一）行业总体规模

近几年，湖南形成了一批内容优质、市场竞争力强的旅游演艺产品，涵盖了专有剧场演出、主题公园演出和大型实景演出等主要类型。旅游演艺已成为文化与旅游融合发展的重要载体和促进文化旅游消费的新兴产业。《张家界·魅力湘西》自2000年问世以来，累计演出7000多场，接待海内外观众1500多万人次，成为张家界文化旅游的一个金字招牌，享有"国家文化产业示范基地""中国旅游演艺票房十强""中国旅游演艺机构十强"等荣誉。

《炭河千古情》项目位于宁乡炭河古城景区，成为宋城演艺对外输出的首个轻资产模式的演艺项目。该演出以国之重器"四羊方尊"的传奇故事为主线，讲述湖南青铜文化。目前，《炭河千古情》已演出近千场，观演人数突破600万人次。

《天门狐仙·新刘海砍樵》2009年9月首演，由中国山水实景演出创始人梅帅元执导，音乐家谭盾担任音乐总监，1.2亿元巨资打造，气势恢宏的奇幻场景，令观众叹为观止。

首先，以《魅力湘西》《天门狐仙》为代表的湖南旅游演艺的头部项目，演出水准稳定，票房依然持续增长，项目吸金明显。其次，以《炭河千古情》《黑石号传奇》为代表的主题公园演出异军突起，宋城的《炭河千古情》2017—2018年票房火爆，《黑石号传奇》也在2019年开演，票房也在逐步走高。另外，《中国出了个毛泽东》因为投资和运营费用过大，《桃花源记》因为景区问题，一直不温不火，都在勉强支撑。

旅游演艺特别是实景演出，投资大，市场竞争十分激烈。在张家界，《天门狐仙》《梯玛神歌》及《魅力湘西》共同构成了张家界旅游演艺市场三足鼎立之势。在长沙，《浏阳河上》大型田园实景演出2017年惊艳亮相，却也面临上座率低的尴尬，

2018年仅演出几十场，2019年复演仍遥遥无期。

综上所述，湖南旅游演艺有亮点，但整体发展水平在全国还处于中游，市场潜力和发展空间都很大。

（二）湖南旅游演艺发展特点

1. 全国旅游演艺发展特点

（1）游客文化需求大幅增加，旅游演艺市场迎来发展良机。2017年全国旅游演艺观众人次为6821.2万人次，大幅增长26.5%。受益于中国经济转型和消费升级，旅游人口对旅游内容的要求越来越高，从原本的观光型旅游形态逐渐发展到休闲文化旅游形态，推动了旅游业绩的大幅增长。

（2）以头部演艺项目逐渐构建成熟的商业模式，获得市场高度认同。宋城演艺开拓轻资产模式，继续发力旅游演艺市场。2017年，其与《黄帝千古情》《明月千古情》《岭南千古情》等多个合作项目签约，《炭河千古情》首演大获成功，人数超过200万。华夏文旅建设了"演艺+"综合体，以创新模式进入快速发展期。在"传奇"系列演艺的基础上，华夏文旅开发了"多元化产业、一站式服务"的旅游新模式，打造了西安《驼铃传奇》、厦门《闽南传奇》、威海《神游记》三部演艺作品，在市场上取得了成功，开启了快速扩张的趋势。

（3）沉浸式旅游演艺产品快速增长。《又见平遥》沉浸式演出对市场产生了积极的影响，至《不眠之夜》的大获成功，再次促进了沉浸式旅游演艺大爆发。

（4）夜间经济刺激旅游演艺增长。近年来，各地政府和旅游部门优先发展夜间旅游市场，很多地方都出台了鼓励发展夜间旅游的新政策，以激活夜间经济。在发达国家，夜间消费在总消费中占据很大份额。但是目前，国内的夜间消费相对滞后，特别是北方地区，所以文旅市场探索的空间还是很大的。现在，夜游产品供给的增加，旅游企业在夜游领域的投入、产品供给的数量和盈利水平等也迈入快车道。

2. 湖南旅游演艺发展的特点与全国的发展存在异同

（1）相同点。近些年来，湖南对外宣传力度加大，长沙成为网红城市，使来湖南旅游人次呈快速增长态势，对优秀旅游演艺项目需求较大。以张家界为代表的头部演艺项目商业模式成熟，市场认可度高。《天门狐仙》和《魅力湘西》演出票房过亿元。

（2）不同点。旅游演艺的品牌和表演艺术的效益是在项目选址、投资控制、设计和创意、舞台和舞台区的运作中科学判断的结果。对于一些项目来说，受众转化率很低，主要是由于故事过于陈旧，缺乏创新和相似性，很多项目缺乏前期规划、市场评估和对趋势的盲目跟随。

多种原因导致湖南旅游演艺产品总体数量和质量都不高，沉浸式演艺产品很缺乏，夜间经济的热络对旅游演艺增长的激发不明显。湖南旅游演艺市场整体偏弱，急需提升和改变。

二、湖南旅游演艺的行业问题

（一）旅游演艺市场在区域发展程度上不平衡

1. 发展较好的

湖南的旅游演艺项目主要集中在张家界，以《天门狐仙》《魅力湘西》为优秀代表，在全国有很高的知名度，年度营收过亿元。长沙周边也有一部分，主要是"主题公园＋演艺"为主，代表项目有宋城集团托管的《炭河千古情》、新华联铜官窑古镇的《黑石号传奇》，另外还有韶山的《中国出了个毛泽东》。

2. 其他欠发达的区域

湖南其他区域几乎没有什么大的旅游演艺项目，只有一些景区配套的剧目或表演节目，如怀化市沅陵县借母溪景区的《狃子花开》演出等。

（二）旅游演艺项目盲目追求大投入，市场头重脚轻

以大型田园花火实景演出《浏阳河上》为例，投资1亿元左右，2017年5月上演后市场反应冷淡，从每天演出到每周末演出，不到10月就停演了。该项目原来定位于长沙市的旅游名片，但因为场地距城市中心区较远，长沙夜宿游客不多、商业模式不清晰，导致票房惨淡。虽是政府主导，企业行为，但还是因为项目投资过大，运营费用颇高而中止下马。省内类似还有常德、郴州等地的一些项目。

（三）旅游演艺产品过于注重形式，忽视内容创新

湖南的旅游演艺产品，除了以上提到的几个成功的案例外，大部分都是过于注重形式，忽视内容创新。比如，益阳市皇家湖景区，曾经引入北方"打铁花"项目，再结合本土的花鼓戏节目凑成了一台旅游演出。但只热闹了几天，因为产品没有当地文化特点，质量也一般，没演多久也停演了。

（四）旅游演艺知名 IP 稀缺，市场对于 IP 的影响力认识不足

湖南旅游演艺的知名 IP 在全国叫得响的只有《天门狐仙》《魅力湘西》等。《炭河千古情》火了 1 年，如今已经走入下坡路，《中国出了个毛泽东》因为投资及运营成本过高，票房一直不温不火。其他的演艺项目知名度不高。湖南急需新的，有创新和文化的旅游演艺大 IP 的崛起，如果靠《天门狐仙》《魅力湘西》等少数几个打天下，那湖南旅游演艺的规模和体量，以及在全国的影响力将无从谈起。

（五）营收模式单一，产业链有待进一步延伸拓展

目前的旅游活动本质上是传统旅游的延伸。其来源是旅游目的地的初始游客数量，即游客的转换，而不是增加。目前湖南旅游 95% 以上的收入模式是一票制模式，面临着转型和创新的需要。在"文化+旅游"全产业链深度融合的趋势下，旅游演艺产业链需要进一步拓展和延伸。

三、湖南旅游演艺发展前瞻

（一）沉浸式旅游演艺将在未来快速普及并日益成为主流演出

沉浸式旅游演艺是一种让观众通过技术和表演元素享受"视、听、味、触、嗅"的娱乐方式。在新时代，游客不再满足于"观众在下面看、演员在上面演"的模式，更适合于沉浸式体验。湖南绝大多数还是传统演艺，沉浸式旅游演艺屈指可数，因此急需快速普及，跟上观众和市场的需求。

（二）旅游演艺产品加速差异化，针对各自拥有的旅游资源定制化

随着定制旅游、个性化旅游市场的扩大，旅游演艺的细分市场也将逐渐形成。怎么抓住游客的心理，怎么满足游客的定制化需求，急需本土的旅游演艺从业机构深入研究，创作出艺术品质高且市场反应不错的旅游演艺产品。同时，在旅游资源上也要针对不同特色和情况，定制针对性内容与表演形式，创造产品独特性，以此对抗产品同质化压力。

（三）根植地区文化，促进科技手段与文化资源的融合

湖南是文化大省，湖湘文化在国内独树一帜，颇具影响力。民族的、历史的及

人文的文化素材像一个巨人的宝库，亟待有人去挖掘。如今，高科技的发展日新月异，高科技与旅游演艺的结合能丰富观众的观演体验和情感认同，因此，促进科技手段与文化资源的融合，是后续提升旅游演艺品质的必由之路。另外，根据不同的需求，在必要时降低后期运营人力成本，要向智能化、数字化、科技化的演出方式和运营方式靠拢。

（四）旅游演艺进行全域旅游统筹，做到全域共建共享

湖南本土的中小旅游城市和风景名胜区在注重发展面向游客的演艺节目同时，也应充分利用现有的文化资源，开办当地人和游客共同喜爱的演艺节目，在满足游客的异质文化和体验需求的同时，丰富当地居民的文化休闲生活。这在偶发的旅游中尤其如此，在这种情况下，趋势是让游客参与当地居民的文化和休闲活动。

（五）旅游演出迎接散客时代

如今，我国散客旅游市场发展迅速，游客逐渐从"为消费而消费"转向"为手段而消费"，依赖人性化和个性化的服务，越来越多需要深度文化体验的游客愿意为旅游体验付费。在偶遇游客大幅增加的情况下，湖南本土的旅游演艺产品应更加注重散客的需求，改进产品，创新文化独特性内容，融合新的技术创新形式，打造产品差异化，并积极与偶遇游客沟通，打造一系列知名旅游品牌，创作旅游演艺。

四、湖南旅游演艺发展新思路

在现今国家文旅深度融合大背景下，湖南旅游演艺想要取得增量的大跨越，至少要从以下三个方面进行研讨和努力，寻找到政府、市场和企业共同的理念和目标，同时找到一条适合湖南旅游演艺发展的新思路，打造中国旅游演艺的"湘军"品牌。

（一）政府主导

2019年4月，文化和旅游部印发的《关于促进旅游演艺发展的指导意见》成为国家开始重视文旅演艺这一独特产业的标志性事件。中央到地方后续还会陆续出台刺激文旅演艺发展的各项措施。湖南文旅厅和各地市除了要把国家的政策宣传、落实到位，而且要根据地方特点进行有针对性的指导以扶持湖南旅游演艺的发展。

第一，要建立完善和有效的扶持和奖励机制，促进国有、民营企业加强对旅游

演艺产业的投入。比如，资金扶持从原有的企业申报更改为根据观众的购票数据补贴演出方。这样就可以促使企业生产出有变现能力的产品。

第二，政府可以拿出一定的媒体资源和渠道，以整体的形象来宣传优秀的旅游演艺剧目，增加它们的曝光率。

第三，政府要多举办旅游演艺产业链上各方的见面会或者沟通会。比如，银行或投资机构与演艺方的投资及融资供需见面会、演出方与旅游行业的供需洽谈会等，让企业安心和快速发展。企业的成长也可以通过税收最终反哺政府。

（二）市场导向

湖南旅游演艺机构也要借国家大力扶持旅游演艺的东风，深抓内功，做好策划与创意，打造出既有湖南特色文化，又有较高艺术水准，市场接受并能产生较好经济效益的旅游演艺产品。

（三）行业自省

演艺企业对内要搭建好项目创作和运营团队。一个优秀团队给企业创造的效益是不可估量的，同时企业文化也需要优秀的团队认可并执行。

对外要建立自助互助的行业协会，如湖南旅游演艺联盟或湖南旅游演艺协会，规范行业良性竞争行为。大家一起把市场做大，把产品做好。旅游演艺是一个高门槛的行业，如果同行不正当竞争，不仅会导致市场不规范，更主要的是没法生产出高质量的演艺项目。

五、结语

综上所述，近几年来，湖南形成了一批内容优质、市场竞争力强的旅游演出产品，涵盖了大型实景演出、原创剧目、主题公园演出等主要类型。然而，这与湖南作为文化和旅游资源大省的地位还不相称。如今，旅游演艺已成为文化与旅游融合发展的重要载体，成为促进文化旅游消费的发展中产业。湖南必须抓住机遇，迎难而上，精心创编，让文旅演艺的"湘军"早日成军。

文旅融合视角下地方戏进景区模式研究

■ 时玉亮

摘　要：地方戏曲与许多非遗一样，在现代社会中很难找到应用场景，许多品类在保护、传承与发展中处于岌岌可危的境地。本文从地方戏曲和文化旅游景区与生俱来的耦合性出发，通过对地方戏曲产生的历史背景和其具有的区域特征分析，论证了地方戏进景区的现实基础和方法，旨在寻求中国优秀传统文化挖掘、保护、传承、利用的创新路径。

关键词：文旅融合；地方戏；旅游演艺

一、地方戏发展概要

（一）地方戏的历史背景与传承特征

1.历史背景

在漫长的先秦时期，先人对自然探索刚刚萌芽，在面对风、云、雷、电等自然现象和生存物资匮乏的条件下，他们开始一些祭祀、祈福等活动，而表达方式都以原始歌舞呈现，祭祀要求原始歌舞要有一定的格式，所以原始歌舞产生了戏曲性。

生产力条件一直为地方戏的萌芽、发展保驾护航，秦汉时期统一封建王朝建立，经济高度发达，物阜民丰，各种文化活动发展空前，音乐舞蹈与唱腔表演的趋向专业化，为戏曲表演提供了大量素材和发展机会，使得戏曲形式在历史长河中积淀了深厚的文化。两汉期间伴随人们的生产生活，衍生了各种杂技、幻术、歌舞等简单的叙事表演等"百戏"。张衡也曾在《西京赋》里描述过"总会仙倡"的大型戏曲演出场景，也佐证了汉代百戏演出艺术已经达到了相当高的水平。

南北朝以后，以《踏摇娘》等歌舞表演为主的歌舞小戏在演出形式上推陈出新，产生了歌与舞结合、演唱与对白互用等演出方式，这个时期已经开始使用脸谱、面具等演出道具。

唐宋时期，随着生产力、战争与商贸发展，南北文化交流不断增强、空前融汇，唐诗宋词文学艺术的繁荣兴旺创造了良好的社会氛围。地方戏曲沿着《代面》《踏摇娘》等线索广泛流传，戏剧效果呈现多姿多彩之势；发轫于先秦的俳优滑稽表演演变而来的"参军戏"成为唐代最主要的戏曲样式。宋代以后，由唐"参军戏"和别类歌舞杂戏进一步发展，融合演变产生了宋代杂剧。宋杂剧虽仍然是滑稽短剧类型，但其形成的戏曲结构、行当角色均已具备了戏曲的雏形，更加接近成熟的戏剧。宋朝时兴起的勾栏瓦肆大型娱乐场所，为戏曲表演创造了演出环境，提供了生机与活力。

元代是古代戏黄金时期，该阶段的戏剧分北曲杂剧（元杂剧）和南曲戏文（南戏），这一时期戏剧艺术和戏剧作品百花齐放，成为当时的文艺主流，为中国戏剧发展开启了新天地。南戏，是"南曲戏文"的简称，受到宋杂剧影响，广泛吸收各种歌舞音乐、说唱艺术的营养，形成包括歌、念、诵、舞蹈等组成的综合艺术，通过人物的表演来表现复杂而完整的故事，成为中国最早成熟的戏剧样式。

明清以传奇戏为主。传奇戏的角色行当和表演较元杂剧更加丰富自由，不受元杂剧一人主唱的限制，能够表现更多的人物形象和更加丰富的社会生活。明中叶至清中叶我国陆续出现的大批优秀剧作，形成戏剧史上的又一个高峰。其中，清代《同光十三绝》是一幅名伶彩色剧装写真画，这幅画可以看出当时戏曲的流行热潮及民众对戏曲的喜爱。

到了20世纪，时代巨变，各种文化娱乐方式兴起，社会环境与生产生活方式的改变，让地方戏的发展速度下降，创新能力降低。六七十年代样板戏代替了大多数戏曲成为人民的精神消费。90年代以后，随着城镇化与互联网发展，地方戏传承发展的场景发生了根本改变，地方戏与众多非遗一样，面临巨大的危机，戏曲这种传统文化亟待挖掘、保护、利用，寻求与现代消费接口的场景。

2. 地方戏保护的地域特征

自然地理环境决定地方戏背景，由于地域的不同，地理环境出现南北差异。经过岁月的洗礼，在时代的长河中发展演变，我国形成了以"京剧、越剧、黄梅戏、评剧、豫剧"五大戏曲剧种为核心的中华戏曲。各个戏种都以"歌、舞、剧"为主，成为综合性的表演形式。五大戏曲之外地方戏种类繁多，根据相关资料，1959年我国有368个剧种，而现在只剩下280余个。在前四批国家非遗传统戏曲目录中，分别有92项、46项、20项、4项类型。众多戏曲同时也被省级非遗收录保护，但是，还有许多地方戏曲没有得到很好的挖掘、保护与传承。

中国的戏曲剧种可以按照不同的分类标准进行划分。按声腔分为六大声腔：昆腔、皮黄、高腔、乱弹、滩簧、时调，另有南昆北弋、东柳西梆的说法。秦腔是个特例，也是梆子戏的代表。按表演形式和内容可分为秧歌戏、花鼓戏、道情戏、花灯戏、二人台与二人转、皮影戏、木偶戏及各地方戏种类等，有些地方戏涵盖了六大声腔，如荆州的花鼓戏、浙江金华的婺剧、温州的瓯剧，是六种声腔都保留着的。按民族特色来分，白族的白剧、壮族的壮剧、傣族的傣剧、侗族的侗戏、布依族的布依戏、苗族的苗剧、彝族的彝剧、朝鲜族的唱剧和藏族的藏戏等相得益彰，其演唱腔调以本民族语言和音乐为特色；此外，宗教色彩浓厚的戏曲也有发展，如广西的师公戏、安徽的傩戏、河南的目连戏等。

（二）地方戏的独特特点

1. 戏曲具有大众性

戏曲来源于生活、服务于生活，是深受人们喜爱的艺术形式，具有大众性的特点。《中国伶人血缘关系之研究》中引用了美国传教士明恩溥的话描述中国戏曲的大众性："戏剧可以说是中国独一无二的公共娱乐，戏剧之于中国人，好比运动之于英国人，或斗牛之于西班牙人。"乡村红白喜事，邀请本地艺人唱上一段戏，仪式感是活动不可分割的一部分。地方戏的大众性说明其受大众喜爱，进入景区能够带给景区新的活力。

2. 戏曲具有娱乐性

戏曲的娱乐性根深蒂固，而景区本就具有娱乐休闲的功能，两者结合，更是增加了景区的趣味性。戏曲进入景区是大众喜闻乐见的，如在北京去过故宫、长城，就想找一家茶馆听书听戏，感受北京戏剧的有趣，特别是国粹京剧在"唱念做打"上独具特色。戏曲的娱乐性与景区的娱乐性目的一致，皆能够给游客带来欢乐，娱乐身心。

3. 戏曲具有区域性

地方戏的区域性，反映在各地生产生活方式的不同，娱乐精神与表演方式也有差异，各地戏曲的多样化，使戏曲具有区域性。比如，秦腔也叫"陕西梆子"，是最早的梆子腔，其表演粗犷质朴，唱腔高亢激越，其声如吼，善于表现悲剧情节。此外昆剧也是特点鲜明，其风格清丽柔婉、细腻抒情，表演载歌载舞、程式严谨，是中国古典戏曲的代表。区域性是各地景区相互区别的重要特性，也是各地景区能够以不同的风格呈现给游客，吸引游客的特性，因此，戏曲的区域性特别适用于地方景区。

（三）地方戏的发展困境

从地方戏的发展来看，尽管目前还有 286 个戏种，但是每两年就有 3 个戏种消失；全国有 74 个剧种只剩一个职业剧团或戏班。一些剧种即便申请上了"保护名录"，也难逃衰落命运。我们在山西、河南、河北各地调研中发现，曾经村村都有演出的地方戏，哪怕是被列入国家级、省级非遗，也难以抵得过生长土壤的缺失。

1. 地方戏传承人才难题

从地方戏的人才方面来看，20 世纪 80 年代初到 21 世纪初，戏曲演员人数直线下降，每年流失近 4000 人，这种现象愈演愈烈，改观甚微。现在青少年在完成学业的同时，有太多课外辅导班、艺术培训班要上，而多数地方戏的传承只遵循师父的口口相传，没有系统的书籍与课程供现代年轻人学习，戏曲的传承只在大师、名师处进行"小院教学"，称为"××代传人"，传承下去比较难。现代生活环境没有把戏曲作为一种艺术形式来培养学生。除此之外，戏曲的技艺学习不是短时间能够掌握的，因此能够成为戏曲的专业人才必定是受到专业训练和长期辅导的。

2. 地方戏创新发展瓶颈

从戏曲创新发展来看，非遗最重要的在于其传承，而不是变革，但是脱离现实基础的古老戏曲已经吸引不到现在年轻人的视线，所以戏曲要有创新。之前戏曲勃发的时候，通过戏曲创新，诞生了一批"新戏"。经过时间的检验表明，只注重创新而忽视了戏曲传统的"新戏"并未获得观众的支持与好评，因此两者不可偏颇，戏曲的发展要继承传统、勇于创新，同时并进。

3. 地方戏市场化难题

从戏曲的资金支持上来看，传统地方戏只能在剧团或者政府的运营下供大众消费娱乐。在众多娱乐项目面前，戏曲是不被重视的娱乐项目，这也跟戏曲的现状有关，除了政府和剧团，没有其他能够供戏曲生存发展的环境，因此戏曲在资金上也是欠缺的，这就造成了戏曲人才的流失、戏曲剧团的消失、年轻人不愿意学习戏曲的现状。

从戏曲剧团的管理上来看，戏曲剧团管理主要是艺术人才管理、演出经费管理、生活管理和剧目生产管理。但是艺术人才的流失、缺乏资金支持、剧目生产力低，这些都导致了戏曲剧团管理的失败，这也是戏曲剧团在近几十年迅速减少的原因。

二、地方戏进景区的现实基础

（一）文旅融合是时代潮流

现在单纯的旅游景点设计已经不能满足游客观赏玩乐的需求，文化对旅游景点的作用凸显出来了，旅游是一种文化活动，只有拥有自身文化的旅游景点，才能吸引更多游客感受其文化魅力，才能在众多旅游景点中经久不衰。戏曲作为我国历史悠久、独具魅力的特色文化，是吸引游客的重要因素。

国外的戏剧旅游非常受人欢迎。英国每年4月23日在莎士比亚的出生地——斯特拉特福小镇和伦敦同时举行莎士比亚戏剧节，其中有《罗密欧与朱丽叶》《哈姆雷特》等经典戏剧，每年吸引世界各地游客几十万人。文化旅游已经成为时代的潮流，是必须遵循的规则。那么戏曲作为中华文化最瑰丽璀璨的宝石，一定是文化旅游最先推崇和发展的目标。

（二）文化旅游的政策背景

2018年4月，文化和旅游部正式挂牌，从2009年《文化部、国家旅游局关于促进文化与旅游结合发展的指导意见》到2017年《国家发改委"十三五"时期文化旅游提升工程实施方案》，文件中提炼出两个发展要点：一是文旅融合的核心理念，即"旅游是载体、文化是灵魂""宜融则融、能融尽融"；二是促进旅游与文化融合发展。国家支持文化旅游的全面发展，目前正是重要战略阶段。政策要求，注重培育旅游消费新热点，拉动平台建立消费市场和培育国际市场；注重提升文化旅游产品的质量，从提高演艺剧团质量、创办节日庆典、增加文化体验、景区游乐结合等方面入手；建设新型文化旅游区，建设精品文化旅游带，建设特色文化旅游区；重视红色旅游和乡村旅游的文化建设，对非遗旅游产品、红色旅游、乡村旅游和特色文化产业进行扶贫。

国家对文化旅游项目的重视与支持，使地方戏进入景区的要求获得了国家的支持，戏曲文化这种旅游资源，就是游客"吃、住、行、游、购"之外的"娱乐大餐"。

（三）旅游业发展的需要

旅游业有自身的发展规律，其旅游景区是最重要的吸引物资源与旅游者的游览空间，景区则是以旅游及其相关活动为主要功能或主要功能之一的空间或地域，包括风景名胜区、红色经典景区、文化馆、博物馆、寺庙观堂、自然保护区、名胜古迹和主题公园等类型。

随着全面建成小康社会，深入推进城乡居民收入稳步增长，消费结构加速升级，人民群众健康水平大幅提升，带薪休假制度逐步落实，假日制度不断完善，旅游消费得到快速释放，为旅游业发展奠定了良好基础。旅游业被确立为幸福产业，各级政府更加重视旅游业发展。

从旅游市场变化来看，以"00后""90后""80后"为主体的游客数量增长和主体结构变化，开启了更加个性化、自主化的旅游需求。此外，游客对公共配套、基础设施、生态环境的要求越来越高，对个性化、特色化旅游产品和服务的要求越来越高。而地方戏的地域性特点，则成为差异化产品的重要内涵，是现如今我国旅游景区内容植入的重要内容。

地方戏进入景区，对于旅游景区提升文化内涵、丰富娱乐活动、延长游客停留时间和增加旅游收入具有重要的作用。两者相互融合，对两者的发展有增益，戏曲文化旅游业的壮大是必然的。

三、地方戏进入景区的路径研究

（一）地方戏与旅游景区适配分析

探究地方戏进入景区的方式之前，先要探讨的是地方戏如何适配景区，即戏曲和景区怎么配，才能撞出火花。这要通过运营前置的规划设计，对景区进行准确定位，这既是旅游景区开发的第一步，也是为旅游景区寻找灵魂的重要环节。

如何打造景区的戏曲 IP：第一，要考虑景区当地是否有地方戏，是否有已经成名和深受人民喜爱的传统演艺，这是核心吸引物，这种是自带流量的地方 IP。第二，如果是已经建设的景区，就要看景的定位，如果是自然风光但有被以戏曲形式歌颂的历史事迹的景区，可以根据景区建设戏台，定期演出与历史人物事迹相关的戏剧；如果是建设的景区，有戏台、有剧院，这样的景区选择当地曾经流行的戏曲来结合，有明星戏剧人可以让他作为景区的代言人；如果有地方戏特色，可以主打其戏曲的技艺，这是其他戏曲文化没有的特色产品。第三，如果当地景区只有全国流行的戏种，就要客观评价，差异化选择内容。第四，地方戏进入合适的景区，一定要从投资、选址、策划、规划、建设、运营等方面进行放大，并在旅游活动的各个环节进行筛选，产生 1+1＞2 的效果。

（二）地方戏进景区典型开发模式

地方戏进景区的开发模式，在各地的实践中已经取得诸多优秀成果，典型模式主要有本地情景化开发模式、地方戏博物馆开发模式、地方戏节庆模式和地方戏文创模式。

1. 本地情景化开发模式

地方戏文化大有不同，各种戏曲的唱法、技巧、内容上差异性太大，决定了戏曲文化与景区的结合一般选择原地开发式。比如，光山县东岳村是中国传统村落、中国休闲美丽乡村，在东岳村发展文旅的过程中，挖掘整合了本村12项非遗，仅演艺类非遗就有花鼓戏、地灯戏、竹马舞、舞龙、舞狮、皮影戏等。并通过景观营造、项目策划、节庆植入方式，既丰富了东岳村的旅游项目、提升了乡村的魅力，又形成了"花鼓之源·古坊东岳"民俗旅游村发展的品牌，对花鼓戏传承、保护也起到积极的作用。原地式开发，让本地戏曲进入本地景区，两者契合度远高于本地戏曲进入他乡景区，是戏曲文化旅游发展的基本盘。

2. 地方戏博物馆开发模式

戏曲博物馆让戏曲先拥有外在保护机制，其生存就有了保障；如为传承国粹京剧文化而建设的北京戏曲博物馆，成为戏曲文化展示的经典空间；而昆曲博物馆的建设，也成为保护、传承昆曲艺术，通过展演、陈列等方式，成为人们研学、体验的重要空间。还有许多戏曲艺人命名的馆所，如梅兰芳纪念馆、常香玉纪念馆等。

建立戏曲声音博物馆，让游客在游览博物馆时了解到这种戏的唱腔和其他戏曲的区别。也可以建设戏曲 VR 体验馆，用科技培养兴趣，培养游客对戏曲的认识。

3. 地方戏节庆模式

戏曲节庆活动和戏曲赛事对戏曲的传播发展有一定推广作用，戏曲景区文化旅游的节庆活动，围绕旅游的主线展开戏曲舞台、巡游、情景剧活动，如清明上河园中，集中展示地方特色民俗活动。节庆期间，各类民俗表演队会聚一堂，有高跷、旱船、盘鼓、唢呐、舞狮等丰富多彩的民间艺术形式。其主题就是民俗文化，重点是展示民俗吸引力。

戏曲大赛的举办一定要面对市场需求，让更多的观众参与进来，从规则上减少要求，注重戏曲的传承与发展，而不是单纯测评参赛人员的唱功技巧等。从安排上可以采取观众打分投票的方式等。另外戏曲比赛前期的宣传要到位，要让广大人民群众熟知、被群众接受并支持，最重要的是确定比赛的透明度和可信度，增加游客的好感。

4. 地方戏文创模式

戏曲旅游产品的开发要遵循戏曲的历史、文化内涵、民族文化、地域差别相协调，突出各地戏曲特色，创新发展、特色发展，以创新求得吸引力，以质量求得口碑，以销售策略求得好评。

现在所有的旅游景区，除了满足游客的"吃喝玩乐"，还要有纪念品，或者进行周边商品销售。近年故宫的周边商品因为电商而大火了一把，受到了许多顾客的喜爱。戏曲文化的周边完全可以像故宫文创一样，获得游客的好评。戏曲这种非遗的民间工艺品在旅游商品开发中具有很多优势，其文化底蕴深厚、特色鲜明。比如，京剧的脸谱、"生旦净末丑"的角色可以做成萌动的形象吸引年轻消费者，可以做成发夹、书签、钥匙扣、工艺品娃娃、马克杯、明信片等；像现在有简化的汉服，也可以设计出简化的戏服进行售卖，最好是注入时代气息的创新产品，增强民间产品的实用性、艺术性、审美性、现代感等。除了可以购买的商品外，可以开设一些游客参与的项目，如现场绘制可以带走的脸谱，也可以直接进行脸谱化妆，提高游客的参与度。目前的消费主力已经偏移到"90后"及"00后"，所以周边商品的开发应注重创新与新鲜，吸引年轻群体的消费。

四、结语

地方戏进景区是一个循序渐进的发展过程，需要深入研究地方戏产生发展的内核，认识到地方戏独特的魅力，并结合文旅市场规律，创新发展路径，科学统筹规划，将地方戏资源保护好、利用好、传承好的同时，让地方戏发挥吸引力的作用，让地方戏赋能旅游景区高质量发展，让旅游景区促进地方戏的保护传承，进而共同满足人民美好生活的需要。

参考文献

[1] 朱江勇. 中国戏曲文化旅游概述[J]. 旅游论坛, 2010（2）：240-244.

[2] 姚艺君. 数字化时代的传统音乐分类问题思考：以戏曲"声腔"为例[J].

中国音乐，2008（1）：81-85.
［3］邹统钎.旅游景区开发与管理［M］.北京：清华大学出版社，2016：180.
［4］毕剑.戏曲旅游的开发研究［D］.赣州：赣南师范学院，2007：64.

关于深圳旅游演艺创新发展的探究
——论"大湾区""先行示范区""文旅融合"如何助力鹏城旅游演艺腾飞

■ 姚迩晓

摘　要：本文从旅游演艺的创作视角出发，结合实际从业经验，通过对国家相关战略发展规划文件的深入解读与思考，分析深圳旅游演艺现状，展望深圳旅游演艺未来，并在综合论述的基础上，为有效促进深圳旅游演艺融合发展、实现深圳旅游演艺产业升级、推动深圳旅游演艺模式创新提供了解决思路。

关键词：深圳；旅游；演艺；创新；融合

2019年2月，中共中央、国务院印发了《粤港澳大湾区发展规划纲要》。随后，文化和旅游部又于4月发布了《关于促进旅游演艺发展的指导意见》。同年8月，中共中央、国务院再次颁布了《关于支持深圳建设中国特色社会主义先行示范区的意见》。从旅游演艺行业的角度切入，这三个重磅意见的先后出台，是国家从战略发展层面出发，为把深圳建设成为世界文化艺术中心而布好的"局"，深圳旅游演艺行业也将因此迎来前所未有的创新机遇。在遵循国家战略发展规划指引的前提下，本文旨在探讨如何有效促进深圳旅游演艺融合发展，实现深圳旅游演艺产业升级，推动深圳旅游演艺模式创新，以期构建符合深圳"创新、创意、创造"城市个性的旅游演艺生态圈。

一、从旅游演艺深圳视角分析"纲要"与"意见"

（一）《粤港澳大湾区发展规划纲要》

该纲要通过"9+2"城市的全方位合体，拉开粤港澳地区城市向更深层次、更高级别融合的序幕。一个极具开放思维的超级城市群，将在创新共享、协同发展、科技塑形、文化找魂的环境中成长。在该纲要的第八章中，"建设宜居宜业宜游优质生活圈"的战略定位明确了"共建人文湾区""构筑休闲湾区"的奋斗目标。在第十章中，中共中央、国务院又进一步根据城市个体优势，强调了深圳"建设具有世界影响力的创新创意之都""建设国际化城市新中心"的时代使命，鼓励深圳发挥自身竞争优势，不断探索深港文化创意合作新模式，为社会主义文化大繁荣、大发展贡献力量。

打破了区域阻隔，打通了空间经脉，该纲要为粤港澳三地携手"共建人文湾区"修筑起多元交叠、多集连通的"高架桥"。建设粤港澳大湾区的办法在于"融合"，而融合的本质是以解构主义作为途径进行更高级别的重构建设。因此，如何充分利用各城市间的文旅优势与差异，彼此融会贯通，用"以融促合""化融为创"的思维，打造符合人民对美好精神生活向往、涵养提升综合文化素质，同时又能经受市场检验、形成以湾区文化消费群体为核心进一步辐射全中国、全世界的产业链条，将成为湾区旅游演艺可持续发展的关键。"文旅演艺+粤港澳大湾区"的深度融合能否切实可行地实现社会效益与经济效益的"最大转化率"，也将成为评判大湾区建设是否卓有成效的重要依据。

粤港澳大湾区的合体并非"抱团取暖"，其实质是以大湾区作为平台进行资源优化整合，希望由此形成"滚雪球效应"，将每个城市区域的起始优势进行有机撮合，"发展"的雪球必将越滚越大。该法则放之"湾区旅游演艺"也适用，如未来湾区旅游演艺作品在定调、定位之初首先可尝试破"孤城之局"，站在更高的视野创作具有更广泛影响力的作品。剧目的创作素材、表演目的也不必再拘泥于单个城市束缚下讲历史故事、演英雄人物，或展民俗风情的陈规中。创作资源的共享整合，将极大地激发创意灵感、丰富创新风格、深化创造内涵，为旅游演艺提供更广阔的舞台。随着粤港澳文化旅游合作机制的形成，大湾区演艺也将产生"联盟效应"，在项目制作运营、品牌营销等模块上，更有效地吸引艺术人才，更充分地发扬科技优势，形成更具活力、更为统一的产业运营链条，提升市场传播能力与反应速度。

（二）《关于促进旅游演艺发展的指导意见》

旅游演艺行业萌芽于20世纪80年代，并于90年代中期以深圳华侨城自主创新的"锦绣中华民俗文化村""世界之窗"景区配套演艺为里程碑，首次朝着以市场为导向的全新型服务业态发展。据有效数据统计，至2018年年底，中国旅游演艺剧目已达到近300台的市场供给体量并将呈现逐年稳步上升的趋势。可以说，旅游演艺行业作为"文旅融合"的早期代表,"文旅融合"的理念践行于文化部和国家旅游局合并之前,有着多年文旅融合的经验积累。我国文化和旅游部的成立及该意见的推出,本身是对旅游演艺行业过去所做出成绩的高度首肯及对其未来发展的重视。该意见把旅游演艺的转型升级视作首要任务。追溯原因,主要归咎于近年来行业发展过程中缺乏战略性、系统性的规范、引导与监督,导致旅游演艺剧目盲目追求井喷式数量增长而严重忽视了作品内容与内在涵养的质量担当,行业发展动力明显偏向于"经济效益"驱动,而非"社会效益"驱动。同一地域范围内的旅游演艺剧目,无论是剧目演出主题、技术手段、舞台呈现,甚至是剧本内容,常常呈现出"同质化""假大空"的现象。因此,文化和旅游部作为旅游演艺的"掌灯人",将着重率领行业不断挖掘中华优秀文化的博大内涵,引导创作生产力的差异化、多样化竞争与业态模式的推陈出新,促进产业"由表及里"的转型升级,使旅游演艺成为中国传统旅游向人文旅游、文化旅游融合发展的重要见证。

除此之外,结合深圳的城市特点,该意见中还有四点应格外引起旅游演艺界的关注。这四点意见分别是"坚持因地制宜的发展原则""积极开展惠民服务""深化跨国跨境合作"与"支持各项舞台高科技技术的研发与应用"。

深圳作为典型的移民城市,由于缺乏丰厚的山水资源而不属于传统意义上的旅游城市。然而,作为当代最具创意、最为包容的城市之一,深圳不断吸引着全国各城市、各少数民族、港澳台、华侨及国外高精尖、高素质人才在此汇集。基于深圳独特的文化魅力,这种多样化的人口汇集通常并非止步于"浅尝辄止"的旅游,而更具有吸引人们"落脚深圳、扎根鹏城"的效果,这显然属于"以旅彰文"的"深圳式"表达。因此,深圳的文旅融合首先具有可广泛融合的市民基础及多元化的精神文化消费需求。未来在进行旅游演艺项目开发时,除了满足旅游文化供应外,还应更多地关注其与本地市场的兼容深度与广度,兼顾市民的文化权益,积极吸收并转化有效的城市文化信息,从目标市场的大数据分析中挖掘观众需求,建设文化品质之都。而在多维度、融合思维下诞生的演艺作品,也将为深圳开辟海外市场提供具有市场适应能力的演艺内容,让深圳演艺更频繁地"走出去"。与此同时,深圳还应积极与港澳台、海外国际展开合作,大力引进符合"旅游+本地"市场的精品演艺剧目。国际优秀剧目的系统引入,将进一步体现深圳的开放包容,不仅可以推动"以文促旅",还能达到"以文安民"的成效。这种"一箭双雕"的发展愿景,是属于"深圳式"的因地制宜,也是演艺惠民、跨度合作的具体实践。

文化和旅游部同时明确了对"各项舞台高科技技术研发与应用"的全力支持。

时至今日的旅游演艺，已无法否认科技化、数字化等技术手段为舞台艺术表达所做出的突出贡献。工业机械、光影设备、数字多媒体、云计算等看似与文化艺术无关的科学技术，也因旅游演艺舞台技术的应用推广而被赋予新的文化定义与艺术价值。演艺的"科技化"极大地丰富了观与演的双向体验。而深圳作为以文化立市的"科技之都""数字之都""设计之都""创意之都"，将成为未来"演艺＋科技"的最大获益者。

（三）《关于支持深圳建设中国特色社会主义先行示范区的意见》

该意见为深圳建设"先行示范区"明确了顶层部署。在第四节中，有几点意见对深圳旅游演艺的发展具有重要指导意义。

1. "全面推进城市精神文明建设，弘扬粤港澳大湾区人文精神"

该意见恰好佐证了前文对《粤港澳大湾区发展规划纲要》的分析。城市文化影响力是现代城市文明的重要指标，而城市影响力是通过城市文化品牌体系来支撑的。未来具有旺盛生命力与有趣灵魂的旅游演艺作品，一定是能够充分展示大湾区人文精神的旅游演艺作品，作品在设计初期的格局将决定其成败。

2. "发展更具竞争力的文化产业和旅游业，推动文化和旅游融合发展"

该意见的重申，也印证了《关于促进旅游演艺发展的指导意见》对"差异化"旅游演艺融合发展的要求。年轻的深圳看似没有悠久的历史、丰富的文化可转化为文旅产业，但深圳这座城市在其自身40多年改革开放的发展历程中，不断在书写历史、创造文化。深圳的历史是新鲜的，其文化也是最具时代精神的，深圳旅游演艺发展的"差异化优势"恰恰在于它的"创"与"新"。

3. "大力发展数字文化产业和创意文化产业，加强粤港澳数字创意产业合作"

该意见说明数字科技与创意设计的双涡轮驱动，将成为文化产业发展的新引擎，其中，数字创意产业的进步也将促使旅游演艺产业的内容生产力发生颠覆性改革。不断通过数字创意为旅游演艺增添新的文化附加值，用当代数字语言讲好深圳文化故事、中国传统故事，也将成为深圳城市文化内涵外化表现的独特方式。

4. "加快建设全球海洋中心城市，有序推动国际邮轮港建设"

该意见将加速深圳对"游轮旅游"的系统开发，并在此基础上延展出与游轮旅游配套的各式文化旅游产品，打造新的世界航海旅游集散地，提升深圳的旅游综合实力。同时，该意见也将为旅游演艺模式创新提供新的创作方向。国际邮轮港的建设，也将进一步促进深圳向"国际化都市"发展，更多外来文化的涌入与中国文化的交融,也将对演艺作品的创作思路、演艺形式注入源源不断的灵感。

5. "用好香港、澳门资源,涵养同宗同源的文化底蕴"

该意见旨在明确深圳作为中华优秀传统文化新时代传承者与表达者所应肩负起的人文重任。香港、澳门地区受外来文化冲击与影响较为深远,因此借助地理区位优势与演艺作品相对轻松休闲与潜移默化影响的特点,深圳应努力创作具有传统文化底蕴,而在形式上又能创新、容易产生共鸣的演艺作品。大湾区要实现真正的融合建设,绝不是仅靠经济指标作为衡量标准,唯有当文化发挥实力足以凝聚提炼湾区人文精神、中华文化精髓一脉相承时,大湾区才能绽放经久不衰的生命力。

二、深圳旅游演艺的现状探讨

(一)与国内整体旅游演艺剧目对比

旅游演艺之所以区别于传统演艺,在于旅游演艺常常属于"借题发挥",即"借"景区的"题",巧妙融合历史文化、民俗风情、舞台技术,通过商业化的运作模式等形成演艺产品、系列品牌,以此来"发挥"扩大景区影响力的作用,驱动文化产业经济发展。中国旅游演艺在30年的成长历史中,一直沿着"起"(起步)、"承"(传承)、"转"(转化)、"合"(融合)的道路奋勇前行。在遵循市场规律、符合大众审美、弘扬民族文化、丰富艺术体验的原则下,形成了以"千古情"系列、"又见"系列、"印象"系列、"盛典"系列为核心的旅游演艺品牌产业链,国内在营业剧目近300台。这些剧目大多属于"实景演艺类产品",主要分布于西安、张家界、桂林等自带深厚历史文化价值的传统景区中,具有较好的创作基础。特别是目前市场中口碑极佳的几大品牌演艺,如《长恨歌》《鼎盛王朝·康熙盛典》《天门狐仙·新刘海砍樵》《又见平遥》《印象·刘三姐》等,都是围绕景区与当地著名历史故事、人物传说展开的。主创团队始终秉承以深挖地域文化内涵、丰富故事创新为主,辅以具有创意与艺术审美的科技手段展开创作,整体作品在延展、融合、跨界几方面都处理得相当出色。这样的作品在满足旅游休闲娱乐功能的同时,更具有文化传承的意义与美学培育的价值。

相比之下,以深圳、广州、珠海为广东省旅游演艺代表的华侨城主题公园演艺、长隆主题乐园演艺在剧本、题材、内容呈现上与历史文化、民族文化、传统文化之间的黏性均较低,更倾向基于既定主题设置虚构剧情或简化、淡化剧情的演艺手法,通常不以塑造人物角色、表达故事情感为主,而将高难度的表演技巧、高科技舞台手段视作演艺产品的金字招牌，主要通过音、画、诗、歌、舞、技展示民俗风情，营造较为丰富的视觉感官体验，但相对缺乏更深层次的内涵挖掘与表达，演艺产品普遍呈现"高IQ、低EQ"的特点，容易因"过度炫技""形式大于内容"而被诟病。

然而，深圳并非"文化沙漠"，没有千载悠悠的历史不等同于没有文化。相反，深圳作为典型的移民城市，融百家之长，造一城之奇。移民文化自身"海纳百川、兼容并蓄"的特点，已为旅游演艺的融合发展提供了丰富的创作素材与广阔的创作空间。

统计数据也表明，近几年来，主题公园演艺的市场份额一直处于稳步增长的势头，而实景演艺反倒呈现逐年下滑的趋势，主要受两大因素影响：其一，实景类演艺大资本投入、高运营成本的特点本身就为项目的盈利增加了巨大的难度；其二，实景演艺从前期设计到后期运营，一直属于"看天吃饭"，受制于气候影响。由此看来，极少依赖于地理环境、气候条件的"人造"演艺，未来仍有较大的市场潜能。

（二）深圳本地旅游演艺市场分析

自20世纪90年代起至今，深圳本地旅游演艺长期处于华侨城集团主题公园系列演艺独领风骚的局面。华侨城抓住改革开放机遇，充分发挥主观创想能动性，以"微缩中国""微缩世界"的原创IP，成功将深圳打造为一座"主题公园之城"，并根据旗下各大景区主题，不断丰富演艺配套，先后在欢乐海岸、世界之窗、锦绣中华等景区中推出《龙凤舞中华》《大漠传奇》《东方霓裳》《天禅》《深蓝秘境》《盛世纪》等演艺剧目。这些剧目各具特色，差异化明显，既有音画歌舞晚会、民间技艺大杂烩，又有特技特效秀、主题光影水秀，能大大展示景区的风土人情、凸显景区主题特征，给游客带来丰富多彩的游乐体验。此外，深圳华侨城是国内最早意识到并强调"主题节庆"对旅游演艺重要作用的文旅企业。为此，华侨城践行创新理念，不断创造节日，创造市场需求。通过"月月有节过"的宣传口号与"造节"的实际行动，令"主题节庆"为景区持续注入新动力，为景区的顺利运营提供保障，不断丰富来深游客、在深市民的民族文化生活体验，为深圳乐观向上的城市形象代言。优秀的旅游演艺产品一定是非常注重经济效益与社会效益的有机结合，深圳成功开创的"主题节庆"模式正因具备该特点，多年来广受全国各大主题公园、旅游景区、旅游小镇的追捧与效仿。

虽然深圳旅游演艺在华侨城的引领下独树一帜，但也暴露了一定的问题。

1. 随着人民综合文化素养的迭代提高，部分现有剧目无法达到观演期望值

深圳现有旅游类剧目虽然能紧随社会发展脚步不断升级改版，但大部分只停留在一定程度舞台技术、舞美服饰道具的革新上，顶层设计、表演内容略显老套，仍以"文化大杂烩"的呈现形式为主。然而，中国经济的快速发展与网络时代的全面到来，极大地解放了旅游者的双腿，开拓了消费者的视野，使两大"微缩中国""微缩世界"景区失去了早年的独特优势。深圳之外、国门之外，有更多演艺剧目可供文旅消费者大饱眼福。深圳作为改革开放的城市典范，其旅游演艺产业不仅应积极传承、展示中华民族的灿烂文化，更应具备"国际视野"，与国际接轨，才能吸引更多海外游客与具有较高审美需求的消费者来深旅游。从另一角度出发，目前两大"微缩"景区对国内中老年龄段旅游群体仍有较强吸引力，为文旅 GDP 提供了"数量"保证，但对年轻消费群体，特别是对一线、二线城市中的高学历人群吸引力不足，这与深圳作为人均年龄只有 32 岁的城市形象存在一定出入。冠名"创新、创意之都"的深圳，其演艺未来也应在如何有效吸引更具品质、活力的旅游群体上多下功夫，才能使城市文化品牌具有更旺盛的生命力。

2. 缺乏文化内涵深厚、结合滨海城市特点、以本土故事人物为题的代表作品

近年来，除主题公园中的少数民族文化风情系列演艺以外，深圳也及时彰显数字、科技优势，陆续推出了"城市主题灯光秀""城市楼体投影秀"等夜游演艺产品，不断走向形式手段的精密化与多媒体内容的精致化。但是，这些产品都未能从根本上突破全国夜游光影秀普遍存在"形聚而神散"的困境。到目前为止，深圳仍然欠缺一台像《又见平遥》般具有极强本地文化感染力的、能充分代言深圳人文精神、讲述深圳故事、书写深圳奋斗史、展示深圳海洋地域魅力的演艺剧目。如何诠释城市文化内涵，释放时代信号能量，也是深圳旅游演艺在未来创作上亟须解决的难题。

3. 旅游演艺市场供给结构单一，缺乏竞争激励机制

华侨城作为龙头企业，对深圳旅游演艺的突出贡献毋庸置疑。然而，"一枝独秀不是春"，一家独强的结局必将导致市场的僵化。唯有"百花齐放"才是旅游演艺作为文化和旅游产业重要业态所应具备的市场逻辑思维。唯有创造良性的竞争环境，才能更有效地刺激市场潜能。未来，深圳应加快"综合演艺人才智库"的建设，集成科学高效的演艺产业链条操作系统。除吸引高科技人才之外，还应努力储备人文资源、打造演艺实验基地等，才能聚集更多文旅演艺企业落户深圳，探索文化和旅游融合的新路径。拓展旅游演艺供给主体，创新旅游演艺供给内容，才能优化旅游演艺供给质量，这也是旅游演艺响应"供给侧结构性改革"时代号召所应付诸的实际行动。

三、深圳旅游演艺创作发展的方向探索

（一）未来旅游演艺主题的"深圳定位"

深圳旅游演艺蕴含着巨大的发展前景，已具备向"海""陆""空"三栖文化主题全面发展的创作能力。

1."海"——海洋文化类演艺

"海"是指以海洋文化"敢闯敢拼、敢为人先、海纳百川、博采众长"为核心理念的，能深度融合全球海洋文化、粤港澳大湾区海洋文化特色的，并能充分反映深圳人文精神、塑造城市形象、激励时代进步的主题演艺。

目前，国内主要滨海城市中已有的旅游演艺几乎都陷入了"海上丝绸之路风情展示"的同质化设计怪圈，而主题的差异化定位将让深圳从中脱颖而出。建议深圳未来积极开发"大湾区海洋文化""世界海洋文化"主题的文旅综合项目，服务于"全球海洋中心城市"的发展目标，将"海洋文化"全面嵌入景区顶层规划与细节落地设计中，为后续"海洋文化"演艺提供强大载体。"海洋文化"也具有较强的国际影响力、渗透力，创新的"海洋文化"演艺也可成为"世界更深入了解中国，中国进一步融入世界"的艺术表达。

2."陆"——大湾区地域文化类演艺

"陆"是指将大湾区视作一个文化表达主体的，融合大湾区传统文化进行统一文化提炼的，再经由深圳科技创意等手段加工形成的主题演艺。

深圳作为移民城市，自身历史人文资源相对匮乏。然而，深圳地处岭南文化的影响圈内，在城市发展进程中带有客家文化、潮汕文化、广府文化及香港文化的深刻烙印，而这些文化的发源地大多来自于湾区的成员城市或邻近城市。因此，深圳应积极调配文化资源，将其他城市中被闲置或低效运用的存量文化进行整合提纯，通过深圳的设计创新赋能，把湾区内与湾区周边零散文化资源的潜在效能聚合成深圳新的文化品牌，散发湾区传统文化的时代魅力。

3."空"——科幻科技类演艺

"空"是指除了关注历史文化、当代文化，演艺也应当勇于创想未来，积极开发"科幻类"主题演艺。近年来，"科幻类"文化产业刚开始在影视行业中大显身手。此类表演在国际演艺界中也有较长历史，诞生了如《魔法坏女巫》《阿凡达前传》

《蓝人秀》等世界知名剧目，而在国内，目前仅有极少数剧目活跃在市场上，如舞台剧《三体》。

"科技"只是一种表现手段，但"科幻"却能成为一种文化现象，哺育经济。深圳在不断创新数字技术、科学技术舞台应用时，还应努力拓展产业外延，让科技也能"文化化"，通过"科技创文化"而非仅仅是"科技+文化"的演艺产品，吸引更多年轻观众，用文化的力量壮大"科技之都"的实力。

（二）未来旅游演艺市场的"模式创新"

1. "演艺+游轮"的海洋演艺模式

结合"海洋文化"的演艺定位，建议深圳未来可根据"国际邮轮港"区位择优选址，打造深圳海洋演艺文化港湾：一方面，在深圳本地形成以"一台综合类海洋主题驻场秀+一台特色类游轮巡演秀"为核心的，以"一台近岸水上巡游光影秀+多个陆地散点街头表演"为辅的，以"一年多个海洋主题节庆+吃住行配套"为补充的海洋旅游产业集群，以此丰富来深游客的本地演艺体验，同时满足深圳市民"渔人码头式"的休闲需求；另一方面，旅游演艺界也可尝试与游轮制造业深度融合，创新性打造舞台功能齐全、可供不同剧目装台的"剧院式游轮"，并成立国内、国际演艺剧目对接机构，为游轮定期更新引进演艺内容，冲破游轮行业表演内容长期重复单一的束缚，增加游客"同一航线多次游玩"的消费概率。与此同时，通过"一程多站"的流动演艺航线规划，不断更新的演艺剧目，也可通过"离岸+靠港"的组合运营模式，惠及更多游轮停靠城市，满足当地市民的观演需求，使旅游与演艺在经济效益与社会效益上实现双丰收。

2. "演艺+九龙城寨"的深港都市演艺模式

目前，深圳的演艺类别发展相对失衡。相对于北京、上海等一线城市，都市先锋类演艺的本土创作活跃度、落地成功率均较低。仅有的个别剧目也因分布零散、经营独立等原因，未能形成产业集群。然而，深圳"移民城市"的特点决定其文化向多元化、社区化发展，这一点与同以"移民文化"著称的艺术之都——纽约极为相似。纽约百老汇的成功，得益于其成熟的商业模式，值得深圳借鉴。因此，深圳也应驻扎集剧目演出、演艺版权交易、金融服务、舞台技术等功能为一体的演艺"剧集地"。与此同时，为了促进深港文化的创意合作，未来深圳演艺"剧集地"从设计风格、功能布局上可借鉴闻名世界的香港"九龙城寨"，并充分发挥深圳的数字创意产业优势，营造"赛博朋克"的科技感，借演艺为深圳打造全新的旅游目的地，特别是推动夜游经济的发展，而"九龙城寨式"的立体布局也可结合市场化的运营模式，使未来入驻其中的演艺剧目彼此间形成"自下而上"的竞争氛围，从内容上推动演艺品质持续优化升级。

四、结语

在"大湾区""先行示范区"和"文旅融合"国家战略发展规划的支持与引导下，深圳应坚持因地制宜的发展原则，坚定建设"国际化城市新中心"的奋斗目标，坚守"弘扬民族文化"的职责，继续扩大"创意""设计""科技""数字"等基础优势，充分利用"差异化"创作思维，深度融合、提炼粤港澳大湾区文化精髓，进一步发挥移民城市"开放包容、兼收并蓄"的意识自觉，推动关联产业的效能集聚，壮大旅游演艺产业体系，完善旅游演艺产业链条，加强国际演艺合作，不断诠释自身所开创的"文旅演艺+"模式的时代内涵，未来的深圳旅游演艺必将大有可为。

参考文献

[1] 中国共产党中央委员会，中华人民共和国国务院.粤港澳大湾区发展规划纲要[Z].2019-02-18.

[2] 中华人民共和国文化和旅游部.关于促进旅游演艺发展的指导意见[Z].2019-04-01.

[3] 中国共产党中央委员会，中华人民共和国国务院.关于支持深圳建设中国特色社会主义先行示范区的意见[Z].2019-08-09.

[4] 韩彩霞.文旅融合背景下文化旅游品牌的构建策略探微[J].江西电力职业技术学院学报，2018，31（4）：151-152.

[5] 王欣，陈微，王国权.旅游演艺发展存在的问题及对策[N].中国旅游报，2019-04-30（003）.

[6] 刘晓明.深圳旅游市场的特征分析与营销对策[J].管理观察，2011（22）：69-70.

[7] 陈后润.十张图了解2019年旅游演艺行业现状与发展前景 全国首个纲领性文件出台[EB/OL].（2019-09-27）[2022-05-10].https://www.qianzhan.com/analyst/detail/220/190926-964135af.html.

[8] 杨文.百老汇舞台剧产业发展现状与融资模式研究[J].云南行政学院学报,2013,15(5):257-258.

[9] 滕晓鹏,汝艳红.百老汇戏剧产业孵化体系对中国演艺产业发展的启示[J].山东社会科学,2018(10):122-126.

旅游演艺对城市的触媒效应探析
——以《鼎盛王朝·康熙大典》实景演出为例

梁嘉欣

摘　要：本文引入城市触媒理论，以位于承德市的大型实景演出《鼎盛王朝·康熙大典》为例，试图描述旅游演艺开发对城市发展的影响，并分析旅游演艺在城市发展中的潜在连锁反应，以反映更高层次的城市设计问题。

关键词：旅游演艺；触媒效应；城市发展

2019年4月，文化和旅游部发布《关于促进旅游演艺发展的指导意见》，该意见指出要坚持以实际行动推动文化和旅游融合发展。由此可见旅游演艺对于推进文旅融合的重要性。2014—2017年，我国旅游演艺得到了迅猛发展，在此期间，我国旅游演艺节目数量由187台增加到268台，增长率达到43%；旅游演艺场次由53336场增加到85753场，增长率达到61%；旅游演艺观众人次由2789万人次增加到6821万人次，增长率达到145%；旅游演艺票房收入由22.6亿元增长到51.5亿元，增长率达到128%。足见旅游演艺在推进文旅融合中的重要分量。

一个富有影响力的旅游演艺项目对城市的物质环境、经济、社会文化等方面都具有推动作用，如改善基础设施条件、催生文化旅游产业链、商贸和服务业的不断发展、城市文化旅游品牌的建设等，犹如化学中的触媒效应。触媒，又称催化剂，是指以少量物质促成显著的化学反应，反应发生的同时，低损耗或不损耗该物质的原本质量与属性。触媒反应发生期间，被触媒所催化的事物、环境则是"触媒效应"。

一、旅游演艺与城市的联系

旅游演艺是以某一地区或城市的旅游资源或独特的文化资源为基础，以吸引游客观看和参与为目的，有场地、有主题的艺术表演形式，其类别主要包括实景表演、剧场表演和主题公园表演。

无论何种类型、无论处于何种发展阶段的旅游演艺，都与所在城市发展息息相关。城市是旅游演艺的发生地，是旅游演艺时空概念中的空间特定方，因此绝大多数旅游演艺都以城市或与本地文化相关的要素命名。任何一场旅游演艺如果抛开它所生存的城市，就会如浮萍一般，而无根的旅游演艺是缺乏生命力的。凭借着城市扎根生存的旅游演艺，必定是这座城市的文化写照与文化折射。城市对旅游演艺具有哺育作用，一旦旅游演艺成长起来，便会反过来对城市起到反哺作用。因此，旅游演艺对城市发展具有激活催化力量。

二、城市触媒效应内涵与特征

（一）城市触媒效应内涵

城市触媒最早出自美国城市学者维恩·奥图与唐·洛干在1989年出版的《美国都市建设——城市设计的触媒》一书，面对城市发展过程的不同阶段面临的种种问题，在分析功能主义、形式主义和人文主义的城市设计策略后，认为每种城市设计主义的范围和视野都是有限的，因此需要寻求一种新的城市设计方法，即城市触媒，在此方法中城市试图获得"属于它们自己的精神性与自明性"。这个设计方法更注重城市建设项目的目标和如何实现该目标的策略。强调城市的触媒作用在于对原来城市规划思想的局限性进行活力补充，以更多样、更广阔的方式塑造城市，这与旅游演艺推动城市更新发展的内涵不谋而合。

在旅游演艺催化城市发展的研究中，本文对旅游演艺的触媒作用过程进行归纳：分析梳理旅游演艺的各项建构元素及为旅游演艺背书的城市之精神文化内核后，选取城市中的物质载体或非物质载体，引入旅游演艺触媒，形成旅游演艺触媒点带动周边旧有元素的更新活化。此过程中会产生一系列连锁反应，甚至生成新的优质元素，推动旅游演艺成为重构城市秩序的重要元素。同时，引导旅游演艺触媒的策略性发展，引发更大范围的活力增长，进一步催化区域发展。这一触媒过程避免了损耗城市环境与文化内核，并通过一种循序渐进释放能量、尊重城市文脉的连锁反应以催化城市环境层面、经济层面与社会层面的更新。

旅游演艺催化城市发展的触媒效应具体过程，如图1所示。

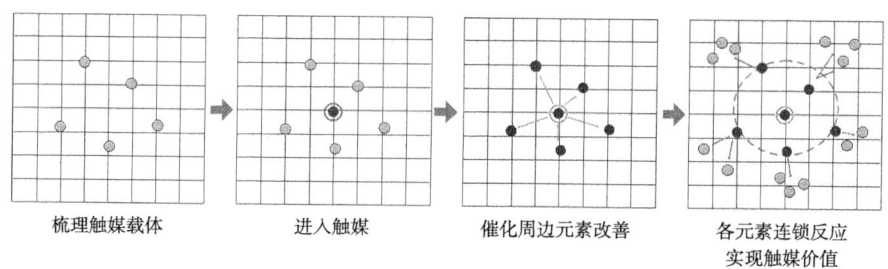

图 1 城市发展的触媒效应过程

(二) 城市触媒效应特征

城市文化旅游和表演艺术产品的开发可以有效地刺激各种城市项目的开发和建设，特别是旅游价值链的创造和发展，突出了重要的"触媒"性质。

1. 现存元素价值的提升与转换

合适的旅游演艺触媒可以提升旧有元素的价值，使其发挥积极效应，形成新的触媒元素，并引导周边元素的正向转变。城市旅游演艺产品是将城市历史文化积淀以旅游演艺的形式向世人直观展现，有利于城市文化品牌的建设及文化传播，能够有效催化城市文化旅游产业，从而给城市带来可观的社会效益及经济效益。

2. 触媒反应不损坏环境

合适的旅游演艺触媒不牺牲自明性，也不破坏城市文脉，通过渗入城市发展肌理催化城市发展。旅游演艺是一种精神消费产品，因此开发旅游演艺的形式是低损耗甚至无损耗的。当代大众的旅游需求更多的是追求身心的愉悦和放松，旅游演艺产品契合当下的发展趋势。同时，旅游演艺具备可循环性，它也是可以循环利用的。在一次性的投资创作之后，可以根据不同的时代特征增添新鲜的演艺元素，可根据不同的时期随时添加新的演艺元素，满足大众随时间发展的审美需求。

3. 策略设计实现产品增值

触媒的设计是策略性的，旅游演艺触媒引发的一系列连锁反应的总和应大于各元素相加的总和。市场的开发过程需要当地独特的自然资源环境、社会文化条件、强大的资金来源、强大的政府和社会力量、强大的资金投入，加上当地民俗的融合。演出的制作需要强大的资金投入，将当地的民俗文化风格融入创作过程中，用高科技的编排方式来表达，形成有竞争力的产品的基本设计，从而实现旅游演出产品的无限附加值。

三、《鼎盛王朝·康熙大典》触媒效应应用过程分析

（一）《鼎盛王朝·康熙大典》背景介绍

承德市是一座典型的北方城市，具有明显的淡、旺季之分，景区往往夏季游客如织，冬季市场则较为冷淡。承德市是中国最大的皇家园林——避暑山庄的所在地，具备丰厚的自然资源和人文资源，成为实景演出催化城市发展的契机。

大型户外实景演出《鼎盛王朝·康熙大典》以承德市的自然资源和人文资源为创作依托，蕴含着康乾盛世时期的历史文化与皇家文化元素，观众在科技支撑下的声光电舞台效果中得以沉浸式体验康熙时期修建避暑山庄、奠定华夏版图的历史文化故事。数据显示，从正式开演至 2017 年七个演出季里，共演出千余场，接待观众超百万人，实现营收 3 亿元。旺季时日演出可达两场，业绩年增长率达 30%，并被评为"中国最具国际影响力的旅游演出""最佳旅游演艺项目金奖""中国最佳旅游演艺项目奖""最佳实景演出"等。同时，《鼎盛王朝·康熙大典》背后的运营方鼎盛文化产业投资公司，以及演出所依托的 21 世纪避暑山庄文化旅游产业园区也在全国范围内形成较大的影响力。

《鼎盛王朝·康熙大典》是承德市倾力打造的重点文化旅游项目，是继避暑山庄后第二个文化旅游的引爆点。借助创意策划，融合了山庄文化、民俗文化、皇家文化、佛教文化等多种文化内涵，以承德市的自然生态条件为基础，以艺术的表现形式进行了沉浸式再现，呈现了一项高水准的文化旅游演艺项目。该旅游演艺项目的发展发挥了"触媒"作用，不仅提升了承德市的城市旅游形象、城市品牌影响力及城市经济效益，还推动了城市功能的完善和城市发展阶段跨越。

（二）《鼎盛王朝·康熙大典》触媒过程分析

1. 梳理触媒载体

第一，历史文化底蕴深厚，文化资源丰富。汇集了山庄文化、民族民俗文化、佛教文化和清朝皇家文化，丰富的文化资源为园区文化旅游产业发展奠定了深厚的文化沃土。

第二，自然环境优质，生态禀赋良好。承德市具备热河十大名山——广仁岭、元宝山、双塔山等多处丹霞景观，覆盖伊逊河、牤牛河、滦河等河流，具备优良的生态系统，是清朝皇家养生、休闲度假的旅游胜地。《鼎盛王朝·康熙大典》实景演出充分利用了承德市天然的资源优势，在承德市十大名山之一的元宝山上建造了近

万平方米的山地剧场，并搭建了 2000 平方米的实景艺术舞台，在山体中安置了 3000 个特效设备。

第三，民族文化多彩，思想文化多元。汉族文化、满族文化、伊斯兰教文化、佛教文化、道教文化等多种文化在承德市集聚、激荡、融合、积淀、传承，形成了多元包容的民间文化。这一文化特色也充分体现在《鼎盛王朝·康熙大典》中，为展现承德市的文化特色、多元魅力提供了发展优势。

第四，区域地理优越，交通路网贯通。京承高速公路是连接北京至河北承德市的一条高速公路，据承德市旅游局抽样调查显示，承德市旅游客源的主体为北京、天津、河北、辽宁、内蒙古等省区市，其中大部分为自驾游的方式，北京的游客在自驾游的游客中占七成以上。京承高速公路的全线通车方便了北京游客的出行，直接推动了北京游客数量的增长。也正因其环首都的地缘优势，使这台演出填补了京津冀地区旅游演艺实景演出的空白。

2. 引入旅游演艺触媒

承德市作为典型的北方工业城市，其支柱产业从工业向文化产业转型升级的过程中，除了避暑山庄这一历史文化遗产的推动力量外，旅游演艺对城市经济转型升级也起到了举足轻重的作用。承德市作为北方城市，具备旅游演艺资源不足的典型特征，而《鼎盛王朝·康熙大典》则成为户外实景演出的重要代表。"日游避暑山庄，夜赏康熙大典"已成为游客游承德市的两个必选项。承德市由此改变了"白天看庙，晚上睡觉"的旅游模式，开启了旅游演艺带动城市发展的新模式。

3. 催化周边元素改善

旅游演艺作为触媒催化周边元素改善主要体现在三个层面，分别是物质环境层面、经济开发层面和社会文化层面（见表1）。

表1 旅游演艺作为触媒催化周边元素改善的三个层面

类型	内容
物质环境层面	呈现环境之美；增强环保意识；基础设施建设造福后代；改善交通和通信
经济开发层面	吸引大量游客，停留时间拉长；城市收入、税收增加；就业机会增加；地方经济开发；提供民众休闲游憩新去处
社会文化层面	营造民众的共同记忆；恢复地区优良传统；保存传统文化艺术；凝聚社区意识；活化地方文化历史工作团体；增强地方参与；激发创意灵感；扩大文化版图；信仰与心灵的寄托；提升宣传教育意识

四、《鼎盛王朝·康熙大典》对城市的触媒价值

（一）催化环境优化完善

旅游演艺的演出使承德市的城市环境得以优化。围绕着《鼎盛王朝·康熙大典》建设了一系列配套设施，鼎盛文化精品廊、鼎盛烟斗博物馆、鼎盛哈雷摩托俱乐部、鼎盛梅园、鼎盛书画院、鼎盛艺术馆、鼎盛行政中心、行宫大酒店、国际文化交流中心与酒店公寓等项目的建设，完善了整个区域乃至城市的功能面貌。在城市基础设施建设方面，承张高速铁路连接线及配套设施建设不断推进，并启动偏桥子至双塔山一级公路建设，市政管网工程及道路两侧绿化、亮化、美化工程同步实施，园区内外路网全贯通，综合管网全园连通，教育、医疗、接待、商业、娱乐设施、公共文化等配套设施不断健全，园区及周边环境明显改善。

（二）催化经济转型升级

《鼎盛王朝·康熙大典》以"演艺产品"为核心，延伸了产业链条，确定了"文化产业园区＋实景演出＋配套业态"的商业模式，通过演艺，延伸了餐饮、购物、娱乐、商住等多个领域，打造文化旅游综合体，让观众停下来、住下来、留下来，延长了游客的停留时间，增加了当地的过夜人数，推动承德市综合消费的价值提升。同时，基于演出的商业模式，园区还实行了"实景演出＋园区／景区＋配套产业"的一站式营收模式，以演出为核心吸引物，推出"演艺＋文化""演艺＋产业""演艺＋商业""演艺＋住宿"等系列配套服务，实现集约化、高效率、全产业的综合发展模式。对于深入挖掘承德市文化资源、彰显承德市文化魅力，提升承德市文化产业发展质量具有积极的意义。

此外，《鼎盛王朝·康熙大典》一台演出解决了当地大量的就业，旅游演艺与鼎盛文化公司及相关的配套直接解决了1000余人、间接解决了2000余人的就业问题，为承德市的经济发展起到了正向推动作用。

（三）催化社会文化发展

《鼎盛王朝·康熙大典》实景演出最突出的特征是将固化的历史文化通过"新内容、新技术、新方式"进行活化。演出中采取的叙事方式打破了传统的章回结构，在激光投影、裸眼3D、LED等声光电舞台效果的感染下，通过真山、真水、真人演

绎，表达出康熙皇帝对文化传承的重视，并借此展现出清朝作为中国历史中较长的一个朝代，其近300年的历史江山所依托的是"儒为本，道为根"的文化积淀。这一台演出不仅是一台剧目，更重要的是对文化的担当，将承德市固化的传统文化和历史通过现代的手段与方式进行活化，通过一台实景演出实现了"弘扬传统文化、彰显主流文化、弘扬地域文化、引导消费文化、塑造企业文化"的发展目标。

在旅游演艺产品的渗透之下，改变了传统的"白天看庙，晚上睡觉"式的走马观花旅游方式。而今，合理开发和利用旅游演艺，使游客可以深入参与到当地旅游文化和自然资源体验当中，身临其境、切身参与本地文化。承德市根据游客需求有针对性地进行解决，结合当地旅游演艺《鼎盛王朝·康熙大典》，推出"日游避暑山庄，夜赏康熙大典"的旅游方式，大大改变了传统的游览旅游方式，丰富了旅游内容。

五、结语

综上所述，旅游演艺对于城市发展的触媒效应是巨大的，《鼎盛王朝·康熙大典》作为旅游演艺的重要类型之一的实景演出，通过触媒反应所引发的效应研究，可从中发现，旅游演艺对承德市城市更新发展、产业转型升级都具有积极的促进作用。其演出项目可以实现自然生态效益、历史文化效益和经济效益的三效合一，既能够延续长久以来大众共识的自然生态环境与本地文化的内在价值，利用新颖的旅游演艺方式再现承德文化，刺激承德市的吃、住、行、游、购、娱六要素趋于完善和统一，又能刺激与引导衍生城市后续开发的综合价值，从而提升承德市的城市品牌形象，塑造承德市文化旅游城市的品牌。

大运河旅游演艺平台的构建研究

■ 夏春燕

摘　要：中国大运河是古代人民人工修筑的重要工程，不但推动了经济的发展，更是促进了文化的交流、社会的进步，是人类智慧的象征。自改革开放以来，我国旅游业高速发展，旅游演艺作为文化与旅游的有机融合，从诞生以来就被寄予了厚望。大运河沿线城市汇聚了非常多的旅游和演艺资源，市场上也有挖掘运河沿河城市的本土传统文化为主的旅游演艺作品，有利于活化运河资源，对传承大运河文化具有非凡意义。但大运河文化存在资源使用率还不够、运河文化内涵挖掘不足、运河特色文化体系未形成、缺乏有效的沿线协同合作等问题。本文在实地调查和资料分析大运河旅游演艺市场的基础上，对大运河旅游演艺平台构建提出对策。

关键词：大运河文化；旅游演艺；平台构建

一、大运河旅游演艺的发展现状

（一）大运河文化的现状

大运河沿线文物资源丰富，拥有世界文化遗产19项，全国重点文物保护单位1606处，历史文化名城名镇名村277项，博物馆2190座。大运河已经成为中华民族最具代表性的文化标识之一。2006年起，国务院陆续将215个价值突出的大运河文物公布为全国重点文物保护单位。2014年6月，大运河被列入《世界遗产名录》。大运河文化是世界非遗，有着中华民族上下五千年的文化基因。从大运河文化可以看到沿线城市的不同风貌，不同的生活方式，既有地域的区别，又相互影响。为使大运河文化不断进步，让文化活起来，变成一条活着的运河，应对运河文化深入研究与挖掘，不断创新、与时俱进。

大运河开凿到现在已经有2000多年的历史，"千年运河，多彩生活"，大运河有着非常丰富的历史故事、自然资源、人文和旅游资源等。目前，对大运河文化和旅游资源的开发利用整体还处于较低水平。对大运河文化内涵挖掘不深、融合不够，许多项目显得简单粗放，缺乏创新性传承与创造性转化的有效路径与载体。模式创新较少，没有围绕运河 IP 形成系列产品与服务，特别是对虚拟价值与形态开发不足。从国内外的运河沿线城市可以看到，有效地整合运河文化资源与现代的生活需求，充分挖掘大运河文化的可利用资源，可以非常好地传播运河文化，服务当下。

（二）大运河旅游演艺的现状

大运河自古以来通过"水路传播"的方式，促进运河沿线文化的交流和品牌传播。一台具有浓厚运河文化气息的旅游演艺节目，增强了旅游业整体的吸引力、感染力、影响力和竞争力。近年来，北京创作推出大运河题材文艺作品 118 部，其中舞台剧 31 部、影视剧 23 部、图书 57 部、其他艺术门类 7 部，展示出大运河文化的历史文脉、风土人情和掌故传说。随着旅游演艺项目的发展，以"运河文化"为主题的演出也陆续上演（见表 1）。

表 1　以运河为题材的演艺项目

类型	名称	演出单位	首演时间
舞剧	《遇见大运河》	中国杭州歌剧院	2014 年 5 月 21 日
原创歌剧	《运之河》	江苏省宣传部、省文化厅、省演艺集团	2014 年 9 月 25 日
运河实景演艺	《梦回台儿庄》	枣庄市旅游和服务业发展委员会	2015 年 5 月 19 日
新编大型历史京剧	《大运河》	山东省京剧院	2019 年 8 月 13 日
原创历史音乐剧	《天地运河情》	北京现代音乐研修学院	2018 年 6 月 28 日

从数据分析看到，旅游演艺行业处在飞速发展的时期。2014—2017 年，我国旅游演艺的节目数量从 187 台增加到 268 台，增长率达到 43%；旅游演艺的场次从 53336 场增到 85753 场，增长率达到 61%；旅游演艺参观人数从 2789 万人次增多到 6821 万人次，增长率达到 145%；旅游演艺的门票收入从 22.6 亿元增加到 51.5 亿元，增长率达到 128%。全国旅游演出票房收入从 2014 年的 27.0 亿元增长至 2018 年的 59.1 亿元，复合增速达 21.6%。2021 年全国主要演出类型（不含农村演出、娱乐演出）演出场次共计 18.97 万场，与 2020 年同比增长 248.07%，与 2019 年同比降低

3.75%。从演出类型来看，旅游演出场次为 7.48 万场，占比为 39.43%，剧场类演出场次 11.44 万场，占比为 60.31%，大型场馆和户外演出 500 场，占比为 0.26%。

通州区作为京杭大运河北起点，通州的双益发文创园承接了台湖演艺小镇文化创意生产功能，总建筑面积 54315.1 平方米，转型以来，累计投资达 1.1 亿元，累计入驻企业 60 余家；目前已经初步形成以演艺影视制作为核心的产业生态，打造了双益发演艺平台，孵化了舞台剧《绿色保卫战》《魅力台湖戏韵万象演出季》等高口碑的精品剧目。国家大剧院台湖舞美艺术中心，配套设计了 3 个排练厅、13 个化妆间、4 间琴房、838 个观众席，这里不仅可以让附近居民就近享受世界级的演出，同时还可满足近 400 位艺术家、演员的排练、创作需求。根据规划，台湖演艺小镇还将打造以名家创作工作室为主的人才高地、以青年人才社区为主的孵化基地，原创精品剧目集中、演艺研究权威机构及版权机构汇聚的聚集地。

总之，大运河文化资源得天独厚，在旅游演艺飞速发展的时代，已经打响以大运河文化为主题的演艺项目。

（三）大运河旅游演艺发展的现存问题

有人意识到演出和运河文化结合的必要性和优势，也做出了许多努力，但仍存在一些问题，主要体现在以下三个方面。

1. 文化资源方面

与我国丰富的运河文化资源相比，旅游演艺项目在内容形式上挖掘不够，演出内容和形式趋于同质化，剧目质量良莠不齐。大部分地区各类运河文化和旅游资源多以文献资料和实物的形式保存在当地的文化馆、档案馆、博物馆、非遗馆等各类展馆中，主要承担宣传和教育功能，与旅游产业的融合不足。

2. 经济效益方面

全国旅游演出项目运营较好的台数非常少，盈利项目只有 30～40 台，大部分项目处于刚好持平或亏损状态。盲目上马项目太多，且经营效益市场性较差。演出方在市场中处于弱势地位，大多利润被旅行社抽取。

3. 运营平台方面

旅游演艺受到重视，演出频次相对较高；运河文化直接相关的剧场较少，特别是缺少系列性、持续性演出。缺乏有效的沿线协同合作，统筹协调机制有待创新。随着人民生活水平的提高，对旅游消费的需求也会不断提高，所以要提高旅游演艺的水平。全国旅游演出项目大部分由政府推动，而市场推动太少。

二、大运河旅游演艺平台构建的必要性

（一）大运河旅游演艺平台

大运河旅游演艺平台落户通州台湖演艺小镇双益发园区，内容包括运河沿线艺术家、大运河艺术团、大运河剧目、大运河论坛、文化旅游、摄影大赛、艺术家联盟等。大运河旅游演艺平台寻找创意推动城市转型的新途径，以"运河文化"为核心，将文化元素、地域特点、民族精神融入剧目故事中，打造体现中华民族"生生不息"精神的优质剧本，建立以旅游演艺产业为特色的服务平台。

大运河旅游演艺平台将致力于运用多种方式挖掘运河沿线城市特色、内涵的演艺精品和文化胜地，让游客沿运河深度游，形成有影响力的演艺旅游品牌，促进文旅发展的同时更成为大运河演艺文化发展新的驱动力。增强舞台剧的魅力，利用现代技术手段，进行多种表达方式的融合和舞台背景设置，并将传统文化，尤其是非遗融入剧目故事中让大运河旅游演艺平台变得更有影响力。大运河旅游演艺平台可以让大运河的记忆更系统化，有利于大运河文化带的建设，更好地展现中华民族的时代精神，成为中国形象的代表，更是文化自信的名片。

（二）平台构建的经济效益和社会效益

大运河旅游演艺平台是将运河沿线城市相关的历史文化作为创作元素，在剧目中再现，把历史演活，让故事中的经典再现，让游客得到精神财富的熏陶，除了沉浸其中，还学习了大运河的历史文化知识。平台的构建具有一定的经济效益和社会效益。

1. **经济效益**

①旅游演出除了票房收入，可以带动周边餐饮、住宿等产业发展；②延长游客停留时间，增加其他消费区域价值提升；③平台的构建可使旅游工作者接触更多的旅游演艺作品，通过营销平台可以赚取更多收入。

2. **社会效益**

①品牌带动，增加媒体曝光度，增加对区域的聚焦作用；②平台可以使大运河文化更系统化，产品更丰富，为更多的产业服务；③带动周边地产升值，拉动旅游产业，创造就业机会。

三、构建大运河旅游演艺平台的可行性

（一）国家政策支持

为了更好地发展、传承大运河文化，发展旅游演艺产业，国家先后颁布了多个文件。

2019年2月，中共中央办公厅、国务院办公厅印发《大运河文化保护传承利用规划纲要》，该纲要明确了大运河在经济、生态与文化方面的重要性，已经从原先的经济、政治与交通功能，转向了文化建设与发展的新阶段。吹响了大运河文化带建设的冲锋号角。要发现大运河承载的丰富文化内涵，要弘扬大运河文化的历史，要活化大运河资源文化，把运河文化的价值充分发挥，真正做到传承和保护大运河。

2019年3月，文化和旅游部印发《关于促进旅游演艺发展的指导意见》，该意见对作品创新、模式创新、经营主题惠民服务、内容审核等都提了要求。未来几年，明确指出旅游产业链会更加完善，管理体系更加健全，更好地发挥在文化旅游行业中的重要作用。随着旅游演艺的发展，会出现信誉高、竞争强、有价值的演艺品牌。

2019年8月，国务院办公厅颁发了《关于进一步激发文化和旅游消费潜力的意见》，提出了很多非常有用的措施，打造旅游产业链的闭环，为大力发展旅游演艺行业提供了特别大的支持。提出了可以稳增长、惠民消费的一系列措施，可以让人民增强幸福感。

（二）自身发展需要

大运河自古以来与运河沿线的演艺形式联系密切，沿线城市不同的地域文化、风土人情、运河故事，是构建大运河旅游演艺平台的现实条件。演艺文化可以成为运河沿线城市的独特风景线，如在大型活动或节庆日，能看到运河边经常出现船上有戏曲表演，岸边路人驻足观看。传统戏曲称"水路即戏路"，可见大运河文化与表演艺术存在着一定的关联。旅游和演艺的融合，不只是旅游和演艺行业发展的需要，也是社会发展的需要，融合创新发展的形式也要更加多元。大运河旅游演艺平台的打造是活化大运河文化资源的重要途径。

（三）市场导向

为了更好地发展和推动大运河文化，国家和地方政府实施了很多优秀的文化项目，社会企业也自主发起很多有意义的社会公益活动，人民群众心中已经对运河文

化有一定的了解，但是真正有价值的运河文化遗产精神还有待深入挖掘。随着北京城市副中心的建设，台湖演艺小镇建设是落实城市副中心功能定位和产业高质量发展的重要节点。通州区台湖图书城改造后将转型成为台湖演艺创展中心，与国家大剧院台湖舞美艺术中心等项目形成联动，增强台湖演艺小镇发展活力。大运河文化在世界的影响力也有限，需要不断提高，争取早日在国际上递交跟大运河文化相关的中华文明亮丽名片，大运河沿线城市的发展也有经济比较薄弱的地区，需要通过文化的引领带动经济、文化、消费的提高。

（四）消费者需求

随着旅游产业的发展，消费者生活方式的改变，对旅游目的地的要求也不断提高，个性化的文旅项目日益增加，越来越多的游客不只希望对旅游目的地进行简单的参观，更多地选择多业态的旅游目的地，旅游演艺可以满足部分消费者的需求。一部好的演艺作品除了视觉上享受外，更可以使游客精神愉悦。

四、大运河旅游演艺平台的开发策略

如何做好大运河旅游演艺平台，以西方戏剧行业的一个巅峰代表——百老汇为例，从需求、产品、品牌、产业链、技术等方面提供如下策略。

（一）响应时代需求

中国大运河是艺术的摇篮，在大力保护和发扬运河文化的新时代，把握消费促文旅发展的新机遇，结合过去巡演演员"跑码头"的故事，搭建以"戏"为媒，把大运河沿线城市的优秀民间文化故事结合现代人对美好生活的需求作为素材，进行艺术创作，通过作品的运营推动经济和文化的发展，打造大运河旅游演艺平台。

把产业发展的机遇与大运河文化发展的整体规划结合。立足北京通州城市副中心台湖演艺小镇的发展定位，探索多方要素与演艺旅游的融合。充分挖掘时代发展机遇，深入考虑演艺旅游和大运河文化之间的关系，在城市副中心建设、京津冀协同发展的机遇下，获取更大的发展空间，保证更有质量的发展。

（二）提高产品质量

牢固树立精品意识，注重演艺作品的质量，推出内容、表演、制作、技术精湛的演艺作品。设计文艺爱好者喜欢的剧目、场景、演艺等运河经典故事。采用多样的创新方式，创作优秀的作品。精选弘扬革命精神、社会先进的策划剧本，结合艺术要素，提高演出品质，实现主题清晰、创意新颖、制作精良、全球视野的目标。

1. 资源活化

挖掘运河文化内涵，推动运河文旅价值转化。对大运河与流经城市的地域文化传统、民俗特色、历史变迁、城市风貌之间的内在关联进行深入研究，为旅游项目策划和旅游产品设计提供丰富的素材。

挖掘非遗本身的文化价值。比如，蕴含在其外显形态之中的隐性的内涵、价值观、审美心理与生活方式等，并将其凝练成重要的文化元素及符号。

关注非遗与运河的关系。比如，不同形态的传统工艺、美术、表演艺术等在运河沿线的传播、交流与融合等。对大运河在水文化、漕运文化、民俗文化、古都文化等方面进行提炼，从历史、审美等角度进行转化，提出有大运河特色的文化元素应用到旅游产业中，让运河文化资源为旅游文化产业发展所用。

2. 内容创新

充分提炼大运河文化的经典故事，采用多样的创新方式创作优秀的作品。从大运河沿线城市挖掘有地域文化的题材，充分运用运河文化及旅游，组建创作和策划团队进行精品创作，推出思想独到、艺术精湛的作品。内容既要代表运河地域文化，也要在舞台表演上进行创新；既要满足普通游客的需求，做得接地气，让老百姓能看懂，又要在表现形式上创新，使演出生动有趣，让消费者对旅游目的地流连忘返。

3. 科技参与

随着科技的发展，越来越多旅游演艺项目中融入了声光电等现代科技手段。具体表现形式有沉浸式投影、人工智能（AI）、虚拟现实（VR）等呈现在作品中，让游客成为剧中角色，身临奇景，通过视觉、嗅觉、触觉融入情景中，回味无穷。

4. 体验营造

大运河旅游演艺平台提供的演艺项目，突破传统的观演模式，运用多种艺术表现手法，对场景氛围根据剧目重新打造，让观众增加体验感，除了对舞台环境、周边氛围的营造外，更是让观众、演员有互动，让游客既是观众也是演员，在表演过程中，让游客有别样的情感诉求。

（三）建设文化品牌

新时代背景下，演艺与旅游在更广泛层面的融合发展，对我们艺术传播的方式方法、文化设施运营与综合效能发挥及更深层面文化艺术管理方法和机制提出了更高的要求。演艺将逐渐成为不同于传统景区旅游目的地的自足的文化名片。同时，这反过来又为现阶段的演艺与剧院运营提供了新的立场和思路。沿着大运河沿线城市的特色景点，包括传统村落、文物遗迹及博物馆、纪念馆、美术馆、剧场等空间，不断开展旅游与演艺相融合的文化体验活动。既要考虑如何服务于艺术生产、剧场内的演出，也要考虑如何以剧场辐射周边，这不仅是演艺本身发展的需求，也是城市文化品牌建设的需求。

丰富文旅产品供给，构建运河文化品牌体系。

1. 成立剧目研发创作中心

培育大运河文化精品创作生产体系：成立"运河编剧"专家库，积累运河故事素材，征集运河剧目；联合运河沿线城市剧场、景区演出；演员演艺培训；情境销售及持续IP开发，景区即剧场沉浸式演出。

2. 开发旅游演艺系列衍生品

目前旅游演艺行业，衍生品及版权收入不高，需要提高行业开发制作衍生品的积极性。可以开发设计以通州台湖演艺为主题的产品，包括戏剧演艺紧密相关的服务、道具、文创等衍生产品。通过文创产品的开发，宣传旅游演艺作品，助力戏剧品牌的打造，衍生品开发可与企业跨界合作，建设更好的平台。

3. 建立健全智慧营销网络中心

联合全国的文创产品销售网络和渠道，通过大运河志愿者联盟，将剧场资源、演出单位、旅游景区、厂家、非遗传承人等各项资源进行对接，使产品具有温度，文化走进生活。打造全方位市场营销体系，大力拓展商务市场，与国内外旅行社进行合作营销，通过各种渠道积极开拓国际市场，通过策划主题活动进行剧场营销，大力利用网络营销手段。

4. 培养固定的创意领导团队

从全球整合优秀创演人员，采取创新性、针对性的转化式营销模式和宣传策略。在旅游演艺的策划中，更应该注重演艺产品的附加值，让游客在观看或参与旅游演艺的过程中，体验到更多的额外价值与感受，这样才能保持旅游演艺产品的生命力和延续力。

5. 抓好一流的经营

将大运河沿线城市的艺术资源加以梳理整合，转换为符合当代潮流的文化新元素，尤其在创作中，除了展示原生态外，要结合地方民族特色及地方非遗文化。呈现的演艺作品还可以传播生态保护意识，更好地发展观光、旅游，体验地方文化，打造集戏剧创作、演出、旅游于一体的中国"百老汇"。大运河旅游演艺平台将通过演出的传播推动大运河文化带激发文化新活力，保护好非遗，展示经典文化，推广运河沿线优秀的剧目。

（四）辐射全产业链

旅游演艺融合后，目标受众在不断扩大，形式也在不断创新。单一的演出已经不能满足人们的旅游消费需求，从百老汇的成功我们可以看到旅游演艺需要集群化。除了演出可以把相关的企业如艺术教育、餐饮住宿、文创开发、展览展示、休闲娱乐聚集在一起，以一种新业态促进演出的发展，在文化交流中得到升华。从产业链发展的角度来看，剧场除了演出还可以有文化休闲、主题旅游、新零售商业等商业模式。

大运河文化是融文化，通过沿线城市戏剧艺术节的举办，促进戏曲文化的发展及丰富运河沿线城市文化的发掘，在北京通州举办戏剧艺术节开幕式，丰富演艺小镇的内容。加强了国际戏剧文化的交流，发展和繁荣了国内戏剧文化，满足了旅游和演艺的融合在行业内共同发展的需要。

（五）创新技术手段

谈到技术创新，离不开文化与科技融合，旅游演艺也同样离不开创新技术的支持，两者共生、互补，相互依存。在具体执行中，通过创意改变观众的意识，会有更好的效果变化。在国内的一些沉浸式旅游演艺项目中，已经看到引领中国未来文旅演艺项目的一流技术。舞台技术的发展，可以促进舞台数字集成系统产业的发展。

新技术与旅游演艺的关系也将深刻地影响观众的意识，带来观演效果的变化，为旅游演艺的表现形式提供着无限创作遐想。沉浸式旅游演艺采用智能化、数字化、科技化、复杂化的形式，在国内有着无限广阔的前景，一定会引领中国未来旅游演艺行业的发展方向。同时，这种与数字新技术高度融合的沉浸式体验旅游演出也将极大促进国内舞台技术的发展，特别是促进舞台数字集成系统产业的发展。

数字与科技化是大运河旅游演艺平台的重要手段。通过数字化对创作、生产、销售等环节进行创新，促进产业融合对接，探索文旅融合的新业态，以大运河文化为内核，启动"大运河文化+"计划。

五、结语

在新时代背景下,要把握文旅融合的新机遇,将大运河文化演艺事业和文旅发展结合,全面挖掘多种可能性,扩大演出影响,促进文旅消费的作用,开发的旅游商品也要赋予更多的文化内涵。旅游演艺的发展一定越来越好,内容越来越丰富,表现形式多元化,团队管理和项目执行越来越规范,一定会出现非常优秀的演艺作品和有代表性的旅游演艺品牌。旅游演艺整个产品链会不断完善,在文旅融合的大背景下,服务体系不断加强可以带动相关产业的发展。

文化和旅游的融合给大运河旅游演艺平台的构建提供了非常好的机会。始终要把社会效益放在第一位,同时考虑如何才能让社会效益与经济效益协同发展。艺术的传播是有时效和连续性的,要打造高品质的文化产品,通过优秀的作品更好地促进演艺与旅游的融合。怎样发展中国大运河文化?无论是从文明资源基础、文化诉求、产业发展,还是机制改革等方面来看,大运河沿线城市的演艺与文旅融合共促,更是有很强的现实意义。北京的演艺是基于艺术本身的品牌,从剧目的创作、演出到市场反馈都在不断地发展与进步。目前,演出市场从传统的剧场走出来,走到不同的文化和旅游演艺空间,散发着文化魅力,吸引了更多人的关注。

对于大众来说,新时期就会有新的发展机会和要求,需要不断立新创造,大运河旅游演艺平台着眼于运河沿线的故事新编和IP打造,通过舞台剧的方式,传递传统文化精髓,展示非遗和文创产品之美。发挥演艺使旅游能更好地发展,体现了演艺的新时代意义,为人民大众提供更有品位的文化旅游精品,以更好地满足人民日益增长的美好生活需要。要研究如何搭建一个更好的中国大运河旅游演艺平台,呈现给国内外游客,让游客充分享受艺术的美好,感受城市的魅力。

观光游向休闲度假和专业深度游转化。演艺项目与机构也能在版权品牌孵化的基础上实现旅游产品供给与演艺要素IP运营协同发展的目标。成立中国大运河旅游演艺平台将致力于综合运用多种推介方式,深度挖掘和推广有运河沿线城市特色、内涵的演艺精品和文化场景,带领游客沿着运河"深度游",从而形成更有影响力的旅游演艺品牌,促进文旅发展的同时,为大运河演艺文化发展提供更强的驱动力。

参考文献

[1] 熊海峰.大运河文化带的内涵解析与建设对策研究[J].人文天下，2017（23）：41-44.

[2] 连晓芳.科技助力 文化为本：旅游演艺迎来发展新机遇[N].山西政协报，2019-04-10.

[3] 尚光一.论大运河文化带的妈祖文化创意开发[J].妈祖文化研究，2020（1）：61-66.

[4] 宋新潮.推动新时代大运河文化遗产保护传承利用创新性发展：《大运河文化遗产保护传承规划》解读[J].中国经贸导刊，2020（19）：17-19.

[5] 熊海峰.推进大运河文化带建设的对策探析[J].中国国情国力，2017（10）：43-45.

[6] 杨方玲.大运河文化传承在师范类高校教学中的应用实践研究[J].沧州师范学院学报，2021，37（2）：130-132.

[7] 钱升华，邵波.大运河天津段历史文化遗产保护利用探析[J].城市，2021（6）：53-61.

[8] 王兴昀.搏击红海 创造蓝海：曲艺旅游演艺正当时[J].曲艺，2020（5）：24-25.

[9] 丁煦诗.大运河"世遗"框架与《纲要》框架涉及城市比较研究[J].江南大学学报（人文社会科学版），2020，19（1）：46-52.

推动我国旅游演艺产业发展之我见

王 璐

摘　要：采取理论联系实际的研究方法，结合自身业务工作，从宏观到微观，认真分析我国旅游演艺产业的发展背景与动因、现状与问题，并对如何推动我国旅游演艺产业深入发展提出若干意见和建议。主要观点有旅游演艺产业已成为业内和社会共同关注的一个焦点；我国旅游演艺产业经历了从无到有、由小到大的历史过程；旅游演艺产业已成为新型文化业态与资本市场结合的一股崭新的旅游能源；我国旅游演艺产业尽管发展很快，但仍存在许多问题；新冠肺炎疫情带来的影响，加速了旅游演艺产业的更新迭代；后疫情时代，旅游演艺产业一定会蓬勃发展，演艺产品的数量和质量不断增长，文旅企业将向集团化、规模化、专业化的方向发展，旅游演艺产业将出现异彩纷呈、持续发展的大好局面。

关键词：旅游演艺；背景；发展；举措

随着我国文化产业和旅游产业的深度融合，独树一帜的旅游演艺产业成为业内和社会共同关注的一个焦点，旅游演艺产业的繁荣发展极大地带动了各地文旅产业的快速发展。结合此次参加国家艺术基金旅游演艺产业管理人才培训班的学习体会和自己的本职工作，本文试图从我国旅游演艺产业快速发展的背景与成因、现状与问题、趋势与举措等方面，谈谈对推动我国旅游演艺产业发展的一点粗浅认识和看法。

一、我国旅游演艺快速发展的背景与动因

改革开放40多年来，我国旅游演艺产业经历了一个从无到有、从小到大的历史发展过程，其发展有着深刻的时代背景和社会动因。

（一）不断深化扩大的改革开放，为旅游演艺提供了前所未有的发展机遇

众所周知，如果没有国家的改革开放，就不可能有今天旅游演艺产业的大好局面。改革开放之前，我国国民经济发展缓慢，人们连吃饭都成了问题，哪有心思去旅游、去看演出？改革开放之后，我国经济快速发展，老百姓的温饱问题得到基本解决，除了吃饱肚子外，家家户户都有了闲钱可以用于文化消费和旅游消费，从而逐渐催生了旅游演艺产业的诞生。回顾一下，我国旅游演艺产业的雏形，应该从1979年广州市批准设立的第一家音乐茶座算起。当时设立这家茶座，主要是为了解决国外来参加广交会客户的业余娱乐问题。广州音乐茶座的出现标志着市场力量对旅游演艺产业的渴望，由此拉开了我国旅游演艺产业发展的序幕。

党的十九大之后，社会主要矛盾由"人民日益增长的物质文化需要同落后的社会生产之间的矛盾"转化为"人民日益增长的美好生活需要和不平衡不充分的发展之间的矛盾"。据统计，到2020年我国人均GDP已连续两年超过1万美元，城市恩格尔系数也逐年下降到29.2%，基本达到富裕的程度。这说明，老百姓除了保障日常生活消费外，兜里有了更多的闲钱，对精神文化生活有了更大需求和消费能力，给旅游演艺产业提出更多更高的要求。这是旅游演艺产业发展的根本动力。

（二）文化产业和旅游产业快速发展，为旅游演艺产业发展创造了很大的市场空间

自2000年以来，党和国家对文化产业高度重视，文化产业取得跨越式发展。2018年，我国文化产业增加值为38737亿元，比国家首次公布文化产业增加值的2004年增长了10多倍；文化产业增加值占GDP的比重由2004年的2.15%上升到2018年的4.3%，提高了整整一倍。2021年，据统计，全国6.5万家规模以上文化及相关产业企业，营业总收入为119064亿元，比2020年增长了16%。旅游演艺产业作为文化产业的重要组成部分，基本与文化产业保持了同步增长。

过去，外出旅游只是特定阶层和少数人的"专利"，而现在，外出旅游已成为老百姓一种新的生活方式，成为生活的常态和需求。此外，数万公里高铁的建成，大大便利了老百姓的出行，国家养老制度、医疗制度的不断完善，逐渐解除了养老防病的后顾之忧。人们破除旧的消费观念，不必把所有的钱存在银行里，出门旅游已成为人们日常的生活方式。疫情前，我国旅游经济一直保持较快增长，2019年实现旅游总收入6.63万亿元，同比增长11%；国内旅游人数达到60.06亿人次，同比增

长 8.4%。联合国世界旅游组织 2013 年 4 月 4 日发表声明显示，中国 2012 年已超越美国、德国等西方国家，成为世界第一大国际旅游消费国。这么大的旅游规模，直接带动了各地旅游演艺产业的发展。许多地方文旅题材的大型游乐园相继建成，而这些主题乐园的主打产品又多是旅游演艺产品。作为从事旅游演艺产业经营的公司机构，最担心的是庭前冷落车马稀，如今外出旅游的人多了，到景点观看演出的游客增多了，旅游演艺产业的生意自然就好做了。

（三）文化市场的繁荣发展，为旅游演艺产业营造了良好的外部环境

经过近 20 年的文化体制改革，我国文化市场主体不断壮大，国有文艺院团焕发青春，民营文艺院团方兴未艾，旅游演艺市场日益繁荣。早在 2015 年，我国 2012 家国有文艺院团就基本完成了转企改制，拥有强大的市场发展动力。《2018 年文化和旅游发展统计公报》显示，到 2018 年全国共有艺术表演团体 17123 个，比 2017 年年末增加 1381 个，从业人员 41.6 万人，全国共有艺术表演场馆 2478 个，其中各级文化和旅游部门所属艺术表演场馆 1236 个。全年共举行艺术演出 6.02 万场次，比 2017 年降低 15.2%，艺术演出观众 2588 万人次。仅以上海为例，上海大剧院、东方艺术中心、国际舞蹈中心等艺术表演场馆，2018 年共上演世界首演剧目 10 余场、中国首演剧目 20 余场。全市 152 个艺术表演场馆中，20 家场馆几乎每年演出都超过 200 场。2021 年 6 月，中共中央办公厅、国务院办公厅又印发《关于深化国有文艺院团改革的意见》，其中要求建立健全促进剧目生产表演的有效机制，建立健全鼓励演职员多演出的激励机制，建立健全布局合理的剧场供应机制，建立健全国有文艺院团双效统一的体制机制。这些都为旅游演艺产业发展创造了很好的市场动因和浓厚氛围。

（四）城乡居民文化消费需求的不断增加，为旅游演艺产业发展增添了活力和动力

随着我国经济实力日益增强和文化产业的快速发展，我国文化投资和消费水平也明显提高。从消费看，2018 年，全国居民用于文化娱乐的人均消费支出为 827 元，比 2013 年增长 43.4%，2014—2018 年年均增长 7.5%，文化娱乐支出占全部消费支出的比重为 4.2%。其中，城镇居民人均文化娱乐消费支出为 1271 元，比 2013 年增长 34.3%；农村人均文化娱乐消费支出 280 元，比 2013 年增长 60.0%，年均增长 9.9%。老百姓手里有钱了，休闲时间增加了，不仅能到全国各地旅游，还可以主动要求欣赏精彩的旅游演出剧目。还是以上海为例，2018 年以文化娱乐服务、景区观光导游

服务为主的文旅服务类增加值实现 60 多亿元，各类演出场次超 3 万场，观众人次 1600 多万，演出收入达 18 亿元。旅游演艺产业的增长势必拉动文化旅游消费的快速增长，使之成为一个新的消费亮点和经济增长点。

（五）文化产业与旅游产业融合发展，为旅游演艺产业发展提供了强有力的支撑

当前，文化产业与旅游产业相互融合已成为一个大趋势。近年来，国务院和政府职能部门一直在出台各类政策措施，积极推动文旅产业的融合发展。尤其是，2018 年文化部和国家旅游局合并之后，对旅游演艺产业发展更加重视，在促进旅游演艺产业市场繁荣有序发展、培育有示范价值的旅游演艺产业品牌等方面出台了一系列具体措施。强调积极提升旅游的文化内涵，创新生产演艺剧目和衍生品，支持艺术表演团体主动与旅游目的地合作，打造具有地方特色、主题鲜明、艺术水平较高、有市场发展潜力的重点剧目。2019 年国务院办公厅又要求进一步激发文化和旅游消费潜力，提出推动国有景区门票降价、实现互联网购票、丰富产品供给、发展夜间经济、落实带薪休假制度、培育旅游演艺产业精品项目等若干政策措施。这一系列政策文件的陆续推出，有力推动了文化产业与旅游产业的跨界融合，加快了旅游演艺产业的发展步伐，使旅游演艺产业的市场潜力不断释放，呈现出强劲的发展势头和巨大的发展空间。

二、我国旅游演艺发展的现状与问题

改革开放 40 多年来，我国旅游演艺产业发展很快，已成为新型文化业态与资本市场结合的一股崭新的旅游能源。现在从演出终端的连锁型企业，到专门从事内容研发的提供商、专门的品牌营销机构、销售公司，以及演员供应集团，旅游演艺产业链日趋完善，带来旅游演艺产业产品的整体进步。归纳一下，我国旅游演艺项目大致有五种类型。

（一）定点驻场演出

早期有广西桂林的《梦幻漓江》、港中旅在北京的《功夫传奇》、杭州东坡剧院的《金海岸大舞台》、长沙的《红太阳大舞台》等，后来有中国对外文化集团与上海文广演艺集团、上海马戏城演出公司共同投资打造的《时空之旅》，还有贵州的《多

彩贵州》、上海的《不眠之夜》、华夏文旅集团的《华夏传奇》《闽南传奇》《驼铃传奇》等。特别是上海的《时空之旅》自 2005 年 9 月首演后，连续驻场演出 15 年，产生强烈的品牌效益，为上海建设亚洲演艺之都发挥了重要作用。2021 年 7 月，改版后的《时空之旅》再次成为修缮后上海马戏城的常驻演出剧目。据不完全统计，2013 年我国已有旅游演艺产业驻场剧目 187 个，到 2020 年新冠肺炎疫情发生前已发展到近 300 个。

（二）大型山水实景演出

我国的大型山水实景演出，是由张艺谋、王潮歌、樊跃等率先创新的。2004 年 3 月，广西阳朔的《印象·刘三姐》正式上演后，在社会上引起强烈反响。一个山水实景演出，带动了当地旅游人数和过夜人数井喷式增长，推动了阳朔社会经济的迅速发展。当地领导曾一度最烦恼的是，外来游客多了，产生的生活垃圾也增加了，原先落后的垃圾掩埋方式已经跟不上，迫切需要上马一个专业的垃圾焚烧处理厂。从《印象·刘三姐》开始，一股山水实景演出之风在全国刮起，各种"印象"系列演出剧目不断涌现。而现在，已经不仅仅局限于"印象"系列，其他名目的实景演出也层出不穷。比如，承德的《鼎盛王朝·康熙大典》、洛阳的《武则天》、嵩山的《禅宗少林·音乐大典》、韶山的《中国出了个毛泽东》、三亚的《红色娘子军》、江西的《井冈山》、宁夏的《北疆天歌》、山东的《蒙山沂水》等，可谓百花齐放，数不胜数。2010 年 11 月，云南文投集团创作的大型实景演出剧目《吴哥的微笑》，还走出国门，走进柬埔寨。据初步统计，我国各地的山水实景演出剧目，估计已在 100 场以上。

（三）主题公园演出

主题公园演出仍是旅游演艺产业的主打产品，这方面运行比较出色的是深圳华侨城集团有限公司。从 1989 年"锦绣中华"主题公园民族歌舞表演开始，他们不断创新出品新的旅游演艺剧目，如世界之窗的《欧洲之夜》、北京欢乐谷的《金面王朝》，以及遍及全国各地华侨城的主题公园演出，都极大丰富了游客的参观游览内容，使广大游客在观光休闲的同时，感受到文化的魅力，享受到精神的大餐。特别值得一提的是，长隆集团在广州番禺和珠海市先后投资建设的欢乐世界和海洋公园。他们把具有世界水准的大马戏表演引入园区，到 2016 年，累计演出就达 6000 多场次，观众超过 2500 万人次。2017 年春节期间，番禺的《魔幻传奇》马戏连续演出

22 场，入场观众近 13 万人次；珠海的《秘境奇技》马戏，从除夕演到大年初七，连演 15 场，场场爆满，打造了一张亮丽的旅游演艺产业名片。今后一段时间，各类主题公园仍会保持较好的发展态势。

（四）旅游景点演出

在旅游景点演出方面，应该说，宋城演艺发展股份有限公司的表现不同凡响。20 多年来，其在杭州、三亚、丽江、九寨沟等宋城旅游景区打造的"千古情"系列演艺业务，已成为该公司业绩增长的主要动力。很多外地游客到杭州市、到张家界旅游，就是冲着《宋城千古情》和《天门狐仙·新刘海砍樵》演艺剧目而去的。据统计，宋城演艺发展股份有限公司自成立以来，累计演出场次达 1.5 万余场，观众 5000 余万人次，无论是在剧院数、座位数上，还是在年演出场次、观众人次、演出利润方面，都排在世界旅游演艺产业的第一位，为我国旅游演艺产业发展做出了突出贡献。

（五）沉浸式旅游演出

近年来，随着数字经济的迅猛发展，充分挖掘当地历史文化资源，运用高新技术、智能化手段和光影艺术，赋能旅游演艺内容的沉浸式演出，又成为旅游演艺产业的一个新亮点。先是王潮歌执导的《又见平遥》《又见敦煌》系列，再到樊跃在武汉打造的反映 20 世纪 30 年代汉口人文风情的《知音号》游轮，还有陕西旅游集团以西安事变为背景创作的《12·12》，以弘扬佛教大慈大悲文化为主题的《法门寺》，种种独具风采、形态各异的沉浸式演出剧目，一时大博人们眼球。观看演出时，人们置身于历史场景中，穿过古街老巷，与那个年代的人搭讪聊天。随着剧情的递进发展，边走路边欣赏，别有一番情趣。还有，疫情期间备受关注的《只有河南·戏剧幻城》，通过 56 个空间的不同场景，在超过 33 个演出地点、近 800 位专业演员 700 分钟不重复的演出中，将一部以中原文化为题材的沉浸式精彩演出，呈现在观众面前。单日演出高达 125 场，场内处处皆景、满目成影，观众身临其境，从中深刻感悟到中原文化的博大精深和深厚积淀。

40 多年来，尽管我国旅游演艺产业发展很快，但仍存在许多问题，主要是同质化严重，题材重复，缺少创意，重游率低；内容泛泛，缺乏吸引力，IP 塑造能力差；盲目上马，照搬照抄，模仿居多，没有特色；市场分析不足，观众上座率低，缺乏发展后劲，个别的甚至面临倒闭等。2019 年，据道略咨询统计，仅有 20% 的旅游演出项目可实现盈利，大多数旅游演艺项目经营不善，处境困难。尤其是2020年以来，席卷全球的新冠肺炎疫情又让旅游演艺产业雪上加霜。据了解，受疫情的影响，我国文化娱乐休闲服务业两年平均下滑9.2%。一些重投资、依赖海量演职人员和单纯靠票务维持的大型旅游演艺项目，因没有市场、失去游客而难以为继，有的连工资都发不出来，不是关门停演，就是被迫解散。相反，一些轻体量、小投资、资金回收周期短、科技与表演相得益彰的沉浸式、创意性强的旅游演艺项目，反倒赢得市场青睐，顽强地生存下来。

三、我国旅游演艺发展的趋势与举措

虽然我国旅游演艺产业存在上述问题，但瑕不掩瑜，并不影响旅游演艺产业大的发展趋势。笔者认为，后疫情时代，我国旅游演艺业发展前景仍可期待。为此，建议抓好以下几点。

（一）加强系统设计

现在许多地方发展旅游演艺产业，往往在项目设计上下功夫较多，而对系统设计关注不够，其实，系统设计的作用远远大于项目设计。系统设计既包括对项目所在地周边环境、经济、交通、食宿、人流等因素的分析，又包括对项目内容、后期运营、内部管理、人才培养、投入产出比的分析等。系统设计是管大局、管方向、管长远的。系统设计水平的高低，直接关系到项目的可持续发展和生死存亡。系统设计搞好了，可以收到事半功倍的效果；系统设计不到位，项目可能半途而废。系统设计时，特别要注意充分挖掘利用当地的文化资源，"讲好中国故事、展现中国风貌"。同时，必须兼顾不同游客的消费需求，打造出差异化、独具特色的旅游演艺产品，真正做到人无我有、人有我优、人优我特，内容为王，以特取胜，提高游客的关注度，让更多的人能够对当地优秀传统文化产生兴趣，受到感染。

（二）抓好质量问题

在文化产业九大门类中，旅游演艺产业属于横跨内容创作生产类和文化娱乐休闲服务类两大门类的行业，其最具文化产业特征，且与老百姓精神文化生活联系密切。这一性质决定了其必须在产品质量上下功夫。随着人们生活水准的提高、文化品位的提升，游客对旅游演艺产业的要求越来越高，满意度已成为检验一个地方旅游演艺品质的重要指标之一。2019年6月,全国人大常委会在审议《文化产业促进法(草案)》时,很多委员指出,当前我国文化产品供给已经不是缺不缺、够不够的问题,而是好不好、精不精的问题。文化和旅游部也多次强调要抓好"提供优秀文化产品和服务、优质旅游产品和服务"这一中心环节。因此,当前我国旅游演艺产业的供给质量还有很大的上升空间。我们的首要任务是,下大气力,精雕细磨,不断提高旅游演艺产业产品的内涵和质量,拿出更多故事精彩、内容过硬、有市场价值、深受观众喜爱的产品。俗话讲,酒香不怕巷子深。只要旅游演艺产品好,不愁没人来欣赏。

(三)研究新的消费需求

旅游演艺产品的最终结果取决于人们的消费理念和消费方式。近年来,随着生活质量的不断改善和"中央八项规定"的出台,人们的消费理念和消费方式发生了翻天覆地的变化。现在,单位组织的公费旅游基本销声匿迹了,家庭旅游、自驾车旅游在逐年增加;用公款到酒店消费的人越来越少,个人掏钱吃饭的比例大大增加;年青一代尤其是"Z世代"已成为文化旅游消费的主力军,而中老年人的文化旅游消费也不示弱,国内很多知名旅游景点已成为中老年人扎堆打卡的网红地。这些新的消费变化必须引起旅游演艺界的关注,不能以不变应万变,而要适应发展,以变应变。针对人们新的消费理念和不同层次的消费需求,拿出能够满足人们精神文化需要的新产品。同时,及时改进项目营销策略和方法,把更多的目标消费群体吸引过来,保持旅游演艺项目的上座率和衍生产品的消费力。

(四)重视高新技术应用

目前,科学技术迅猛发展,瞬息万变,不仅改变了人们的生产生活方式,也给旅游演艺产业转型升级提供了无限可能。2019年10月,武汉第七届世界军人运动会开幕式演出大获成功的原因之一,就是首次采用了世界上最大的全三维立体式舞台,通过高新技术实现了舞台的多维扩展。未来,旅游演艺产业的竞争不仅仅是内容的创新,新型科技手段运用将成为比拼的重要条件之一。人工智能、数字技术、互联网技术、VR等高新科技手段,都可以应用到旅游演艺产品的创作、生产、传播、消费等各个环节。同时,大数据、云计算、智慧云等新算法,又可以为游客提供精准服务、定向服务,并得到准确的信息反馈。

（五）加大人才培育力度

旅游演艺产业是高度依赖于人的创新性和创造力的行业。高质量和规模化的人才资源是旅游演艺产业发展的核心竞争力。在抓旅游演艺项目生产的同时，要积极抓好人才培养。与各艺术院校密切合作，建立旅游演艺人才库，尽快培养一批热爱旅游演艺事业的编导、演出、运营、销售等方面的复合型人才。要把旅游演艺项目作为培养选拔人才的大舞台和实习基地。同时，要逐步完善人才评价体系和机制，激发人才的创新、创作能力。

（六）利用好国家现有政策

近年来，国家对旅游演艺产业发展始终很重视，先后出台了一系列重要政策。2019年，文化和旅游部明确提出，积极引导私募股权投资基金及各类投资机构投资旅游演艺产业项目，符合高新技术企业认定条件的旅游演艺产业企业经认定后可享受税收优惠，鼓励通过开展城乡建设用地增减挂钩和工矿废弃地复垦利用从而为旅游演艺产业项目提供用地保障等。还有，国家艺术基金也给旅游演艺产业发展注入新的活力，极大地调动了社会资本进入旅游演艺产业领域的积极性。所以，对国家现有的各项扶持政策，旅游演艺产业经营管理机构要认真学习，用足用好。同时，要积极引导文旅企业向集团化、规模化、专业化的方向发展。

四、结语

综上所述，我们相信，有党和国家的政策指引，有业内人士的热爱与执着，伴随着国家进步、社会发展和人民富裕，战胜新冠肺炎疫情之后，旅游演艺产业这个朝阳行业一定会更加蓬勃发展。我们要满怀信心，伸出双臂，迎接旅游演艺产业充满希望的明天，为给亿万人民的旅游休闲生活增添更多更精彩的演艺剧目，为促进我国文化产业和旅游产业高质量发展、提高人民群众的幸福感和获得感，为中华优秀传统文化的弘扬传承和在国际上的广泛传播做出应有的贡献。

参考文献

[1] 习近平在中国共产党第十九次全国代表大会上的报告［N］.人民日报，2017-10-28（001）.

[2] 受国务院委托文化和旅游部部长雒树刚向全国人大常委会作国务院关于文化产业发展工作情况的报告［N］.中国文化报，2019-06-27（001）.

[3] 国家统计局.新中国成立70周年经济社会发展成就报告［Z］.2019-09-28.

中国文旅产业旅游演艺的展望

裴歆悦

摘　要：近年来，旅游演艺的数量、规模和品质不断提升，呈现出快速发展的态势。在这样的大趋势下，中国传统文化已经成为支撑旅游演艺创作、制作、运用的核心。同时随着旅游演艺与人民、与大众之间的距离不断拉近，以传统文化为内核的旅游演艺将不断延伸、衍生，甚至会突破旅游产品的形态，影响人们的思维方式和生活方式。

关键词：旅游演艺；生活方式；传统文化

"继往开来，砥砺前行。"全球发展正处于大变革、大转型的关键时期。我们聚焦中国文旅产业旅游演艺对中国消费升级和产业推动带来的影响，解读文旅融合带来的产业红利及其释放路径，为当前亟须快速转型升级的企业提供实操经验，抓住时代机遇及发展先机。

随着中国特色社会主义进入新时代，人们对美好生活的需求与日俱增，旅游演艺的市场规模正在不断发展和扩大，旅游目的地的产品和服务在旅游演艺的带动下要素和产品越发凸显。一个优质而完善的旅游商业项目可以包括餐厅、酒店、旅行社、景区等旅游目的地的服务消费，以及视听、媒体艺术、视觉艺术、工艺设计、服装设计和计算机服务等文化创意内容。旅游演艺正在成为促进文化、创意和旅游部门综合发展的最佳工具。

一、旅游演艺的多样化与增长空间

根据2015—2017年全国演艺市场和旅游演艺市场票房的增长状况，当地旅游消费总收入的比例为1∶7。到2023年，旅游演艺市场的经济规模将超过500亿元，到2033年将成为一个近千亿元的产业。因此，需要更好地了解旅游演艺市场，以确定这种快速增长是否能够准确地满足市场需求，科学地引导大众文化审美，并适应区域经济发展水平。

二、中国旅游演艺的发展现状

改革开放以来，中国旅游产业发展至今大致经历了四个阶段，1978—1988 年的入境旅游快速增长期，1989—1994 年的大众观光启动期，1995—2012 年的大众观光成长期，2012 年至今的休闲度假旅游高速发展期。演艺产品也在这一过程中不断与旅游产生碰撞与交融，其数量、种类、形态都在不断演化乃至变革。

2019 年 3 月，文化和旅游部报告了以下数据：从 2013 年到 2017 年，中国旅游演出数量从 187 场增加到 268 场，增长率达到 43%；旅游演出场次从 53336 场增加到 85753 场，增长率达到 61%；旅游演艺观众人数从 2789 万人增加到 6821 万人，增长率达到 145%；旅游演艺票房收入从 22.6 亿元增加到 51.5 亿元，增长率达到 128%。在该组数据中无论是产品数量、产品类型的供给端还是观众数量、演出场次等需求端，都在说明中国旅游演艺正处于高速发展阶段。在总体向好的趋势下，旅游演艺行业也呈现出了鲜明的特点。

（一）观众也以大众旅游为主要受众

传统文化演出的观众大多为演出所在地居民，通常将观看文化演出作为在居住地进行的文化休闲活动。而旅游演艺的观众大多是外来游客，观看旅游演艺大多是作为对目的地旅游体验的补充消费。江西《寻梦龙虎山》演出对观众的调查问卷显示，大多数中国老百姓接触的第一台演出就是旅游演艺。

（二）空间场所与旅游活动结合密切

对于传统文化演出来说，其展演场所多为剧院、剧场等室内场所，也有少部分文化演出选择了广场、公园等室外场所。这些场所所在的空间通常都位于常住人口的集聚区，是本地居民活动较为频繁的空间场所。而旅游演艺的展演空间和场所与传统文化演出相比均有较大变化。在空间上旅游演艺的展演空间通常处于旅游活动频繁的空间，接近旅游资源所在的区域，如旅游景区（点）、主题公园（乐园）等。其展演场所较少受到室内、室外的限制，自然山水、街头巷尾、文化古迹都可以作为旅游演艺的展演舞台。

（三）呈现方式更强调创新互动体验

传统文化表演的呈现方式是以镜框式舞台为主流的，观众面对着镜框式舞台，每个观众都观察着舞台上的表演内容。在整个观剧过程中，观众处于一种被动的接受状态，同时也明确了现实生活与舞台演出的界限，这使得他们能够看到舞台上发生的一切，却无法对之施加任何影响；而旅游演艺的呈现方式更强调互动，通过对表演艺术、视觉艺术、故事脚本、观演关系的创新让游客可以进入演出中获得更直接的体验。

2019年3月，文化和旅游部同期出台了首个促进旅游演艺发展的文件——《关于促进旅游演艺发展的指导意见》，该意见提出，到2025年旅游演艺市场繁荣有序，发展布局更为优化，涌现一批有示范价值的旅游演艺品牌，形成一批运营规范、信誉度高、竞争力强的经营主体。旅游演艺产业链更加完善，管理服务体系基本健全，在推动文化和旅游融合发展中的重要作用充分彰显，对相关产业行业的综合带动作用持续发挥。这对于旅游演艺而言不仅仅是一股强心剂，也是一种鞭策力，推动着旅游演艺朝更加规范、更加有序的方向发展。

三、中国旅游演艺的发展环境

（一）文旅振兴背负着中国经济提升的历史使命

未来到底需要什么样的文旅业态和消费形态来推动中国经济的提质升级？这已经是摆在政府、学界、企业界面前的一个核心问题。

在中国40多年改革开放的过程中，经济与文化的发展步调不协调，约有60%的城市割断了自身的地脉、文脉。城市文化、城市精神、城市特色的缺失使这些城市在精神文化需求大幅提高的今天，难以为继。数据显示：截至2018年年底，我们的非遗有87万项，这个数值比欧洲所有的国家加起来都要大。但我们87万项的非遗资源几乎全部集中在乡村和乡镇。那么试想如果我们还按照以往的思维与模式推行乡村城镇化，那么不仅是乡村，而是中国的文脉将会被割断，流淌在我们血液中的中华文化的基因也会在这一过程中逐渐消解，而这样的过程显然是不可逆的。

"宜融则融，能融尽融，以文促旅，以旅彰文"，走文旅融合之路，显然是应对上述风险，并实现文旅振兴的有效方法。文化是灵魂，旅游是载体，这一点在中国古代就有所体现，中华民族自古就把旅游和读书结合在一起，崇尚读万卷书行万里路。而在新世纪、新背景下,旅游在社会生活中的作用、地位越发突出,一方面,它是衡量人民生活水平的重要指标,成为新时代人民福祉、精神文化需求的重要内容;另一方面,旅游业已经发展成为一个综合性产业,成为经济发展的重要引擎,为整体经济结构调整注入活力;同时,旅游业是促进社会和谐的重要部门,是文化建设的重要载体,是文化交流的重要环节,也是生态文明的积极维护者和严格实践者。

(二)科技创新成为未来聚变的驱动核心

当前改变我们全球经济社会面貌的技术,集中在汽车、飞机、互联网、核能、自动化这些领域。但是改变未来全球经济社会面貌真正的技术基本上集中在新材料、新能源、生物工程、信息技术、智能制造、机器人等领域。这里不得不提《中国制造 2025》,《中国制造 2025》和美国改变 21 世纪的技术是密切相关、有利益冲突的,因此美国调动了全国力量推出了一个针对《中国制造 2025》的《新兴科技趋势报告》,它对未来 700 项科技趋势进行综合对比,提出美国在 20 项技术领域里绝对不能落伍,如物联网、新能源、食物淡水、新型材料等技术,美国认为如果在这些领域落伍了,就没有机会再坐世界的头把交椅。

未来 5～10 年我们的消费模式和商业模式会发生哪些变化?个性化、数字化、分散化将是我们进入新时代的背景。大数据时代、移动互联网时代、智慧城市时代,包括 5G 时代,都和未来消费的变革密切相关,这背后真正的驱动因素就是科技。

为什么美国害怕华为?有数据指出,到 2030 年全球会有 1000 亿台设备连到以 5G 为代表的互联网上,如果华为在 5G 时代占据了核心位置,而美国不能掌控 5G 核心技术的话,美国的互联网领先地位将岌岌可危。进入物联网时代,万物互联、人物互联,整个商业模式和产业模式会发生重大变化。未来中国将有 6 亿人成为中产,这对我们的消费升级和新型城镇化带来的巨大利好会把美国 3.2 亿人口的竞争优势对冲掉。这是美国很难改变的事情,也是美国抵制华为等高科技企业的内在原因。

科技创新彻底改变了全球社会的面貌,新技术和产业的变革永无止境。我们抓住了就是机遇,抓不住就是落后。

(三)区域赋能文旅领域的探索与实践

我们的团队在做文旅规划设计的过程中,一直在思考如何改变头疼医头、脚疼医脚的解决方案。经过近十年的反复实践,我们探索出一个"统一规划设计、统一开发建设、统一产业导入、统一运营管理"的全新模式。打造统一的规划方案，打通了从咨询到策划、规划、项目落地、运营管理等环节，让顶层设计融合城市化拉动人流、物流、商流的落地，再整体拉动产业选择、空间布局、金融平台搭建和运营模式的设计等，最后完成了第一、第二、第三产业融合平台的搭建。

通过"统一规划设计、统一开发建设、统一产业导入、统一运营管理"的模式赋能政府、企业和区域的发展，这是新型团队的理念。中国的"经济"二字来自"经世济民"，我们的核心价值理念就是"以文化道、经世济民"，做文化和经济一体化的事情。最终目标就是打造宜居、宜乐、宜游、宜休、宜生活的文旅示范区。

四、中国旅游演艺发展展望

不可否认的是旅游演艺是文旅融合的生动体现，这不仅仅体现在旅游演艺作为艺术作品在创作过程中对当地文化脉络的再现、文化底蕴的挖掘、文化元素的活化，也体现在它因声光电、全息投影、裸眼3D等科技的加持及舞蹈、杂技、音乐等艺术形式的注入而成为具有强大市场号召力、影响力和竞争力的文化产品。而这两方面只是旅游演艺的最初形态。目前随着文化、旅游产业的振兴，以旅游演艺为触发点、创意点的文化产业园区、特色小镇已经遍布全国。而正是在这一趋势下，我们认为旅游演艺与人、与游客之间的关系将不再局限于观演关系，无论是传统座席式抑或是沉浸式，它最终将因传统文化而走进人民的生活，与人的生活方式产生更深层次的互动。

未来的文旅演艺越来越专业化、精细化和精准化，主题化、康养化和生活化。文旅融合做大做强最终需深化解决的问题是"民生"。从理论上来看，这一趋势更加接近于"美育"这一美学思想，用美来熏陶人、感染人，提升人对美的认知，使人有美的理想、情操、品格与素养。从旅游演艺的角度来看，就是以传统文化为核心的旅游演艺产品将作为主导，作用于人的感官并影响人的心理，而与此配套的主题酒店、主题餐厅等设施将直接作用于人的生活方式。而从具体实践上来看，我们可以以"音乐治疗"为例展开论述。

根据古代的养生哲学，草疗不如食疗，食疗不如音疗。在这样的文化积淀下，"音乐治疗"既作为创意原点，也将是最终目的，而旅游演艺则成为连接这两端的方式和手段。从具体操作层面上而言，演艺既可以在山水中，同时根据"全域旅游""生态旅游"的发展理念，在山水中打造集"吃住行""养悟修"为一体的综合性康养基地。演艺也可以在剧场中，同时经过品牌授权、品牌运营，分布于茶道、温泉等功能的文化消费场所，以此来影响本地居民的生活。演艺来源于生活，而高于生活，通过观演受众的接受并转化，对提升生活质量和审美认知达到反作用。我们不再满足于视觉上的清晰、听觉上的刺激、令人眼花缭乱的感官享受，而是更深层次的表达。

今天中国又面临着百年未有之变局，我们能否有足够的智慧，引领甚至主导这个规则？这是我们面临的巨大挑战。所以未来五年是中国发展的重要时期，这个时期我们要解决两个问题：一是改革再出发面临的新一轮升级迭代，1978年我们几乎是一张白纸，今天中国面临的困难虽然很多，但我们整体上要比1978年好太多了；二是产业再塑造的问题，地产企业已经不可能带领经济继续向前发展，未来真正能带动经济腾飞的引擎是文化和科技。今天中国的先进制造业已经和全球处在同一起跑线。这是一个最好的时代，我们要和美国、欧盟并驾齐驱，就要抓住这个发展的机遇。文化引领，科技裂变，奇点临近，每个个体、每个团队都可能创造出伟大的奇迹！

民族文化在旅游演艺中呈现的国际传播

■ 高 慧

摘 要：以实景演出《天门狐仙》为例，讲述民族文化带入实景演出的思考。探讨如何在实践中把民族文化和实景演艺相结合，做好中华优秀传统文化的国际传播。

关键词：民族文化；实景演出；国际传播

一、《天门狐仙》少数民族文化带入的思考

通过观看和阅览关于《刘海砍樵》的故事，引发对民族文化嵌入实景演出的深度思考。我一直在做少数民族和民间文化中外校园的传播和推广，目的就是希望我国几千年的灿烂文化能够让更多的人知道。在我学习对外汉语专业的几年，使我对我们国家的文化和艺术更加自信，但同时我也发现一个问题，外国学生或其他涉外社会友人对中国文化的解读还停留在"琴棋书画诗酒茶"上面，而我们更多灿烂的、独特的甚至是鲜为人知的文化艺术，他们知道得比较少，或者说没有一个相对专业的渠道把以上的文化和外国群体作为对接，而实景演艺将会是中国文化向外传播的一个更好的媒介和载体。拿《天门狐仙》为例，通过《刘海砍樵》大型实景演绎，我看到了土家族的文化在里面的精彩亮相；我看到了苗族文化在里面的旖旎风采，除此之外，我还看到了湘西那边独特的木质吊脚楼和民俗文化风情，虽然演艺过程时间有限，但足以震撼全场，尤其是足以震撼对中国文化如痴如狂的外国人。通过实景演出，把我国的民族文化展示出来，让更多人知道和了解，从另一个层面来说，就是一种传播，而近几年我国政府一直在关注中国乡村发展和非遗的保护传承问题，而这种实景的展示可以说是另辟蹊径，为民族文化的传播起了举足轻重的助力。

旅游实景演艺里，做好某一个片段场景的翻译配合，让看完相关场景的外国友人欢呼雀跃，是因为看懂了其中的文化和故事，而不仅仅是服装衣着独特。

二、少数民族文化在旅游演艺中的国际传播

（一）"茗校圈圈"开启民族文化国际传播

几年前的一次怒江调研，我们看到了很多民族文化的断层，甚至是消亡，于是我决定创办"名校圈圈"村（后更名为"茗校圈圈"，因为之前叫法商标注册没有通过）平台。我们想搭起一座桥，一头连接民族村寨，另一头连接中外高校，希望通过中外校园将鲜为人知的民族文化艺术传播到世界各地，让更多的中外朋友有机会获得中国民族文化的知识或常识，同时将中国文化与中外大学联系起来，让中国文化的元素在全世界发扬光大。这是创办的初衷，也是情怀所在。

2016年开始，我及志愿者伙伴用了三年的时间行走于各少数民族村寨，其间寻找到上百个民族特色村寨，包含少数民族村寨和民间特色村寨，拜访了100多位非遗传承手工艺者，从以上村寨中选择了本土文化保存和保护相对完整的几十个村，帮助和带动相关的村民，配合我们完成外国学生在中国乡村的"驻村计划"，共同开启了中国民族文化的国际传播。

2016年7月，我们将行走中探索到的中华民族文化以公益讲座和文化选修课的方式推送到各高校留学生课堂，截至目前，我们已在20所中外学校及几万人次学生中分享了中华民族文化，让民族文化得以在国际传播。

（二）民族文化国际传播的新视角

1. 白族、苗族文化加入旅游演艺中

扎染是白族随处可见的技艺，是一种传统而独特的染色技艺，而扎染的花纹图案则蕴含着白族神秘传说，以蝴蝶图案为例，传说中白族祖先跳入蝴蝶泉，幻化成了蝴蝶，因此蝴蝶成为白族人信奉的祖先本祖。无独有偶，苗族自称是蚩尤的后代，他们也尊称蝴蝶为"蝴蝶妈妈"，同样的花纹，不同的民族，不同的历史故事，但同样的信仰，不禁令人深思，中国民族文化的博大。

2. 傣族泼水节加入旅游演艺中

傣族的泼水节为大众所知，但关于泼水节来历的传说，有多少人知道呢？傣族的女生南粽布为了拯救族人和村庄，牺牲了自己。她选择燃烧自己，因为她手里抱着的火球（实际上是恶魔大王的头颅，恶魔大王对傣族村寨无恶不作，只有除掉恶魔大王，村民才能解脱）一旦离开她，火势会蔓延整个村庄，而一旦南粽布抱起火球，只燃烧自己，村庄的火立即熄灭。在生死存亡之际，南粽布毅然决然选择了燃

烧自己，拯救村庄和族人，而所有的村民为了能救起南粽布，向南粽布泼水灭火，最终在众人的帮助下，南粽布得救。所以傣族人民把这一天名为"泼水节"。现在只要是泼水节的时间你出现在傣族街巷，无论男女老少，都会被热情的傣族人民泼水，他们认为是欢迎和祈福的象征。

傣族的葫芦丝等闻名遐迩的乐器，也是可以加入在实景演艺里面的。

3. 傈僳族阔时节"上刀山下火海"活动加入实景演艺中

傈僳族的"上刀山下火海"，是真的刀山（36 把明晃晃的刀，且刀口向上，即脚踩上去的是刀锋，而不是刀背），火也是真的火海（铁犁头在大火堆里烧得火红火红，"下火海"的特定人赤脚从火堆里走过，且脚踏着铁犁头）。2018 年年初我亲身经历了这样一幕浓重且惊奇的傈僳族"阔时节"，感受到我国民族文化之奇特。当然就算是在傈僳族，上刀山下火海也是需要有特定人参与的，这一项文化也被纳入了非遗，只有得到传承的傈僳族族人，在经过多年的历练下才能有机会去做专项本民族的活动，但在活动开始之初，上刀山下火海的负责人，会领着参与者一起向上苍和祖先祈福（需要更衣、跪拜、焚香）和"问是"（沟通接下来上刀山下火海的活动是否顺，我忘记了具体的专有名称，且叫它"问是"），祖先赞同方可进行，一般上刀山和下火海的都需要重复三次，即三次上刀山，三次下火海，每一次开始之前，都需要祈福和问是，一般情况下都会进行三次。但我受邀请参与的那次阔时节活动，三次刀山完成了，在完成第二次下火海并开始祈祷的时候，这次的时间颇长，负责人神色凝重，口中呢喃不断，最后站起来和参与者低估了几句，说明接下来不适合做下火海的活动，否则有危险，然后退场。在这个过程中，很神圣、很神秘，不仅表现了傈僳族同胞的英勇，更多的是傈僳族民俗文化的充分展示。如果将来能引入实景演艺里边，我想，这种民俗定会让更多国际友人震撼。

4. 独龙族文化加入旅游实景演艺中

独龙族是中国的少数民族之一，以前被称为"俅人"。独龙族有一个独特的习俗，就是在妇女的脸上文身。当一个年轻女孩年满 12 或 13 岁时，她会被刺青作为成年的象征。一位年长的、有经验的妇女先用竹棍蘸着锅里的水在女孩的脸上画出图案，然后用一根带硬刺的小木棍或带针的木棍来配合图案，然后把锅底灰或草汁抹在伤口上，伤口脱痂后形成绿色和蓝色的图案。起因是，藏族土司和傈僳族奴隶主入侵独龙族地区，对独龙族人进行无情的剥削和压迫。特别是年轻、美丽的独龙族妇女经常受到威胁，被带到其他地方。在这种特殊的社会历史环境下，独龙族妇女不得不采取消极的自救方式来逃避土司的蹂躏和迫害，她们用大麻烟涂抹脸颊，甚至宁愿忍受痛苦，在脸上涂抹和刻上永远洗不掉的"墨绿线"，让人不敢靠近。随着时间的推移，脸部文身的习俗发展起来，一直持续到中华人民共和国成立初期。因此，脸部文身在历史上是独龙族妇女对民族压迫和个人安全的一种消极斗争形式。独龙族是中国仍然保留史前晚期父系家族公社的少数民族之一。虽然总的趋势是日益解体，但父系家庭公社在生产力、土地形式、社会组织和婚姻制度方面仍有独特的特点。

  独龙族庆祝的传统节日被称为"卡雀哇"。对于独龙族来说，这是一年中唯一的节日。他们把 12 月 29 日作为除夕，12 月 30 日作为新年的第一天。传说中，有两兄弟曾住在独龙江畔。幼时失去了父母，有一天，他们背上长刀，手执硬弩，来到担打力卡雪山上的必拉桶打猎。天空乌云密布，禽兽不出巢穴。当他们看到一只小石羊时，已是傍晚时分。两兄弟分开包抄。哥哥迷失在一个深邃的岩石山谷里。当夜幕降临在山上时，弟弟去了相约等待的地方，却不见哥哥的踪影，于是进入深谷寻找他唯一的亲人。他找了九年零十一个月又二十九天。12 月 30 日，哥哥突然回来了。"我亲爱的弟弟，不是我抛弃了你，而是自从我们分开后，我就被一个恶魔囚禁在龙潭虎穴里。恶魔看到你想找到哥哥的愿望，让我从今天开始，每年 12 月 30 日回到你身边。"哥哥接着说，"我们见面的那一天将是一年的结束，所以让我们把它称为新年。"为了庆祝两兄弟分别后的重逢，弟弟为他做了珍禽异兽做成的菜肴和不同谷物做成的饭。晚饭过后，弟弟敲起了锣、点起了火把，邀请山寨里的父老兄弟一起唱歌和跳舞。从此，兄弟俩相见的日子成了独龙族人的"独龙年"。

  独龙毯是由独龙妇女用天然和自产的大麻手工制作的，然后用不同的植物液体染成各种颜色。质地结实耐用，可作为被褥一类，同时具备防雨功能。在独龙语中，独龙族毯子被称为"约多"。它是独龙族不可缺少的服装，几乎成为独龙族服饰的象征。它通常有红色、黄色、黑色和白色四种条纹，用于保护独龙族人免受风吹雨打。

  独龙族是一个很少见的民族，它的某些文化现在看起来有些残忍，如女性的文面，但仅仅从文化层面来说，具有一定的历史意义，它代表了女性的一种反抗，只不过是消极形式的反抗。无论如何，现在的独龙族女性已经不文面了，所以，从文化层面来说，这种文化已经出现了断层，很可能面临着消亡。所以如何通过旅游演艺的形式把其中的文化带入，给外国友人以不同的视角呈现，说不定会激发其中某些人对独龙族文化探讨和挖掘的兴趣呢。这样的话，民族文化通过旅游演艺的带动，通过观看旅游演艺对某些文化的初识，从而带动和引入更多观看该旅游演艺的国外人群真正进入相关文化的村落，学习、参与和体验某些中国独特的民族文化，是我们需要研究和探讨的。

三、旅游演艺带动民族文化实地考察学习的文化振兴之路

（一）借助"茗校圈圈"通过把民族文化带入课堂吸引留学生走进村寨的思考

我们团队通过几年少数民族和民间村寨的走访，把中国特色文化艺术转换成了留学生课程中的文化课和文化体验活动，通过高校留学生课程和活动的介入，连接了桥梁两端的资源。一方面让留学生有获取这些文化的途径，另一方面激发了留学生进入中国特色村寨探寻中国文化的兴趣，一步步指引留学生的中国文化探寻之路，与此同时，我们也让中国乡村的村寨村民受益。首先，当地村民有机会把特色手工艺传播给世界各地的留学生，形成中国本土文化的国际传播和国际影响。其次，村民在我们倡导的"公平贸易"的原则下，把教授技艺所得和学生在村吃住所得用于补贴家用，给他们的收入带去了多样性。最后，不同学科的学者和专家的前往，也为村寨振兴和文化复兴提供了可能性！

（二）旅游实景演艺成为外国友人和中国村寨的另一桥梁

针对外国人的喜好量身打造，加入独特而浓重的中国文化，用旅游实景演艺的方式简单直接地把中国独特文化向外展示，同时谢幕后可以安排有偿体验的活动，也可以以研讨会的形式，对观影过后感兴趣的人群着重介绍下该演出中提到的相关文化及其背后的故事，一步步指引他们进去演出中涉猎到的少数民族特色村寨，形成一套文化的可持续发展之路。未来在这条路上，我可以尽自己的绵薄之力，共同探讨这种方式的可行性，也实现民族文化通过旅游演艺在国际的传播，最终一步步实现中国文化在世界各地的绽放。

意义生产与文化认同
——旅游演艺产品要讲好中国故事

■ 刘 昂

摘 要：旅游演艺是综合运用歌舞、戏剧、杂技、曲艺、影像等表现形式的泛艺术形式，是在市场文化需求下滋生的产业业态，30多年来蓬勃发展，对文化经济发展产生了极大推动作用。在文旅融合的背景下，旅游演艺应以正面导向、凝聚精神为生产标准，以中华传统文化、红色文化、特色地域文化为创作生产的主要内容，运用丰富的现代科技手段，持续创新，使旅游演艺成为中华文化表达的重要窗口，实现社会效益和经济效益的共赢局面。

关键词：意义生产；文化认同；中国故事；旅游演艺

旅游演艺是市场文化消费需求下滋生的产业业态，其蓬勃发展为文旅深度融合奠定了基础。1982年西安推出剧场演出《仿唐乐舞》，将绚烂的大唐文化传播到世界各地，拉开了中国旅游演艺的序幕。1989年深圳锦绣中华打造《中华百艺盛会》再现华夏五千年历史，迄今接待游客7000万人次。1997年《宋城千古情》首演，"千古情"系列现已形成固定商业模式而遍地开花。2004年《印象·刘三姐》在桂林正式公演，开创了山水实景演出的先河，也对当地的旅游经济发展产生了极大推动作用。经过30多年的发展，旅游演艺已经成为旅游目的地吸纳游客的主要途径之一，形成实景演出、主题公园、独立剧场的发展模式，并涌现出以"千古情"系列、"印象（又见）"系列和"山水"系列为代表的优秀演艺作品，这些产品因独特的文化意境、差异化的展现手段、不同的地域文化特色，给游客带来崭新体验，产生新的文化消费。旅游演艺是向游客传播中华文化的重要窗口，拥有一场独特文化价值与规模宏大的演出，成为提升旅游目的地文化经济建设的重要力量。但旅游演艺产品蓬勃发展的同时，出现了顶层设计缺位、内容同质化严重、文化内涵挖掘不足、质量参差不齐等问题。旅游演艺产品具有文化和经济双重价值，是中华文化表达、凝聚精神的重要渠道，在文本生产构建、文化传承与传播、品牌塑造等方面要体现中国特色、讲好中国故事、展现中国气派、彰显中国精神。

一、生产意义：正面导向，凝聚精神，实现共情

（一）"意义生产"是旅游演艺产品创作的内核

"意义生产"是文化产品的本质和价值所在。文化产品生产，是创作者通过符号创意，将其主观意图灌注于内容创作，实现价值创造、价值传播、价值交付的过程。文化产品"强调以视觉化的媒介文本、空间文本、事件文本为主体修辞对象，通过对视觉文本的策略性使用，以及视觉话语的策略性构建与生产，达到劝服、对话与沟通功能"，它携带特定的价值取向和文化主题，以此完成特定的公共议题的激活与构建。生产者要将内容置于一定的叙事"框架"中，而在此过程中，创作者所秉持的"意义"至关重要。所以说，"历史是共时、并联的，文本要在生活场景间穿梭，突破封闭的叙事形式，走向意义的开放与流动"。旅游从本质上是一种文化消费，作为核心环节的"游"是一种体验活动，是游客对旅游地独特文化资源的一种精神性和象征性消费。文化观念要实现有效传播，需要真诚的表达和巧妙的叙事。一部好的旅游演艺作品，或依靠山水实景，或依托主题公园的多元故事，或独创沉浸式舞台情境，为观众构建视觉、听觉、触觉，甚至是嗅觉的通感环境，观众充分地释放身心，实现个人的情感和价值满意，以完成预设框架下的意义指引。这种精神共鸣，上升为一种信仰诉求、价值感召和认同构建的体验，对游客形成意义叙事框架下的目的性影响。

（二）叫好又叫座：文化价值与市场价值的最佳结合

旅游演艺作为现代社会高度工业化、都市化的产物，受益于中国经济转型及消费升级。旅游人群对旅游内容要求日益增高，从原来的观光旅游转变成休闲文化旅游，旅游演艺票房收入不断提高，2018年旅游演出总台数达306台，实现票房收入59.08亿元，许多优质产品甚至出现一票难求的状况。

2018年，文化和旅游部成立，文旅深度融合成为关键词。2019年，国家印发《关于促进旅游演艺发展的指导意见》，这是我国首个促进旅游演艺发展的文件，提出要"牢固树立精品意识，更加突出创作生产质量，努力推出更多思想精深、艺术精湛、制作精良的旅游演艺作品"。营销大师菲利普·科特勒认为，营销者不能仅仅

把顾客视为消费的人,而是要把他们看作具有独立思想、心灵和精神的完整的人类个体。游客不同于其他文化艺术品的受众,来源比较杂,文化艺术素养也参差不齐。旅游演艺产品来源于市场的自觉,内容创意要符合受众的娱乐消费文化和审美需要。旅游演艺产品不仅要努力在艺术表现、舞台设计、科技运用等方面进行优化,更要在文化赋能、内容呈现等方面慎重取舍。宏大的历史叙事不是苍白无力的说教,往往通过直抵心灵的故事撼动人心。《长恨歌》在西安华清池上演不衰,是因为唐明皇与杨贵妃的爱情故事缠绵悱恻,《1212西安事变》广受好评,是中华民族面临危亡时刻从领袖到普通民众的抗日抉择。人文价值和道德关怀渗透在每一部作品的叙事中。坚持正面导向,紧密结合时代发展,创造符合观众审美方式和情感诉求的文化佳品,做到社会主义核心价值观与时尚娱乐消费文化的联结、民族优秀文化与地域特色文化的联结、民族文化与世界文化的联结,凝聚精神,实现共情。

二、生产内容:历史积淀,时代回应,文化认同

"加强对文化遗产保护传承等相关题材创作的扶持,引导旅游演艺经营主体充分挖掘中华优秀传统文化中的核心思想理念、中华传统美德、中华人文精神,运用丰富多彩的艺术形式进行当代表达,推出一批底蕴深厚、特色鲜明、涵育人心的优秀作品。加强对革命文化和社会主义先进文化内涵的研究阐释,鼓励旅游演艺经营主体创作一批传播弘扬革命文化和社会主义先进文化的演艺作品。"中华民族文化无比灿烂丰富,经典艺术符号数不胜数,是文化产业发展中的"魅力资源"。从文化资源中汲取精神营养和灵感,实现文化魅力资源向文化生产力的有机转化。文化资源予以创新、拼糅、凝结的过程,也是弘扬民族文化,增强民族自信心和认同感的过程。

(一)传统文化的承继

五千年中华文化博大精深、源远流长,既有匠心独运的物质文化,也有被称为中华文化密码的非物质文化。民间传说中的怪力乱神,历史更迭中的荣辱兴衰,文本、诗歌、图腾、戏剧戏曲、空间聚落,都是文艺创作的聚宝盆。凡是在市场中有号召力的产品,"千古情""印象""又见"等系列演艺作品都是对中华优秀文化赋魅的过程。《宋城千古情》是将历史、民俗、民间传说等融为一体的典范,号称一生必看的演出,由它开创的"千古情"系列结合不同的地域文化不断复制。生息劳作的良渚先民、繁华如烟的南宋王朝、慷慨激昂的岳飞抗金、感人至深的西子传说,杭

州历史典故、民间传说和西湖人文景观融为一体，以多种艺术元素诠释了杭州人文历史，集中展示了杭州文化的根和魂。电影《刘三姐》是中华人民共和国第一部音乐风光故事片，人物形象来自民间传说中聪明俊俏、敢爱敢恨的刘三姐。《印象·刘三姐》绵延了人们对电影的喜爱，将民间传说、经典山歌、民族风情与漓江渔火等元素创新组合，成为大型山水实景演出的开先河者。2019年9月，山东曲阜尼山大型礼乐节目《金声玉振》上演，从启蒙开智、少年授读、君子加冠、大婚仪典、习礼修德到齐家治世，演绎圣贤君子"由凡入圣"的过程，引导观众走进"风雅颂"的礼乐画卷，感受明礼的典雅生活方式，带游客走进中华千年礼乐文明的灿烂历程，充分阐释"世界的孔子""孔子的世界"的立意内涵。这些都是将中国传统文化予以挖掘，结合当下语境重构、表达的优秀作品，在文化传播中实现对我们民族文化的认同。

（二）红色文化的播扬

红色文化作为我国革命时期的特色文化和民族奋斗历史的写照，其教育、资源保护和经济带动的作用得到了国家层面的充分重视。红色旅游市场规模不断扩大，持续升温。红色文化旅游演艺以革命文化为主要表现内容，旨在突出红色文化特殊的内涵和意义，演绎人民群众在中国共产党领导下浴血奋战的生动历程。2019年10月，《江姐》《井冈山》《延安保育院》《1212西安事变》等12项作品获评全国优秀红色旅游演艺剧目。红色文化与特色地域文化相融合，以历史史实为素材，努力探寻在宏大历史背景下普通人的情感与奋斗在具有红色象征意义的地域实现本地化发展，实现红色文化的播扬。笔者曾专门到西安华清宫观看《1212西安事变》，这是由陕旅集团继《长恨歌》后打造的又一部力作。华清宫是西安事变的爆发地，一场优秀的演艺作品成为一次生动的爱国主义教育。演出是目前最火的沉浸式场景，一进入现场观众的身心就与演员融为一体，流离失所的老百姓、抗日救国的士兵、振臂高呼的青年学生就在你的身边。张学良踌躇不定、杨虎城母子情深、刘桂五舍生取义、桂五妻子一生追念，无论是英雄还是普通百姓，他们都在事关民族危亡时刻做出了属于自己的选择。栩栩如生的场景客观再现了历史原貌，跌宕起伏的剧情引人入胜，又催人泪下。直抵心灵深处的作品即是主旋律，《1212西安事变》上映以来取得了不俗的票房成绩。故事的讲述者"是把故事融入讲故事人的生活之中，从而把故事当作经验传递给听故事的人"，不论多么宏大的历史叙事，讲述的都是普通人的爱恨情仇。这充分说明只要故事叙事契合心灵，红色文化经典有着非常强劲的生命力和影响力。

（三）特色地域文化的凝练

文化旅游消费点是结合不同地区的文化特色、文化资源、乡风习俗，以及当前的市场供求关系等特点推进的。各地不同的地域文化特色，形成了独特的旅游消费市场，构建了产品独具特点的核心价值，满足了游客对不同文化的需求。优秀的演艺作品一定具有当地文化特色，并且能直观体现当地的文化故事，从而激发游客的消费欲望，为旅游演艺目的地连人脉、续文脉。目前，国内形成了京冀鲁、江浙、云南、广东、四川、陕西等各具特色的旅游演艺分布，因为气候特点和文化特色，南方城市发展更为迅速。比如，陕西《长恨歌》《1212西安事变》《延安保育院》《驼铃传奇》《法门往事》等都是围绕陕西的古文化、红色文化、佛教文化展开，湖南张家界的《魅力湘西》《天门狐仙》以土家族、苗族、瑶族、侗族、白族五大民族的民族文化为创作素材，将少数民族的独特气质展示得淋漓尽致。还有在广东梅州上映的全国首台客家文化主题情境体验实景演出《原乡》，营造了一个客家百年来的生活场景围屋作为展演空间，通过千年前客家先祖的"衣冠南渡"，通过黄遵宪、张弼士、林凤眠、李惠堂、姚子青、何质彬等最具梅州客家个性特点为代表的众多人物，来彰显乡愁情愫、乡土情结、家国情怀与人文精神。

当然，时下优秀的旅游演艺产品内容创意还有包括对未来叙事的探索，对广受青年人欢迎的"秀"的体验，这些体验构成了丰富多彩的旅游演艺作品，也呈现了异彩纷呈的旅游演艺市场。以故事驱动为核心，对中华文化的多样化表达，是时代的回应，也是文化自信的体现。

三、生产形式：泛艺术，交互体验，持续创新

旅游演艺是综合运用歌舞、戏剧、杂技、曲艺、影像等表现形式的泛艺术作品。相比传统演艺、影视作品，旅游演艺竭尽所能地带给受众"视、听、触、味、嗅"的全方位感官体验，在一台演艺节目中，往往会综合运用多种艺术形式，以实现内容传播的最佳效能。科学技术改变着人们对世界的认知，改变了生活的样式，同时也改变着舞台艺术的表达方式，拓展了舞台叙事的空间，创造着全新的表演奇观。旅游演艺产品充分运用AR、VR、混合现实（MR）、全息影像、无人机、传感器、数控3D打印等多个渠道的技术革新，将声、光、电、山、水、云在舞台与实景中自由切换，营造出复杂多样、唯美魔幻的完美艺术效果，真正实现了"艺术＋科技"有

机结合，视觉工程师、演奏家、舞蹈家同台演出，做到了科学技术、内容创意与自然环境的完美融合。

体验经济是企业以服务为舞台，以商品为道具，以消费者为中心，创造消费者参与、值得消费者回忆的活动。娱乐体验、情感体验与审美体验使身体觉醒。体验经济时代，人们在接触文化产品时更希望能够参与其中，在享受的过程中传播、提升其价值。2018年沉浸式演出呈现井喷状态，这也将是旅游演艺产品新的增长点。沉浸式数字艺术展览，沉浸式数字艺术演艺，沉浸式数字艺术戏剧等产品丰富多样，应用场景从城市转战旅游景区，这种崭新形式跨越了物理空间的创作束缚，塑造了新的观演关系，深受观众的喜爱。观众随着演出场景的变化，不断跟随演员的脚步，追随着剧情的深入与变化；观众置身于演员和剧情之中，我中有你，你中有我，零距离地对话与交流；观众换上剧情需要的"行头"，成为节目中的一分子，共同完成演出。这些沉浸式的探索，为舞台表演艺术提供了无尽的创作遐思和发展空间。

四、结语

旅游演艺作为一种满足游客文化需求的产业业态，蓬勃发展需要市场的推动，更需要国家政策的引领和规范。旅游演艺具有文化经济的双重属性，是城市经济发展的加速器，也是传播中华文化、讲好中国故事的窗口。文化产品创意为王，内容生产是核心驱动。根据现代生活重新构建属于我们的历史故事，使文化有意义、有情趣、有韵味，使受众看得懂、记得住，实现文化产品的恒久生命力。

参考文献

[1] 刘涛. 媒介·空间·事件：观看的"语法"与视觉修辞方法[J]. 南京社会科学, 2017 (9): 100-109.

[2] 罗兰·巴特. 神话修辞术[M]. 屠友祥, 译. 上海：上海人民出版社, 2016.

[3] 文化和旅游部. 关于促进旅游演艺发展的指导意见[Z]. 2019-03-14.

[4] 菲利普·科特勒. 营销革命3.0：从产品到顾客, 再到人文精神[M]. 毕崇毅, 译. 北京：机械工业出版社, 2011.

［5］上官燕.《讲故事的人》中的经验与现代性［J］.国外理论动态，2011（4）：87-92.

［6］派恩·吉尔摩.体验经济［M］.毕崇毅，译.北京：机械工业出版社，2012.

夜间经济背景下旅游演艺模式创新研究

孙浪滔

摘　要：市场上的旅游演艺产品层出不穷，消费潜力急需释放。但当前的旅游演艺产品大多存在文化元素流于表面、舞美设计同质化严重等问题，需要对演艺产品的内容和形式进行创新，以最大限度发挥旅游资源的经济价值。

关键词：夜间经济；旅游演艺；模式

夜间经济不是舶来品，也不是一个新的专属名词。夜间经济是20世纪70年代于英国提出的一个经济学概念，旨在改善城市中心区夜间空闲的现象，是指发生在晚上6点到第二天早上6点的现代城市消费经济，主要消费者是当地市民和外地游客，主要消费形式是休闲、娱乐、观光、旅游、健身、购物、餐饮、文化等。

旅游演艺是以游客为主要观众的主题商业演艺活动，通常依托于旅游区，综合运用歌舞、杂技、曲艺板凳艺术表现形式来展示地域文化背景或民俗风情。其实，"旅游演艺"的说法是中国独有的，国外没有单独分出旅游演艺，而是有很多演艺的项目吸引游客来看。

根据最新数据统计，2018年旅游演艺新开演出剧目47台，停演14台，票房增速明显放缓，沉浸式演出呈现出爆发式增长趋势。在夜间经济这种新的经济形态下，旅游演艺的发展如何成为城市夜间经济发展的新增长点，逐渐成为许多人关注的话题。

一、夜间经济背景下旅游演艺发展环境分析

（一）政治环境

1. 相关政策扶持旅游演艺产业发展

2019年8月，国务院办公厅印发《关于进一步激发文化和旅游消费潜力的意见》，该意见提出要发展假日和夜间经济，大力发展夜间文旅经济，建设一批国家

级夜间文旅消费集聚区。政策指出，要落实带薪休假制度，鼓励单位与职工结合工作安排和个人需要分段灵活安排带薪年休假、错峰休假。鼓励有条件的旅游景区在保证安全、避免扰民的情况下开展夜间游览服务；丰富夜间文化演出市场，优化文化和旅游场所的夜间餐饮、购物、演艺等服务，鼓励建设24小时书店；到2022年，建设200个以上国家级夜间文旅消费集聚区。

2. 专项政策鼓励旅游演艺产业发展

2019年4月，文化和旅游部发布了《关于促进旅游演艺发展的指导意见》，鼓励发展中小型、主体性、特色类、定制类旅游演艺项目，形成多层次、多元化供给体系；鼓励成熟的旅游演艺经营主体通过股权融资、并购重组、品牌连锁等方式整合相关旅游演艺项目；鼓励旅游演艺经营主体开发具有自主知识产权的核心技术和知名品牌。该意见明确提出，到2025年，旅游演艺市场繁荣有序，发展布局更为优化，涌现一批有示范价值的旅游演艺品牌，形成一批运营规范、信誉度高、竞争力强的经营主体。旅游演艺产业链更加完善，管理服务体系基本健全，在推动文化和旅游融合发展中的重要作用充分彰显，对相关产业行业的综合带动作用持续发挥。

（二）经济环境

1. 旅游经济增长促进旅游演艺产业发展

2018年全球经济形势严峻，经济增长率呈现下滑趋势，基于此，全球旅游经济在2018年继续保持增长，但增幅比率略微减小。2018年全球旅游总人次达121亿人次，增速5%；2018年全球总收入达5.34万亿美元，增速3.1%。从数据中可明显看出，旅游人次的增速明显高于旅游收入的增速。在过去多年里，全球旅游投资持续保持强劲增长，2018年全球旅游投资达到9648.1亿美元的规模，增速4.8%。从规模来看，亚太地区是全球规模最大的旅游投资地区；从增长速度来看，中东地区是全球规模增长最快的旅游投资地区。仅就中国国内市场而言，2018年演出市场总体经济规模达514.11亿元，同比上升5.03%，数据可以更直观地反映出旅游演艺产业正在迎来新机遇。

2. 数字经济环境提振旅游演艺产业发展

经济发展催生大众旅游时代的到来，2016年10月9日，习近平总书记在中央政治局第36次集体学习中明确要求"做大做强数字经济"；2017年10月18日，习近平总书记在党的十九大报告中进一步提出"建设科技强国、质量强国、航天强国、网络强国、交通强国、数字中国、智慧社会"，明确了建设数字中国的未来构想，

《"十三五"旅游业发展规划》指出，互联网成为基础设施，成为各行各业的基础要素，信息技术推进生产方式、管理模式、营销模式和消费形态的转变。随着中国经济的转型升级，数字经济成为助力旅游全产业链发展的重要突破口，"科技＋文化＋旅游"的融合创新及落地应用也将成为旅游演艺产业发展的新趋势。

（三）社会环境

1. 文旅融合趋势助推旅游演艺产业发展

旅游演艺是文化和旅游融合发展的重要载体。2018 年 3 月文化和旅游部正式成立，文旅的融合既是双赢，也是共赢，可以产生 1+1>2 的效能。国家设立文化和旅游部的目的是"增强和彰显文化自信，统筹文化事业、文化产业发展和旅游资源开发，提高国家文化软实力和中华文化影响力，推动文化事业、文化产业和旅游业融合发展"。在文旅融合的大背景下，旅游与演艺的结合也越来越紧密，产业融合度越来越高，旅游找到灵魂，文化能够落地。许多城市结合本地资源推出了红色主题演艺线路、音乐剧线路、演艺文化旅游线路等。这些在过去难以推广的项目，将在文旅融合的政策背景下，继续促进城市夜间经济的发展。同时，夜间出行配套基础设施的不断完善，将提高支持夜间旅游的可行性，从而反哺旅游演艺的发展。

2. 夜间旅游经济繁荣促进旅游演艺产业发展

夜间旅游经济的迅速发展必然带动旅游演艺产业的发展，同时旅游演艺产业的发展也会反作用于夜间旅游经济的增长。《2017—2023 年中国旅游演艺市场评估及前景评估报告》的数据显示，2015 年，全国旅游演出观众为 4713 万人次，较上年增长 31.2%，全年旅游演出总收入约为 35.17 亿元。随着近几年旅游品质逐步提升，精品旅游演出不仅越来越受到游客的青睐，还拉动了旅游景区夜间经济的消费增长。2016 年，全域旅游概念的出现，推动了旅游景区从组团游向目的地游、从过境游向过夜游、从观光游向休闲度假游的转变，在以文旅演艺为代表的"夜间经济"的繁荣下，旅游景区成功地吸引了众多游客。随着夜间旅游产品及线路的升级完善，延长客源停留时间成为很多旅游景区对景区产品的必然需求，游客逐渐习惯"白天看景，晚上看戏"的消费模式，旅游演艺成为夜间旅游经济的重要项目。

（四）市场环境

1. 文化内涵沉淀夯实旅游演艺产业发展

2018 年，文化和旅游部的例行新闻发布会上提到，为更好地满足人民群众对美好生活的向往，发挥艺术引领作用，加大文化内涵挖掘力度，推动文旅深度融合，文化和旅游部将加强重视旅游演艺的质量和水平的提升。近年来，旅游演艺作为一种融合声音、视觉、文化、风俗、舞台、互动等要素为一体的新型艺术呈现形式，能够全面展现地域风土人情、凸显景区核心特征。通过旅游演出打造核心 IP，提升演出的文化内涵，旅游演艺正逐渐从主题性、形象性、故事性、独特性、互动性、引爆性、符号性、延展性、互动性出发培育文旅项目的超级 IP，让文化 IP 赋能区域发展，同时促进文化交流，让游客享受主题化的感官刺激和沉浸式的互动体验。旅游演艺产业通过拉动消费、打造特色 IP、沉淀文化内涵及带动产业发展等独特优势，让"诗与远方走到一起"。

2. 演出市场类型引领旅游演艺产业发展

如今，多元、融合、创新已成为我国演艺市场的新趋势，"演艺＋"模式已经成为旅游演艺行业的一种新型创作模式，如由张艺谋执导的表演《对话·寓言2047》——"演艺＋科技"、壶口瀑布大型红色民俗实景演出《黄河大合唱》——"演艺＋遗址公园"、全球首部漂移式多维体验剧《知音号》——"演艺＋沉浸体验"等。依托演艺资源的聚集和辐射作用，通过聚集创意人才、创造优秀的演艺相关产品、创新演艺形式、塑造良性循环等产业链延展方式，旅游演艺加快了迎合市场细分化的趋势。然而，现阶段我国旅游演艺主要以山水实景、主题公园、娱乐驻场等为主，类型上仍相对较少。但 VR、AR 等新技术的应用，正加速改变着旅游演艺的创作和观演模式，旅游演艺市场出现了以沉浸式、体验式为代表的演艺项目的新模式，并有可能在未来成为一种趋势。

二、夜间经济背景下旅游演艺发展中存在的问题

在 2013 年和 2014 年市场重组后，我国演出市场的整体规模在短期内有所下降，但随后呈现出上升的趋势。虽然近年来演出市场的增长速度一直保持在 5% 左右，但与国内其他行业如电影、网络直播、短视频等相比，演出市场整体规模的增长速度较慢。探寻究竟，其中在夜间经济的大力发展倡导下，旅游演艺的夜间市场呈现井喷式增长，从而也显露出众多问题。

（一）文化作品缺乏内涵，演出质量良莠不齐

成功的旅游演艺项目必然是建立在对本土文化进行深刻解读、改造和创造性表

达基础上的,旅游演艺产品也必然是经过舞台化精心设计的文化商品,而过度的商业化会将地域传统文化从本土的环境和土壤中连根拔起,对地方文化的保护与传承带来伤害。现阶段,市场上的旅游演艺项目大多陷入了"制作大场面、投入重资金、品牌重复化、技术老套化"的怪圈。其中最关键的是,许多演艺项目没有对本地文化内涵进行深入挖掘,也没有发力演艺节目内容的创新和旅游演艺服务质量的提升。以白居易的旷世名作为蓝本,西安华清宫景区的《长恨歌》描绘了唐明皇和杨贵妃的爱情故事,让观众领略到了盛唐的丰富文化;《宋城千古情》演出几十年仍受观众欢迎,正是因为对宋代历史文化的深入挖掘,并不断进行调整,以适应各个年龄段观众的喜好。

(二)旅游演艺形式单一,同质化现象较严重

为提高旅游者的停留时间,让更多旅游者能够享受除白天 8 小时以外的夜间旅游项目,众多景区将夜间旅游市场集中在观看夜间旅游演艺项目上。包括"印象"系列和"千古情"系列在内,各旅游目的地逐渐掀起了百舸争流的热潮,许多地方把夜间大型实景演出作为重点宣传的旅游项目,但实际上部分地区的大型实景旅游演艺项目已经过多,并且同质化倾向越来越严重,造成游客审美疲劳的问题,部分企业为降低成本选择简单复制市场上已有的成功经验,导致旅游演艺产品很难可持续发展。从相关统计的数据来看,夜间观看旅游演艺项目的人群主要以旅行社输送的过夜团队游客为主,散客占比相对较少。

(三)文化创意艺术匮乏,夜间旅游产品针对性差

中国演出市场在 2018 年的整体规模与往年相比增长明显,总票房收入及居民的人均教育文化娱乐消费支出也大幅增加,但是,诸如衍生品与版权收入偏低及儿童剧上座率下滑等问题也日益显现,需要加以解决。夜间旅游产品并非公共产品,只有与消费挂上钩,形成消费闭环,才算是夜间旅游产品。夜间旅游产品并不是所有目的地都可以搭建,只有在客户存量较高的情况下才能发展起来。譬如在 2019 年暑期十大夜间旅游人气城市排名中,厦门位列第三,省会城市福州并未上榜。福州并不缺少夜间旅游产品,而是夜间旅游产品缺少本土文化特色;缺少能让游客留宿的相关文化演艺项目;缺少按夜间具体时段划分,满足各个年龄层需求的特色夜间体验项目;缺少像武夷山的《印象大红袍》、西双版纳的《澜沧江·湄公河之夜》、西安的《大唐不夜城》这样具有凸显本地文化特色的夜间旅游产品。

（四）高额资本长期投入，停演风险屡见不鲜

当前我国旅游演艺项目呈现高额资本投入、恢宏大气场面、强大制作特点，投资金额普遍超过千万元，有60%以上的演出超过亿元投资。旅游演艺市场长期依靠高额投资维持市场热度，在服务质量、特色与差异、经营管理等方面都存在很多问题，一旦资金链短缺，会逐渐被市场淘汰。2009年首演，投资1.8亿元的《印象·海南岛》现如今已寿终正寝，整个海胆剧场的基础设施建设耗资巨大，投资达1.3亿元，仅配置音响设备就花费近千万元。其实在停演前的几年里，《印象·海南岛》演出收益就不太理想，剧场可容纳1500多名观众，但上座率只有30%，旅游淡季时更加惨淡，每天仅有100多人观看，为了吸引更多观众，剧方还调低了门票价格，从238元降至168元，但收益仍然不佳。自2014年7月之后，海胆剧场外的旅游大巴便从最初的排成长龙变为寥寥无几，海口的旅游线路也不再将剧场划入其中。

（五）缺乏有效竞争机制，市场秩序相对混乱

多年以来，旅游演艺行业经常采用捆绑式销售的经营方式，主要服务于旅行社的团体游客，不得不承认此种方式给旅游演艺项目带来了丰富且稳定的客流，但也产生了"门票返佣""同票不同价"等混乱现象，极大扰乱了旅游演艺的市场秩序和竞争环境。一般而言，市场上旅游产品的团体票价比单人票价便宜是很常见的，但企业不能随意决定在价格上便宜多少。2016年新修订的《海南省旅游景区管理规定》明确规定，旅游景区应实施无差别团体票的政策，团体票价的折扣不得超过正常票价的20%，同时，团体票的价格应当在景区标价牌上公示。尽管如此，2017年宋城演艺旗下《三亚千古情》因涉嫌给旅行社和导游返利等违规行为被责令整改，这些违规现象严重扰乱了海南省旅游市场秩序。

三、夜间经济背景下旅游演艺发展创新的建议

（一）打造核心IP，积淀文化内涵

旅游演艺产业应朝着规模化、科技化、IP化发展，传统文化资源必须得到全面系统地梳理，这样才能让辽阔土地上的文化遗产和古籍里的中华文明活起来。作为文化创意的特定形式之一，旅游演艺必须做到"因地制宜"，应当打造自己的IP，但IP不仅强调内容上的独创性，还要能够转化为市场上的强大号召力。挖掘中华优

秀传统文化，进行衍生品开发，利用新媒体平台，打造当地的独家记忆，同时要追求制作精良，彰显文化底蕴。

（二）提升创作水平，推进模式创新

推动旅游演艺项目在模式上的创新，发展中小型、主题性、特色类、定制类旅游演艺项目，鼓励发展完善的旅游演艺项目向综合配套业态的政策方向转型，如艺术教育、休闲展览、文化创意设计、文化娱乐、餐饮住宿等。一个在市场上取得成功的旅游演艺产品应当从本地的自然环境资源出发，基于此思考如何设计旅游线路，然后从土地和游客身上发掘有趣的故事、厚重的历史和特色的文化。在推动夜间经济发展的基础上，建成以特色小镇、主题公园、历史街区、节庆盛典、度假酒店、特色民宿等"+旅游演艺"为模式的旅游生态产业链。

（三）结合城市气质，完善夜游产品

要以市场为导向，在科技和内容上进行创新，并结合商业实践，依据当地条件打造具有城市特色文化气息的夜间旅游、夜间娱乐及夜间购物和住宿等产品，打造一系列特色化、市场化、高品质的旅游演艺品牌项目，打造夜间文化旅游消费集群和夜间经济示范项目，让夜间消费更有趣、更有味、更有价值，不断提升城市居民和外来游客的幸福感、获得感和满意度。比如，开封清明上河园的《大宋·东京梦华》、宋城演艺的《张家界·千古情》、承德市元宝山推出的《鼎盛王朝·康熙大典》、湖北咸宁实景神话音乐剧的《嫦娥》。

（四）匹配基础设施，提高公共服务水平

2013—2018年，全国旅游演艺观众从2789万人次增加到6821万人次，增长145%，复合增长率15.35%，2017年增速略有加快。2015—2018年的旅游演艺市场处于一个成熟稳定期，新增演艺项目58个，行业年均投资总数为20.13亿元，但旅游演艺的衡量标准并不是投资的多少和场面的大小，应当推广中小型、融合地域特色的、亲近观众甚至是观众参与性的演艺项目，让大、中、小各类型演出共存共荣。除此之外，景区的服务水平也需要提升，以加快释放游客的消费潜力。比如，增设停车区域；延长公交车、地铁等公共交通的运营时间；延长商家闭店时间等措施。

（五）加强市场监管，调整营销策略

2018年旅游演出票房仅增长13%，增速明显放缓，80%的旅游演艺都在亏损，真正盈利的不超过3%。旅游演艺市场要加强节目内容审核、加大市场监管力度、牢牢守住安全底线。要改变传统的以旅行社为主要销售渠道的单一模式，制订系统化、多元化、专业化的营销方案，并充分利用旅行社的游览线路、强大的媒体广告投放、节日盛典、高热度的影视和综艺节目及新媒体推广等多种方式，提升旅游演艺在市场上的认知度，培育品牌价值。在旅游演艺市场飞速发展之际，要重点监督社会知名度高、经常一票难求的旅游演出活动，严厉查处捂票倒票囤票、哄抬票价、虚假宣传等违规行为。

四、结语

1982年以来，旅游演艺产业经历了兴起、发力、发展等时期，现已经从快速发展期步入成熟期。在演出市场方面，旅游演艺产业依然是目前主要演出市场和主要票房来源，在整体票房收入中的占比达37%。未来演出市场规模的进一步扩大也将促进旅游演艺市场的蓬勃发展，达到社会效益与经济效益的统一。

参考文献

[1] 胡锦澜，吴兴杰. 新的风口：夜间经济 [J]. 经济，2019（7）：86-88.

[2] 毕剑. 旅游演艺：概念辨析、类别梳理与关系模型 [J]. 邵阳学院学报（社会科学版），2019，18（1）：61-68.

[3] 国务院办公厅. 关于进一步激发文化和旅游消费潜力的意见 [Z]. 2019-08-23.

[4] 文化和旅游部. 关于促进旅游演艺发展的指导意见 [Z]. 2019-03-14.

旅游演艺新发展下中小旅游景区的机遇

■ 刘 聪

摘 要：随着国内旅游业的快速发展和大众休闲娱乐意识的增强，旅游演艺产品的市场需求增长迅速，旅游演艺在丰富景区及旅游地的文化内涵、提升旅游地形象，以及促进地方经济发展上的作用已慢慢凸显。结合当下文化和旅游深度融合，全域旅游和优质旅游快速发展的背景，旅游景区尤其是中小旅游景区，摆脱"门票经济"，创新旅游新发展不仅有着内在与外在的必然性，也是顺应旅游发展基本规律的必然趋势。本文将从中小旅游景区的市场经济地位、中小旅游景区的经营管理现状、中小旅游景区的行业新发展及旅游演艺新机遇等角度简析中小旅游景区如何借用旅游演艺行业发展的新机遇摆脱结构单一的困境，向产业经济转型发展。

关键词：中小旅游景区；行业发展；旅游演艺；产业经济

2019年4月，文化和旅游部印发《关于促进旅游演艺发展的指导意见》，该意见明确将推进旅游演艺的转型升级作为首要任务。鼓励发展中小型、主题性、特色类、定制类旅游演艺项目。支持条件成熟的旅游演艺项目向艺术教育、文创设计、展览展示、餐饮住宿、休闲娱乐等综合配套业态转型。要提升创作生产水平、推进业态模式创新、壮大演艺经营主体。要积极开展惠民服务，要加强节目内容审核、加大市场监管力度、牢牢守住安全底线。

旅游演艺是以游客为主要受众，通常依托旅游区，综合运用歌舞、杂技、曲艺等艺术表现形式，以表现地域文化背景或民俗风情为主要内容的主题商业演艺活动。目前从整体而言，剧场演艺在收入和场次的占比都在60%上下，是旅游演艺的主要形式。实景演艺的演出场次略少于主题公园演艺，但由于每场演出的平均票房收入较高，因此主题公园演艺与实景演艺在收入规模上基本持平。

为了摆脱中小旅游景区"门票经济"的单一结构，以此文件的发布为契机，抓住机遇迎难而上。接下来，本文将从以下几个方面简析中小旅游景区生存如何借旅游演艺行业发展新机遇的东风，为中小旅游景区发展提供新活力。

一、中小旅游景区的市场经济地位

个性化服务是旅游企业生产经营活动的一个重要特征，中小旅游景区由于规模小、经营灵活，可以为游客提供个性化产品，提高旅游产品的层次和类型，为旅游消费提供有效合理的补充。同时，中小规模景区的存在可以有效地防止大景区垄断市场，能够降低旅游产品价格，促进旅游市场多元化发展，可有效地保护旅游消费者的权益。尽管中小旅游景区规模不大，但由于其数量众多，在整个旅游经济中发挥着重要支撑作用。中小旅游景区在现实旅游市场中的存在扩充了旅游产品和服务，丰富了旅游消费者的旅游需求，繁荣了现实旅游市场。对于一些经济不太发达的地区来说，中小旅游景区的发展可以有效地促进区域内的旅游消费，对区域经济的发展做出重要贡献。由此可见，中小旅游景区的大量存在和不断发展，是具有一定现实意义的。它们对于旅游市场的繁荣和多样化有着重要的作用，对于旅游市场和旅游经济的健康发展也起着一定的支撑作用，它们是大景区的基础，与大景区存在着共存互补的关系。

二、中小旅游景区的经营管理现状

从现实情况来看，我国多数中小旅游景区由于资金投入有限、景点比较单一、缺乏深度开发，再加上本身规模小，缺乏专业运营、营销管理人才。总之，众多中小旅游景区在经营管理中多多少少存在着这样那样的问题。下面主要从景区产品现状和景区收益现状两个方面进行分析。

（一）景区产品现状

产品是景区竞争的核心所在。游客选择某景区主要是出于受其旅游产品的吸引的原因。我国绝大多数中小旅游景区受资金和技术水平的限制，目前主要以传统的观光型旅游产品为主，产品结构单一，缺乏深度开发。并且，中小旅游景区为了节省产品研发和市场营销成本，通常采取模仿和套用的方法，景区产品的设计和生产"跟风"现象严重，产品在基本功能、质量和特点等方面都存在大量雷同。比如，全国雨后春笋的玻璃桥项目，项目投资大，动辄数百上千万元，可能是景区一两年的全部收入，但收效甚微。

（二）景区收益现状

收益是景区生存的核心所在。我国多数旅游景区主要把门票作为主要甚至唯一的收入来源。景区经营者和管理者主要依赖收取门票来赚钱，这种盈利模式表现出诸多问题，如门票泛滥、门票乱涨价、门票腐败、门票依赖症等。根据国家统计局通过对国内468家旅游景区抽样调查的结果显示，我国景区收入中门票收入占总收入比例高达46.4%。但是在国外旅游发达的地区，门票收入仅仅占到总收入的15%左右。这种差别意味着我国旅游景区购物、景区特许权经营、接待服务、体验项目等收入项所占比例过低，主要依赖门票的收入。由此可见，国内景区目前依靠的是一种不合理的、不可持续发展的收入体系。

三、中小旅游景区的行业新发展

（一）行业发展新机遇

2019年4月，文化和旅游部印发《关于促进旅游演艺发展的指导意见》，标志着我国首个促进旅游演艺发展的文件出台。该意见提出了"鼓励发展中小型、主题性、特色类、定制类旅游演艺项目"等内容，为旅游演艺的发展指明了方向，给旅游演艺产业从业者增强了信心，让旅游演艺产业真正走向健康可持续发展的道路。

（二）行业发展新思路

当前国内绝大多数旅游景区仍然以门票收入作为其经济支柱，旅游商品、娱乐、餐饮等业态提供着不高的弹性收入。要想在激烈的客源市场竞争中取胜，与大景区分羹，实现门票经济向产业经济的转型，各中小旅游景区需要另辟蹊径，不断寻求适合自身的产品创新途径。纵观国内外景区的成功经验，可以发现，旅游演艺活动的开发是完善景区产品结构、进行景区产品功能创新的主要途径。相对于其他类型的产品开发创新，从实现途径上和技术投入上旅游演艺活动都相对容易，更为重要的是，景区旅游演艺项目还可成为景区固定的旅游新增长点。

要实现门票经济向产业经济的转变，并不是说旅游景区不重要了，恰恰相反，应该进一步增强旅游景区作为旅游吸引物的功能。要使游客为旅游景区而来，增加相关消费，就必须摒弃门票经济发展模式，降低门票的价格。

首先，景区门票支出是游客的显性成本，如果门票价格适当下降，会带来客流的上升。从产业经济发展角度看，以较低的门票价格换来旅游整体收入的增长是合理的。

其次，作为支柱的门票价格下降了，景区就会致力于发展其他旅游新业态，旅游产品体系不断丰富，随着游客的消费增加，景区的旅游总收入反而会增长。

2002年以来，杭州西湖拆掉围墙，取消门票，成为国内第一个免门票的5A级旅游景区。游客数量和旅游总收入增加数倍，人流量的增加，还使得杭州餐饮、旅馆、零售、交通等相关行业迎来井喷，对整个第三产业的发展都有促进作用。宁乡《炭河千古情》从2017年开业以来，接待游客800余万人次，扩大了游客接待规模，拉动了周边千佛洞、青洋湖国家森林公园、沩山密印景区、天紫漂流等当地旅游产业中小旅游景区发展和关联产业的发展。绘制乡村旅游新画卷，成为宁乡新的经济增长点，拉动了宁乡的经济发展。九天洞景区提质升级改造后，游客量明显提升，通过打造洞内实景3D动漫光影秀《九天玄女》，为游客带来了一场别开生面的视觉盛宴，游客能体验不同主题的3D动漫光影秀，还能参与互动。

（三）行业发展新方法

要实现从门票经济向产业经济的转变，景区要树立新的旅游资源观。旅游资源不仅存在于有形的游憩项目或实体物质层面，还体现于无形的活动或资源内容中，能给人休闲心理、旅游体验、旅游文化演艺等精神层面的体验。比如，开发夜间旅游产品，深圳华创文旅开发的景区夜间旅游产品依托景区现有自然风貌，提炼当地人文历史资源，为景区量身定制独具特色的夜间游览项目，让游客白天欣赏自然景观，夜晚体验声光电带来的视觉震撼和夜间旅游的乐趣，打造多维度旅游体验空间。同时，夜间旅游还延长了游客的旅游时间，刺激了旅游消费，发展了旅游新业态。

旅游演艺项目在为景区提质增效、打破单一旅游体验的层面提供了不可忽视的推动力量，具体而言可以分为以下几种类型。第一，"旅游演艺＋主题公园"型。这种类型往往一天有多场演出，如宋城景区，其85%的毛利来自演艺产品，旅游演艺产品是主要的盈利来源。在这种情况下旅游演艺项目与景区相辅相成，景演互动，各自发挥了最大的效益。第二，"旅游演艺＋传统景区"型。旅游演艺产品与景区文化内涵一脉相承，多在室外、夜间进行演出，很好地实现了"白天观景，晚上观演"，弥补了大型传统景区夜间旅游产品的空白，完善了传统景区旅游产品体系，

"印象"系列就是这一类型的典型代表。张家界景区已有几台旅游演出，其中《新刘海砍樵》依托天门山的瑰丽景观，用歌舞剧的形式讲述了一个凄美的爱情故事，而《魅力湘西》则在封闭的剧院里，用中国观众更熟悉的晚会模式，大量采用与观众互动的形式营造热烈欢快的现场氛围和浓郁的民族风情体验，二者都获得了良好的市场效应。

四、旅游演艺新机遇

中国旅游研究院文化旅游研究基地编撰的《中国文化旅游发展报告2018》通过各种数据对2017—2018年度的文化旅游市场进行了分析："旅游演艺投资保持活跃，亿元以上的高投资额项目频出。2016年，对外公布投资额度1亿元以上的实景演出项目有12项。2017年以来，对外公布投资额度2亿元以上的旅游演艺项目有8项。在高投资额项目中，1亿~1.5亿元比例最高，其次为2亿~2.5亿元。""旅游演艺收益分化明显，数量约占总数20%的大投资、大制作旅游演艺项目，票房收入约占全国总收入的80%。"

各地政府希望通过大型旅游演艺项目提升目的地旅游形象；众多景区把旅游演艺作为留住游客的重要手段；文化演艺公司将旅游演艺市场视为重要的发展空间；在旅游目的地观看具有当地特色的旅游演艺，成为旅游者常规的消费内容。在文化和旅游深度融合的当下，旅游演艺备受关注。

近五年，旅游演出市场持续走高，但增速明显放缓。《2018旅游演艺年报》显示，2018年旅游演出票房收入为59.08亿元，较2017年增加7.03亿元，增长比率为13.5%。其中，宋城"千古情"系列、长隆系列演出票房增加2.7亿元，为票房增长贡献了38.4%。

各景区的小型演艺项目可谓异彩纷呈，如开封清明上河园挖掘非遗，推出高跷、气功、魔术、蹴鞠、盘鼓、皮影、木偶、斗鸡等一系列民俗展演项目；横店影视城、方特梦幻王国等主题公园推出影视特技表演；常州恐龙园围绕IP推出轻小型旅游演艺产品《疯狂恐龙人》。此外，在许多旅游目的地的宴饮场所或景区节庆活动中，也经常安排较为丰富的小型演艺项目。

综合政府规划导向、市场供给需求，旅游演艺的发展机遇都将成为中小旅游景区转型发展的契机。

（一）政府规划导向

近年来，国家出台的一系列文化和旅游相关政策，促进了旅游演艺的发展。文化和旅游机构改革的不断深化，为旅游演艺发展带来新资源、新理念、新机遇。在全域旅游、文化和旅游紧密融合带来的新机遇中，不断汇聚的新资源、新理念必将为旅游演艺市场增添更多文化元素和新鲜体验。从国家出台的相关促进政策看，既关注了制约中小旅游景区发展的资金问题，更关注了中小旅游景区可持续发展的能力建设问题，对中小旅游景区的健康发展起到了积极、有效的促进作用。

（1）建议建立健全中小旅游景区项目的招引、扶持、奖励机制，增加中小旅游景区项目吸金力。

（2）建议设立旅游演艺发展专项资金，为中小旅游景区发展提供资金保障，加强中小旅游景区项目落地的保障力。

（二）市场供给需求

近年来，受益于消费升级、交通改善、假期结构调整等有利因素影响，周边游发展迅猛，接待量大幅增长。从当前旅游消费市场的现状来看，中小旅游景区的主要客源一般来自3小时车程圈，一日游或两日游的短期游市场。所以周边游市场、亲子市场，往往是中小旅游景区的消费主力。

（1）中小旅游景区可以借此打造体验式、沉浸式旅游演艺产品。

（2）旅游演艺相关机构、企业要打造快速输出的适应中小旅游景区的旅游演艺产品。比如，溶洞型景区目前基本是单一产品结构，可以借助第三方旅游演艺公司共同发展，利用新科技手段打造出光影秀等旅游演艺新产品从而拉动景区新增长点。

（3）打造出适合研学、亲子体验主题的旅游演艺产品，可以快速为景区提供产品输出。

五、结语

综上所述，旅游演艺是文旅融合和景区提质升级的重要抓手。中小旅游景区按照"文旅+融合+创新"的发展模式，激发旅游演艺潜力，丰富旅游演艺种类，继续打造文化特色鲜明、策划创意独特、制作呈现完美的文化旅游产品，深挖中华优秀传统文化，通过数字化展示手段，推动旅游演艺事业和中小旅游景区的繁荣发展。无论中小旅游景区还是旅游演艺相关机构、企业必须适时适宜抓住机遇，否则将在发展过程中被市场淘汰出局。

旅游演艺已成为文旅产业融合的最佳催化剂

■ 邱 军

摘 要：随着经济的快速增长，演艺产业逐渐进入成熟期。从 20 世纪 80 年代初现在，中国的演艺产业已从单一的镜框式剧场演出逐渐演化成沉浸式、行进式、主题公园式等不同类型的演出，观演方式也从传统的观看方式到身、心、视、听的沉浸式体验。演艺产品从最初萌芽期到成长期，再到成熟期转变，演艺内容与观影关系不断创新求变

关键词：旅游演艺；融合；催化剂

如今，"80 后""90 后"群体正在成为经济消费主力，这个群体的消费方式、消费意愿也在影响产品的创意和创造，市场在变化旅游演艺，也将迎来发力期，"高质量，重体验"的旅游演艺将是未来的发展趋势。特别是全新概念主题公园演艺项目，不论是白天还是夜间，主题公园的文化演艺项目，能极大拉动游客的二次消费。同时，文化演艺项目给主题公园带来切实的经济效益，也对周边旅游市场产生辐射效应。笔者认为未来主题乐园中的创意演艺项目将成为内容带动体验、体验带动消费、消费拉动业态的创意文化旅游项目，也将成为体验经济的重要增长极。

一、体验创新

"旅游＋演艺"已成为主题公园留客的重头戏。国内主题公园市场已达百亿元规模，但能真正靠本身实现自负盈亏的凤毛麟角。实际上，旅游演艺所承载的文化内涵，不仅需要大众喜闻乐见的项目，也需要能传递文化内涵的内容。雅俗共赏、知晓旅游演艺受众的特点和需求，是旅游演艺的挑战，也是文化传承和旅游体验中的机遇。旅游演艺既要维系回头客，又要拓展新用户群。随着跟团游向散客时代的转型，成熟景区团、散占比已经触底，接近 3（团）：7（散）或 2：8，旅游演艺的受众

也随之发生变化。

对于通俗意义的旅游演艺发展历程，业内更多的认知是从 1.0 原生态演出、2.0 剧院式演出到 3.0 实景式演出、再到如今的 4.0 沉浸式演出。文化与旅游的进一步融合发展，舞台技术应用的高速发展和本土文化故事深耕挖掘，原有依托景区融入山水元素构建的 3.0 实景演出壁垒被不断突破，沉浸交互式演艺正在渐入佳境。

然而，现在很多旅游演艺项目"上马快，下马更快"，总体观赏性强、体验感差，造成游客去玩一次，不想去第二次。

造成这种现状的原因在于，越来越多的观众已不满足于仅仅坐在台下观看演出，他们希望在体验过程中拥有"代入感"和"不一般"的视听身心体验。正在上演的上海《不眠之夜》、甘肃《又见敦煌》、武汉《知音号》等演艺项目正是创新了演艺手法，颠覆了传统演艺观演关系，将表演内容建在一个个不一样的场景之中。在这些演出中，既兼顾了剧目的艺术性，又增强了观众的体验感与参与性，令观众不仅在观赏过程中参与了角色表演，也与演艺内容体验高度融合。

笔者认为，未来演艺产业的发展，必须在项目制作初期就提前考虑到项目的观赏性、互动性与参与性。把观众也作为内容的一部分，通过演艺项目的艺术性、戏剧性的引领使游客高质量地体验演艺内容，每条故事线都有不同的表演体验，每个角色的一些变化也许都会影响故事结局。通过不同的结局激发观众的体验欲，增加消费频次，使演艺项目一次玩不够。

当然，旅游演艺从萌芽期、成长期、成熟期再到发力期的表现内容及形式的体验并不是迭代更新的关系，而是相互共存。现今旅游演艺市场是深耕细作、百家争鸣、推陈出新的奋进新时代，对旅游演艺项目创作可不能打马虎眼，不然将很快被市场淘汰、被时代淘汰。

二、业态创新

仅靠"请名导演作为营销卖点"的时代已经过去，现今演艺产业已经到创新发力期，如何把重心放在提炼研发文化 IP、打造高质量艺术表演，真正做到让演艺产业与文娱消费相结合，利用演艺产品将人"吸引来、留得住、愿再来"，值得业内从业者深思。

现在很多演艺项目成为旅游途中不可分割的一部分，它既是城市文化的集大成，也是文化体验重要的一个组成。在很多演艺项目中，如何让其异军突起，且能常演不衰，这就关系文化演艺项目在做规划设计过程中是先有演艺IP，还是后有演艺IP。

当今国内旅游市场与互联网行业一样已经是充分竞争的行业，有好的产品、好的服务、体验独特才能得到用户的青睐。首先得有一个独特的演艺IP和一个有创意的规划设计，这样有利于在规划设计中，将其他如酒店、餐饮、文创商店、酒吧等商业业态与演艺项目调成一致，令观众在整体体验中形神兼备。

以演艺第一股"宋城演艺"为例。宋城做旅游演艺20多年，在全国已有9家以上的以演艺为主体的景区，并在全国推出演艺"千古情"系列，每个景区从策划规划之初就从文化IP先入手，再融合相关业态。比如，《炭河千古情》开业一周年游客达到400万人次，营业收入达1.6亿元，而宋城演艺2018年总营收为32.11亿元，现场演艺是主要利润来源，充分得到了市场肯定。

三、产业创新

现今一台旅游演艺投资从几千万元到几亿元的资金不等，每次新的演艺项目上马，不仅对演艺各行业的技术创新、产值有很强拉动效应，对与演艺相关的各个产业拉动效应也是非常明显的。

首先，一台演艺产品创作将带动文化产业软硬件产业链的研发速度，在硬件上，包括工程建设、机械技术、灯光音响、大屏特效等。在软件上，包括园区设计、舞美道具设计、音乐制作、剧本创作、服装设计、视频内容制作等。同时，也带动了当地就业，涉及演员、导演、灯光师、音响师、舞台监督、演出监督、技术总监等上百个工种，基本与电影电视剧制作相同，产业集聚化程度高，但比影视剧产业更可持续，一部成功的旅游演艺作品至少能演十年。

其次，演艺行业呈现出1:7带动效应，即1元钱门票带动交通、餐饮、住宿、购物等相关产业7元钱收入。美国百老汇有40座剧院，满座天数约214天，人均票房消费606元人民币，观众达到1200万人次，全年票房10.4亿美元，1美元票房收入带动3美元附加消费和4.3美元经济价值，附加消费包括酒店、餐饮、购物、商务办公、交通、会议等，创造了4万～5万个工作岗位。

国内的旅游演艺《印象·刘三姐》，从2004年公演至今，十几年以来经久不衰，制作成本早已经收回，并让不知名的阳朔一飞冲天，阳朔当地旅游收入从4亿元增长到10亿元，景区和县城土地增值平均达5倍，多家上市公司在阳朔进行投资。因一台演出为阳朔的经济增长贡献两位数的增量，促进当地特色农家餐厅、民宿、竹筏游览、文创商店等一系列吃住行购项目络绎不绝地开张营业,解决了当地群众就业问题,成为"演出拉动经济"的经典案例。

可以说一台成功的文旅演出最大特点就是"产业链条长,投资见效快"。从以上成功案例分析,一部成功的创意旅游演艺作品是可以让业态融合,再到文旅融合,最后形成产业融合最佳催化剂。在此,更真挚希望在新时代里同人创作出更多"接地气、传得开、留得住"的旅游演艺产品。

存量旅游演艺的增量价值体系构建

■ 龚胡婷

摘　要：旅游演艺作为文旅融合的"排头兵",市场规模在不断扩大,而盈利能力却逐渐放缓,看似火热的演艺市场背后却暗含隐忧。我们在不断开拓创新剧目引领市场的同时,也要重新关注和思考已经运营十来年或经营不佳而进退两难的旅游演艺项目,如何以运营创新的思维挖掘存量旅游演艺的增量价值,构建竞争壁垒。结合文旅融合发展大背景、市场消费分级大趋势、国家文化发展大战略,就旅游演艺行业现状进行了实地调研和相关研究,提出了科技赋能新场景、复合体验新消费、创新运营新模式,构建新时代新演艺的增量价值体系,打造泛文旅演艺产业集群,为存量旅游演艺创造持久运营价值。

关键词：旅游演艺；存量资产；增量价值

　　文旅融合新时代下,当我们还在争论到底是消费升级还是消费降级的时候,实则消费分级正悄然形成。无论是"千禧一代""小镇青年",还是"亲子家庭""老年人群",他们所构成的"新消费"形态激荡着内容迭代和创新的浪潮此起彼伏,也使得"新场景、新消费、新体验、新战略、新业态、新格局"等成为当下文旅热词。纵观旅游演艺行业,繁荣发展的背后是"八亏一平一盈"的市场现状,且在300多台剧目中,每年因经营不佳而停演的剧目已达十台以上,尤其在实景旅游演艺的细分领域,市场份额连续四年下滑,同质化、区域化竞争日趋白热化。2019年3月14日,文化和旅游部发布《关于促进旅游演艺发展的指导意见》提出相关要求,由此可见,为持续发挥旅游演艺对相关产业行业的综合带动作用,形成一批运营规范、信誉度高、竞争力强的经营主体,存量旅游演艺亟待转型升级和提质增效。本文将全面分析旅游演艺发展现状和趋势,围绕存量实景旅游演艺的剧目IP,以运营提升的思维、战略提升的路径,从物理空间和文化肌理上,延展"新剧目内容、新实景娱乐、新旅度产品、新文旅商业、新品牌营销"等几大增量体系进行研究。

一、旅游演艺行业现状倒逼运营创新升级

（一）宏观视角看行业现状及趋势

1. 文旅融合背景下孕育出文旅演艺的新蓝海

文旅融合之大势：边界模糊，生态共振。探其内因便是当今旅游目的地不仅在传统景区、度假区、特色小镇等特定场域，已从传统的点线旅游、板块旅游过渡到全域旅游，并逐渐渗透至都市和美丽乡村。不仅承接"吃住行游娱购"的基础需求，也是新时代"商养学闲情奇"的优选空间。比如，重庆、西安、成都、厦门、杭州等城市，其空间的复合性、内容的丰富性及市场的多元化，让城市功能之外多了一层"网红城市旅游目的地"的属性；再如，陕西袁家村、浙江鲁家村、湖北卓尔小镇桃花驿、江苏计家墩等乡村，依托城市群，以及乡村振兴背景下的"农文旅"驱动发展，逐渐形成乡村景区化、度假化、生活化的全新目的地。因此就旅游演艺市场来说，应跳出固有的旅游范畴看演艺，跳出传统的区域空间看演艺，无论是城市还是乡村，文旅演艺的新空间探索必将成为一片新的蓝海。

2. 新消费场景下文旅演艺呈现出多元化特征

我们所熟知的旅游演艺通常分为实景旅游演出、主题公园旅游演出和独立剧场旅游演出三大类别，呈现出"旅游景区+演艺、主题公园+演艺、文化古镇+演艺、度假区+演艺、商业地产+演艺、特色小镇+演艺"等多种组合模式。但随着全域旅游的跨越式发展和新消费需求明显，除主题公园类演出大有市场之外，沉浸式演出异军突起呈爆发式增长之势。比如，无锡灵山小镇拈花湾的《秀·江南》在旅居度假目的地原有沉浸式微演艺的基础上再次迭代升级，打造行进式仪式表演和360度全景园林沉浸观演的模式，展现的诗画江南之意境美，惊艳游人。旅游演艺正从单点演艺向多点发展，从固定空间向全域空间发展。景区即剧场，剧场即景区；演员即职员，职员即演员；生活即演艺，演艺即生活。一种以多元化演艺场景串联的全方位、深体验、轻度假的生活方式正在形成。

3. 新智慧旅游时代下文旅演艺的未来化趋势

（1）科技性。在5G时代万物互联的场景下，科技将全面激活文旅演艺领域新形态、新业态发展，带给观众更多沉浸式、多元化的体验。

（2）国际性。一方面我们在极力引进国外优质内容和先进技术，另一方面借助"互联网+全球化旅游目的地"的新机遇，重塑旅游演艺行业国际化新格局。

（3）文化性。文化为魂，演艺为形，旅游为体，唯有以守正出新的姿态，放眼于国际视野，助力中国文化走出去，才能迎接未来，决胜于未来。

（二）竞争视角看行业现状及趋势

1. 外部竞争——旅游演艺在中国演出市场中有待进一步释放

据中国演出行业协会的初步统计，受新冠肺炎疫情冲击，2020年中国演出的市场规模约250亿元，同比降低大约56%；票房收入大约54亿元，同比降低大约70%，仅2020年1—3月，全国已取消或延期的演出近2万场，直接票房损失已超过20亿元。而在这之前，旅游演艺产业增速最猛，同比上升9.58%，票房收入为73.79亿元，直逼剧场的84.03亿元，自此，骤然降温，行业陷入困境。但用发展的眼光来看，虽然由于城市文化娱乐消费的多样性、丰富性及多频次性，使得专业剧场和演唱会、音乐节等类别消费强劲，某种程度上必然分流了部分客流，加之旅游演艺的"非必选项"、非刚性需求的特征，导致旅游演艺在整体演出行业中市场份额较低。但值得注意的是，从政府陆续出台的补贴政策和相关通知可以看出国家对重点文化发展战略的实施力度，直接"带火了"演出市场。加之我国收入较高人群对旅游休闲化诉求较高，对文化娱乐的需求不断增加，叠加政策与科技助力，都将整体带动旅游演艺的跨越式发展。

2. 内部竞争——百花齐放的中国旅游演艺行业亟待提质升级

文化和旅游部官网发布《2020年文化和旅游发展统计公报》，数据显示，2020年年末，全国共有艺术表演团体17581个，比上年末减少214个；从业人员43.69万人，增加2.44万人。全国共有艺术表演场馆2770个，比上年末增加54个。且从相关统计中可知，截至2020年，旅游演出总数达306台，新增演出47台，票房收入为近60亿元，增长比率为14.5%。一方面，说明大众旅游文化消费时代，市场方兴未艾，旅游演出市场依旧持续在扩大，尤其是以"千古情系列、长隆系列、华夏系列"为代表的主题公园演出，马太效应明显，演出票房达27.7亿元，同比增长20.5%，远高于旅游演艺整体增速；另一方面，受疫情冲击，旅游演艺市场呈断崖式下滑，其复苏之路尚显艰难，加之旅游演出项目面临创作高难度、运行高风险和面临的行业大洗牌，也导致整体市场增速明显放缓。主要表现为两大类。

（1）实景旅游演艺。截至2020年，实景演出已近百台，总演出场次达23137场，增长21.9%，观众接待量1530.9万人次，总票房增长5.7%，票房收入为15.6亿元，在旅游演出领域内市场份额占比较低。

（2）独立剧场旅游演艺。独立剧场旅游演艺共有177台，票房达15.8亿元，增速明显放缓。据了解，近90%剧场演出票房低于全国平均水平。

此外，新增旅游演艺的数量在未来仍将保持较高增速，其中沉浸式项目、夜游项目呈爆发式增长。虽然通过上述内容只能探其一隅，但看其本质，则是每个项目的基因和操盘逻辑各有不同。为避免热闹过后的囊橐萧瑟，终将要放宽视角，未雨绸缪方为上策。

（三）需求视角看行业现状及趋势

1. 升级市场用户呈现出个性化、品质化需求特征

据了解，整体演出市场中消费群体趋于年轻化，"90后"占60%以上，客单价高达1200元，远高于电影、体育等其他文化消费领域。这一现象的出现分析原因有三。

（1）中国丰富的演出内容资源更多集中在都市圈，而都市圈中"90后"作为文娱演出消费的主力军，从小就沉浸在良好的文化、艺术、教育氛围中，不断催生城市文娱演出市场多元迭代的同时，也不断提升了都市客群的艺术审美层次和文化精神需求。

（2）新智慧旅游时代，其出行的便捷性、选择的丰富性、内容的品质化、服务的定制化等，让境内外旅游都变得更加轻松和便利，因此这一群体接受的国际化资讯和文娱演艺内容更快、更广。

（3）在旅游演艺细分领域，早期以"庞大的演出团队、炫目的灯光特效、惊奇的表演技术"等要素构成的震撼视觉冲击力，已越来越无法满足都市化群体一族对于文化艺术的追求。

因此，都市年轻化客群作为消费升级的代表，其个性化、品质化需求趋势明显，为文旅演艺市场的未来发展提供了较大的增长空间。

2. 下沉市场用户呈现出大众、娱乐化需求特征

中国国家统计局公布2020年GDP现价总量为1013567亿元，按不变价格计算，比上年增长2.2%，比初步核算数下降0.1个百分点；拼多多以其拼团特卖的运营模式和三四五线的增量市场策略，在电商红海期突出重围，在2015年成立之初微信用户就已达到10亿人，注册用户超1亿人；抖音、快手等社交短视频的用户主要在非一线城市；中国仍有10亿人没坐过飞机；结合2020年的中国旅游人数和2020年中国旅游演出市场总体规模推测，中国至少有近8亿人没有看过演出。以上数据表明，

中国的"下沉市场"是新的蓝海市场。

下沉市场并非消费降级，而是对标主体不同。因此，不同的目标市场诞生不同的消费需求，亟待不同的产品供给。就旅游演出来看，相关研究机构指出该行业有不断向专业化、品牌化、规模化方向发展趋势。但笔者认为该行业也应发展中小型、主题性、特色类旅游演艺去拥抱下沉市场的大众化、娱乐化需求。比如，位于开封市的《大宋武侠城》就找到了甜点、痛点、兴奋点，通过丰富极致的内容设计，打动了游客的心，让一个普通的4A级旅游景区爆红全国。

综上宏观、竞争和需求三大视角，希望依托宏观市场之新趋势，突围竞争市场之新内容，把握需求市场之新消费，重构文旅演艺之新体系，布局目的地旅游之新格局。就分析的三大旅游演艺类别中，主题公园类演艺因其体验内容的主题性、丰富性、互动性和及时迭代更新的能力，以及相对完善的业态和配套的主题服务体系，市场表现马太效应明显。而实景旅游演出虽然在过去开创了一种全新的演出形式，但在"群体多元化、需求多元化、消费多元化"的当下，正面临运营升级的现实困境。因此，下文将选取实景演出作为运营提升中增量价值体系构建的重要研究领域，探索如何将其现存的劣势转化为未来优势，实现弯道超车。

二、存量旅游演艺资产梳理及战略提升路径

（一）存量旅游演艺的资产梳理

1. 实景演出仍然集"万千宠爱"于一身

（1）拥有资源、市场双保险。前期高举"大投入、大制作、大效益"的三大旗帜，选址布局在知名山水型旅游目的地，如桂林、张家界、泰山、开封、杭州、三亚、丽江、大理、拉萨等地，占据了最优质的自然资源，拥有了良好的市场基础，也囤积了较为优质的土地资源和山水实景演艺的自然空间资源。已经形成了近百台的演出规模，由于近年来演出市场不断剧增的竞争态势，实景演出新项目布局逐步走向二三线以下城市，也走出了国门布局其他国家和地区。

（2）拥有制作、创作双一流。自《印象·刘三姐》一炮打响后，便拥有了成功的模板定位，中国山水实景演出创始人梅帅元和以张艺谋为核心的"铁三角"集结国内一线自带流量的顶级创作、制作大咖组成的团队，迅速布局国内多个实景旅游演出，蜚声海内外。也为后期团队裂变不断迭代创新"又见"系列、"只有"系列及其他多种沉浸和情境系列演出奠定了基础。基于山水的实景、沉浸夜游的形式，培

养了一批优质的一线演艺团队，也是实景演出的重要资产。

（3）拥有品牌、IP双钥匙。自实景演出开创以来已近20年，几乎每一个项目都较好呈现了当地优秀的传统文化、历史人文、民俗风情等，如"刘三姐""少林寺""杨贵妃""刘海砍樵"等题材内容涵盖皇家、宗教及民间，其中最具代表性的是《天门狐仙·新刘海砍樵》《禅宗少林·音乐大典》《长恨歌》，一台是以音乐剧的形式演绎民间传说的山水实景演出，一台是演绎东方禅宗和少林文化的山地实景演出，一台是以唐明皇与杨贵妃皇家爱情故事为线演绎大唐盛世的历史舞剧。三台大戏都具有国际性文化传播的价值，重新演绎至今，已然创造形成了独具魅力的文化艺术IP和品牌，这些IP和品牌应当开发更大的文艺价值、商业价值和产业价值。

2. 实景演出运营现状可谓"内忧外患"

（1）项目运作模式的"双刃剑"效益。①技术合作——制作方（技术股）与投资方成立合作公司，双方共同制作经营管理，投资方控股；②带资合作——制作方携房地产开发商共同进入成立合资公司，综合投资开发文化、旅游、演艺、房地产等项目，政府在土地政策、旅游资源等方面给予优惠政策；③托管管理——制作方完成制作首演后，投资方参照酒店管理公司模式委托制作方进行演出管理（负责演出节目修改、保证演出质量、演员及技术人员培训等）；④"交钥匙"工程——制作方完成制作首演后交给投资方，考虑主创人员知识产权及节目后续修改编排等合作因素，通常投资方按每张演出门票6～8元不等支付制作方。

据了解，由于项目历史原因，采取制作和运营分离的"交钥匙"工程项目占据多数，部分参股的项目也于后期股权重组后脱离实际运营。看似大投入、大制作的某些演出本身的盈利情况欠佳，尽管部分项目获取了较为丰厚的其他"资源置换"的回报，但由于知识产权的保护，相对制约了后期演出的创新升级。

（2）不同运营模式下实景演出的运营成本剧增。①户外实景特性，季节性强，淡旺季明显；②受气候制约，演出设施设备的折旧损耗较大；③数百人的演职人员成本及其他无形资产的摊销成本等，盈利期漫长。

（3）品牌化、同质化、迭代化竞争白热化。除已有的"山水"系列、"印象"系列、"又见"系列、"盛典"系列、"遇见"系列等实景演出外，类似《知音号》《只有峨眉山》这样的新沉浸式实景演艺系列横空出世。首先，无论是观演形式、演出内容和艺术表达，还是不同导演制作团队的不同演艺体系下的不同演艺类别，都在追求迭代创新。其次，绝大多数实景演艺产业延伸不够，加上重场面、重形式，轻内容、轻体验，导致观众审美疲劳。此外在众多热门旅游目的地，同质化演艺扎堆布局，但集群化效益却不明显。

（二）存量旅游演艺的战略提升路径

1. 三大思维助推演艺升级

（1）创新思维，探索存量旅游演艺发展升级新路径。

（2）创意思维，开创旅游演艺存量资产运营新模式。

（3）创造思维，打造存量旅游演艺新文商旅新标杆。

2. 三大路径提升演艺心法

（1）演出剧场景点化。

（2）产品业态复合化。

（3）观演体验娱乐化。

3. 三大策略谋定演艺格局

（1）深挖主题讲故事——深挖演艺文化主题，延伸 IP 商业价值。

（2）合纵连横卖产品——游线串联业态互动，深化体验客流共享。

（3）统一运营筑品牌——整合资源做大营销，标准管理非标服务。

创新"演艺+"模式，创收"门票+"效益，打造"演艺+"度假目的地，形成泛文旅演艺产业集群。

三、存量旅游演艺的增量价值体系构建

（一）增量价值体系构建原则

内容升级 + 运营升级 + 人才聚合。

（二）增量价值体系构建模型

增量价值体系构建模型，如图 1 所示。

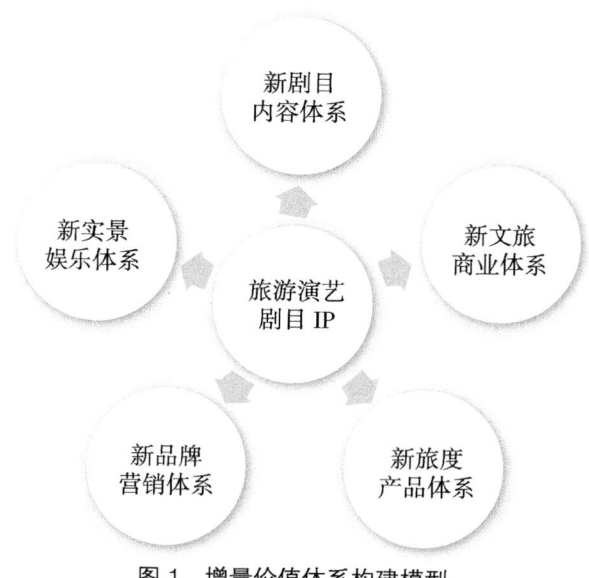

图 1　增量价值体系构建模型

1. 内容升级

基于旅游演艺的 IP，进行剧目解构再重建体系，打造带有体验属性、社交属性、个性属性、品质属性的内容集群"演艺+"，主要有以下几大体系。

（1）新剧目内容体系。传播的核心要素在于内容，因此一台旅游演艺的内容升级离不开对当地文化的深度挖掘和当代化演绎，即针对不同地域、不同群体、不同空间的不同需求，围绕演出 IP，二度创作舞台剧、话剧、舞剧、戏曲、儿童剧等多样化的剧目内容，打造大型与中小型"小而美"的精品演出集成，乃至在观演关系上，或可进行让游客从观看者到参与者并到创作者的递进尝试。同时整合跨界资源，打通艺术与市场的通道，搭建国内外巡演体系，在提升剧目影响力的同时，丰富的内容体系运营必将带来演出附加值呈复合式增长。目前在剧场演出领域，北京天创国际演艺公司打造的《功夫传奇》，已率先打造国内驻场、国外巡演的运营模式，成为目前唯一一台实现百老汇模式的中国剧目。那么就国内下沉市场来说，文化消费存在较大的资源供给缺口亟待"文艺浸润"；就国际市场来说，"功夫"之外还有更多的"中国故事"亟待更好、更深、更广的国际表达与国际合作。

（2）新实景娱乐体系。新智慧旅游时代，激发了市场巨大的新场景、新消费需求。AI、VR、AR、MR、XR 及 5G 等转化为科技娱乐将赋能文旅演艺的跨越式发展，"演艺+科技+互联网"也将重塑演艺生态格局。比如，苏州电影小镇、上海无界美术馆 TeamLab 艺术展、浸入式戏剧 *Sleep No More* 及触电总局推出的一系列沉浸式娱乐项目等，呈现的科技感、沉浸式、体验式、场景化演出受到游客青睐。然而旅游演艺，尤其是实景演出在原有核心演出之外，更可以深入挖掘当地非遗、民俗文化，借助现代高新技术和互联网，拓宽行业边界，开拓发展空间。利用已有的室内外实景空间，引进数字艺术打造沉浸式、多元化的实景娱乐产品体系，从场景设计、环节设置、观演安排、科技艺术等方面，建立时间和空间的多维度关系和多元化利用，让实景演出内容更加鲜活起来，让实景娱乐体验更加多元。

（3）新文旅商业体系。IP的商业转化及产业链打造，形成闭环体系，是一个文旅项目长效运营的不二法则。旅游演艺项目度假目的地化的重要内容则是，深度挖掘剧目文化主题，大力彰显当地民俗特色，串联几条故事线索，营造几重文化意境，延伸能满足游客住宿、餐饮、文创零售、文化体验、休闲娱乐等多业态组合，让旅游演艺焕发更多的文旅商业可能性。目前在商业运作上较为成功的便是鼎盛文化产业投资公司打造的大型皇家文化实景演出《鼎盛王朝》，演出外有艺术酒店、配套商业及淡季品牌活动、俱乐部社群等内容板块，较好撬动了演出的综合价值。那么在新一轮的洗牌中，除了具备非常优质和特色的演出项目外，演艺的主题化、乐园化、景区化、小镇化、度假化定是未来发展的趋势所在，更需要全产业链的跨界融合。

（4）新旅度产品体系。旅游已从产品需求、内容需求、体验需求，上升到服务需求、精神需求。中国心灵度假目的地——无锡·拈花湾作为灵山集团继灵山大佛、九龙灌浴、梵宫、五印坛城后的第五代产品，从传统观光升级迭代至心灵度假，从休闲娱乐到生活方式的打造，推出了一系列个性化、定制化、品质化的会议服务、婚礼服务、禅修体验活动，以及心灵度假的经典路线、日游和夜游组合产品体系等，结合度假区创新打造的主题演艺和园区微演艺，以内容营造出区别于其他度假区的文化意境，正是"文化+演艺+商业+旅游"最好的融合体现。其旅度产品体系打造的理念也值得更多演艺升级的学习和思考。

（5）新品牌营销体系。初级营销卖产品和服务，高级营销卖文化和心理。就旅游演艺来说，融媒体时代的剧目营销与文化传播应该双管齐下，既要市场销量也要品牌声量。比如，市场渠道方面，根据各维度市场制定不同的策略，同时积极拓展旅行社、在线旅行社（OTA）等渠道外的专业化、细分化、国际化市场；营销活动方面，围绕主题找准关键词，整合"演艺+"资源创意打造主题性、事件性营销活动及惠民活动，针对不同市场呈现不同演出的内容卖点，聚焦公众眼球，吸引媒体广泛传播与公众自传播，提升演出知名度和美誉度；品牌推广方面，也是需要不断升级，针对不同演艺主题的差异化人群，借助微信、抖音、游戏等新媒体或平台精准推广，或围绕 IP 打造演艺网红经济等；在文化传播方面，我们在"引进国际"的同时也要思考如何更好地"走出国际"进行输出，即文化的当地复兴、国际传播与交流渗透，意义深远。

2. 运营升级

（1）白加黑：除核心演出外，推出日夜串联的组合产品，延长游客体验式游览时间。

（2）五加二：突破淡季和非周末困境，导入当地消费人群，构成游客与市民共享的文化演艺大观园，实现运营转化带来更大增值空间。

（3）内加外：对内打造全时、全景、全演艺浸润的一站式泛文旅演艺目的地（含演艺综合体、小镇）；对外从文化浸润、艺术浸润、全民浸润的角度，积极探索定点驻场、国内外巡演的综合运营模式。当然运营升级的背后也是商业模式的迭代探索。

3. 人才聚合

一切体系实施的核心在于人！科技、艺术、文化、旅游融合下的旅游演艺需要聚合群体的智慧，培养一批重文化、识旅游、会经营、懂管理，且具备国际视野、创新能力、创业精神、社会服务等能力的人才梯队，才能更好地把我国艺术、商业、市场之间的平衡点，通过搭建平台联盟，发起主题内容，激发个体智慧，并帮助人才落地助推项目升级，形成"平台 + 人才 + 创意 + 项目"的文旅演艺生态圈，从而真正赋能旅游演艺的健康有序发展。

四、结语

纵使这个时代的景象变幻万千，自有旅游演艺的变与不变。唯有因地制宜，得一切心法胜方法，才能用当代国际化语境讲好中国故事，用文旅新思维深度挖掘、全新演绎旅游演艺的"内涵"。因此，结合政策背景、发展趋势、行业现状和市场需求等，构建存量旅游演艺的增量价值体系，探索实现其运营升级的增量价值最大化，是文旅融合下旅游演出良性发展的必然路径和现实意义。

百舸争流，奋楫者先；千帆竞发，勇进者胜。从旅游演艺的底层运营逻辑来看，短期，放眼于沉浸化的爆款实景娱乐项目打造形成单品突破格局；中期，依托于大景区的资源整合集成发展优势构建一核多维结构；远期，立足于文旅演艺未来发展趋势打造可生长的泛文旅演艺产业集群式目的地，是在构建的体系下对"演艺 +"

项目操盘节奏的思考。也期望在存量旅游演艺已有的禀赋基础上，赋予它崭新的时代面貌，以开放的文旅姿态，重构旅游演艺产业新生态，并创造持久运营价值。

参考文献

[1] 文化和旅游部.关于促进旅游演艺发展的指导意见[N].经济日报,2019-12-20.

[2] 关于"文化+旅游"全产业链深度融合的思考[N].中国文化报,2018-08-01.

[3] 2019年中国旅游演艺行业市场现状及发展趋势分析，沉浸式演出将成为资本竞逐新蓝海[EB/OL].（2019-09-03）[2022-05-10]. https://www.sohu.com/a/338341328_114835.

第二篇　科技赋能

数字影像技术在文旅内容的应用及创新

■ 龙若虚

摘　要：随着现代社会经济的不断发展，人们对物质生活的要求也不断提高，在旅游行业中对文旅演出的审美与呈现方式的要求也越发提高。文旅演艺项目的多样性与创新性拥有了前所未有的高潮发展，国内外越来越多的艺术家和设计者不再局限于传统的方式，尝试在艺术创作中加入虚拟现实技术、全息投影技术等高科技数字媒体技术，特别运用于舞台美术设计的呈现中，其气势恢宏、效果卓越，给人深刻印象的同时，又表现出文化与科技、与艺术的完美融合。本文将从数字影像技术与文旅内容的结合中，讨论现阶段影像技术在演出中的呈现方式与展现内容，探讨未来在文旅行业中数字影像技术的发展与创新。

关键词：数字影像技术；文旅；实景演出；智慧文旅

一、数字影像技术的发展

数字影像是数字媒体艺术的重要组成部分，伴随着技术的发展，它在演化过程中自行孕育出的视效与其动态形式创造范式逐渐整合，擅长表现更丰富的生命活力和人类精神及内在本质。数字动效是一种艺术造型手段，也是其中起主导作用的动态呈现要素，随着数字影像创作技术的发展逐渐成熟起来，它既服务于主题造型又担负着单个造型的重任，兼具与环境造型配合达成艺术所需要的形式创造目的之使命，是数字媒体艺术旗下自成体系的，一种展示事物运动面貌的特殊手法。目前，数字影像艺术凭时空重构获得的表现力提升，不仅来自数字动效"幻化"与"拟态"所凝结出的审美意象，也来自当代受众在大众媒介熏陶下的视觉文化心理，更来自反映人类情感的相应形式范例。

当代舞台美术在继承传统舞台美术的基础上，又借助新技术与媒介创新了多种多样的空间形态。这一技术性的创新实践，打破了传统舞台的静态视觉呈现方式，动态的视觉影像延伸了舞台设计的表现内容和方法，给观众带来了一场审美与科技并存的视觉盛宴。科技时代的来临促进了科技的进步，科技的进步对艺术产生了深刻的影响。自20世纪下半叶舞台美术与现代科技结合以来，科学技术就不断推动着舞台美术的发展。尤其是近几年，随着 LED 技术的发展，地屏、冰屏、环屏等新媒材被不断运用到舞台设计中，舞台美术设计者巧妙地运用到大型实景演出的空间中，用来表现空间和塑造氛围。如此一来，多媒体影像拓展了舞台设计的视觉表现力，发展了许多前所未有的视觉形式来满足现代观众的审美需求。

二、文旅演艺的发展

旅游演艺是以文化为内容、旅游为形式，用人们喜闻乐见的形式，将文化融入旅游消费之中，正为当今的文旅产业发展提供着巨大的动能。文化和旅游部正式挂牌，也开启了文化和旅游融合发展的大幕，旅游是载体，文化是内核，旅游对促进文化的发展繁荣具有发酵作用，特别对文化产业的发展能起到一定的引领，文旅融合成为推进社会主义文化建设的重要路径。文化与旅游的结合从始至终都是文旅项目中的重心，中国文旅演艺也一直坚持初心，以下是我国文旅演艺发展的几个时期。

（一）以旅游目的地为驻场的演出时期

当时涌现出了一大批大型文旅演出，根据各旅游目的地当地风土人情、地文地貌改编和创编的以歌舞、杂技为主题。作为第一代文旅演出作品，它们承担了那个时期丰富旅游景区文化内容、丰富游客晚间游乐的主要功能，在当时起到了积极的作用。

（二）"印象"系列为代表的山水实景演出时期

文旅演艺的第二个时期，是十九年前以张艺谋、王潮歌、樊跃"铁三角"推出的"印象"系列演出为代表的中国实景山水系列演出，这一系列演出作品，以祖国各地的真山真水为背景，让文艺演出和真山真水有机结合，让人们在旅游的过程中置身于大自然而情醉其中。其中的《印象·刘三姐》《印象·大红袍》《印象·丽江》等作品已成为口口相传的佳话，一路引领了中国实景山水演出的璀璨风景。

（三）《宋城千古情》为代表的高科技演艺时期

文旅演艺发展的第三个时期是将室外演出回归到室内演艺的剧院式高科技演艺时代，以《宋城千古情》《三亚千古情》《丽江千古情》为代表的系列演出层出不穷，它们都融入高科技动效和各旅游目的地人文精华。

（四）"又见"系列为代表的沉浸式演出时期

文旅演艺的第四个时期，则是受到海外沉浸式演艺大潮的影响而派生的以沉浸式、体验式为切入点的更具有观赏性的演出作品，以《又见敦煌》《又见平遥》的"又见"系列为代表。

（五）"文旅演艺+"的多元化时期

这一新业态的推出充分调动了以"文旅演艺+"为原点的演出经济的作用力，真正实现了旅游过程中的"游、购、娱、养、学、思、商、养、学、闲、情、奇"的多重演艺综合感受，是这个时代文旅演艺发展的方向，以人民为中心，以观众为中心，沉下心打造适合这个时代的"文旅演艺+"精品，满足这个时代人们对文化产品之需。

几代文旅演出人用大量的心血推动了行业发展，为老百姓提供了越来越精彩的文旅演艺大餐。如今单一的文旅演出已不能满足现在消费者对文旅演艺市场的迫切需求，而以"文旅演艺+"为表达方式的文化旅游休闲商业演艺综合体，结合如今飞速发展的5G技术，或将成为新时代文旅演艺行业发展的方向。

三、数字影像技术在文旅演艺中的发展

在文化和旅游部颁发的《关于促进旅游演艺发展的指导意见》中指出，"推进业态模式创新，已成为文旅演艺的当务之急，推动建设体现新科技的舞台，支持数字艺术、交互体验、观演互动、智能演艺，鼓励开发设计与品牌演艺密切相关的衍生品，支持建设一批旅游演艺小镇、旅游演艺聚集区"。数字影像技术在文旅行业中的分类大致可分为以下几种。

（一）楼体建筑投影秀

楼体建筑投影秀是将楼体的外墙当作投影的"幕布"，让建筑物表现产生3D效果。做楼体投影时必须事先对墙体进行整体规划，对建筑物进行仔细的勘察，考量墙体的高度、宽度及表面的材料，设计制作出适合建筑外形的视频动画，会使用到多台高流明度的投影机，采用对投、拼接、融合等方式来实现效果。楼体建筑投影秀适用古建筑、大型建筑楼体、地标建筑、高楼大厦等场所。

布加勒斯特国家剧院《百年华诞》的作品，设计者需要简要展示罗马尼亚的部分历史，采用老照片的传递方式重新诠释了一系列历史名画，将这些内容通过投影技术在建筑墙上立体展示，用精妙的数字影像技术展现出往昔的时代氛围，在建筑投影上重现历史的辉煌。

（二）3D Mapping

3D Mapping 又叫结构投影，结合光学投影原理，采用高亮度光源，依托虚拟现实技术、裸眼3D动画制作，适用于任何不规则载体的精确投影，让任意一个物体表面成为投影的载体，如湖面、汽车、建筑物、雕像等。它可以使投影画面与载体合二为一完美呈现。3D Mapping 秀适用户外投影、建筑投影、墙体投影、汽车车体投影、大型商业广场、大型艺术演出、汽车发布会、舞台秀、现场秀等场所。

大型音画夜游《花山》项目中，设计者采用3D Mapping 的技术方式，将代表骆越文化特征的图案投影在游船一侧的山壁上，如人身蛙形、马、狗、铜鼓、刀、剑、钟、船和道路等图像，向游船上的游客充分展示花山的核心代码、壮族崇拜的图腾。结合对岸的祭祀表演，使游客对花山壁画所反映的文化内涵有直观的认识，加深游客对花山音画夜游项目的体验感。

（三）全息投影技术

全息投影技术也称虚拟成像技术，是利用干涉和衍射原理记录并再现物体真实的三维图像的记录和再现的技术，简单来说，全息投影是将影像投射到全息介质上，从而让人眼产生3D效果。全息投影技术不仅可以产生立体的空中幻象，还可以使幻象与表演者产生互动一起完成表演，产生令人震撼的演出效果。全息投影技术适用产品展览、汽车服装发布会、舞台节目、酒吧娱乐、场所互动投影等场所。

全息舞台的画面源在底部（或顶部），利用一块与地面成45度的透明反射膜，将地上的画面"立"起来，造成画面悬浮空中的效果。几年前在周杰伦的演唱会上，即采用全息投影技术，让邓丽君"复活"，与周杰伦来了一场世纪大合唱。

以上三种投影技术所展示的视觉震撼效果惊人，现在也成为城市地标建筑、旅游景区、主题公园、特色小镇、景区景点、主题公园等夜游经济及文化节、开幕式等主题活动的一个新方式，惊艳的效果，让它们成了提升人气的不二法宝！

四、数字影像技术在文旅演艺中的创新

多媒体影像是声、电、光、影的综合概括，具有沉浸性、互动性、全息影像等特性，这就为超时空的空间环境提供了支持。随着科学技术的发展，多媒体影像的出现为舞美空间注入了新鲜的血液。数字影像技术的创新不仅展示在内容上，更是需要投影媒介的不断加持，以前只能依靠实际的崖壁作为山体投影的介质，现在不管是什么空间都能通过纱幕、冰屏、环屏等介质展示。

中央电视台❶的《国家宝藏》利用全息影像在环屏、冰屏、地屏等媒介上的影像投射，利用九块冰屏的组合变化，营造"虚拟人＋虚拟场景或真人＋虚拟场景"的氛围让观众了解宝物的前世今生，不再是专家单方面讲解国家流传宝物的艺术价值，而是通过演员与多媒体影像的融合把宝藏的文化历史价值与艺术价值植根于国人心中。多媒体儿童音乐剧《灰姑娘·美丽转身》、大型实景演出《沙坡头盛典》等都是利用多媒体影像的虚拟性实现人与场景的融合，至此增加了观众的参与感与互动性，为观众带去身临其境的体验。

东方明珠塔零米大厅巨大的环形穹顶内壁上含有棱纹，整个投影空间为双层结构。投射区域以三根圆柱体为界，将立面影像与穹顶影像做联动，结合空间构造，在画面制作中融入视错觉元素的同时，克服画幅巨大、投射空间复杂、影像易变形等技术难点，演绎了五个可爱的 IP 形象的四重绚丽梦境，上演了一场穿越时空、城市历险等多种惊险刺激、神奇浪漫的视觉之旅。

交互式投影绘画装置可以将任何事物作为画布，玩家可以在电子绘画板上随意创作，每一笔都会被实时投影到现实画布中的物体上。物体上的图案会随着电子绘画屏幕的清空而消失，玩家可以不断地创作，将自己的创意反复实践。

利用当下最尖端科技增加舞台的"壮丽景象"，剧场工作者从古至今都在不断探

---

❶ 2018 年 3 月，组建中央广播电视总台，撤销中央电视台建制。

索。从16世纪意大利舞台场景布置中的创新角度绘画和机械设备，到气体效果和之后的电力、灯光效果引进，再到计算机对灯光、声效和场景变换的应用，技术的发展创造了令人惊艳的视听效果。比如，影像技术中的全息投影，让真人可以和虚拟角色同台表演，如梦似幻的世界得以被观众感知。以《镜·界》为例，当真人黄豆豆在舞蹈时，屏幕上另外四个他本人的影像也在共舞，高速摄影机放慢了幻影的动作，从而产生超现实主义的舞台效果。郎朗和洛天依突破"次元壁"的合作，则得益于全息投影和实时动作捕捉技术，虚实相融且充满观赏性的舞台让观众耳目一新。

五、结语

在文旅演艺项目中，演员作为故事情节展示的主要基础外，有了舞台上数字影像的支持，作品才能不断被丰富与完善，优化视觉效果才能实现对现实的超越。山水实景演出中的多媒体影像技术起着举足轻重的作用，在夜晚的山水演出中，舞蹈演员和音乐的完美配合只是演出的基础，加上视觉效果的影像技术更能体现情感的传达与表演的完整。数字影像技术既能弥补现实情感的缺憾，对叙事需求的不足加以补充，又可以将整个演艺的题材深化到梦幻、神话中去。

智慧文旅的核心是推进融合，包括文化与旅游的融合、数字与创意的融合、科技与产业的融合及资源的融合。特别是通过推进文旅融合，推动产业高水平、高质量发展，文旅融合需要科技支撑，智慧文旅发展同样离不开科技支撑。科技助推文旅融合发展，是产业的需要，是社会的需要，也是发展的需要。"科技＋文旅"，不是简单地叠加、机械地罗列，要遵循发展规律，检验实际效果的是产业、是社会、是时间。

数字影像技术对演艺项目创作的介入极大地丰富了受众视野，从而为满足受众的心理期待做铺垫，表面上是数字技术对演艺艺术的视觉堆砌，实际上已经在向受众进行了心理疏导和情感渗透。数字化是一门技术，影像是一种依托，两者的完美结合不仅使技术有所拓展、审美有所超越，更在前所未有改变着我们的思考方式和情感认知模式。

参考文献

[1] 孟燕.探析当代舞美空间中的多媒体影像[J].戏剧之家,2019(10):130.

[2] 李斌.数字影像对受众情感认知的影响[J].电视指南,2018(8):25.

消费迭代背景下旅游演艺的轻量化沉浸体验创新路径研究

■ 王科雅

摘　要：随着主力消费人群的换代、去中心化的信息获取方式、新的消费观念与新的文化娱乐项目相互作用，城市中的日常娱乐已逐渐更新，城市周边旅游消费内容却依然停留在相对单一、传统的模式。近年来，短途游逐渐成为人们的出行首选，人群节假日扎堆，游玩项目却很匮乏，城市周边景区如何引入新的游玩项目，吸引新的消费人群，并且在众多同类产品中独树一帜形成核心竞争力？借鉴旅游演艺形成目的地，带动消费的成功经验，新型的轻量化沉浸体验项目，也许可以为传统的城市周边景区带来新的活力。

关键词：消费迭代；沉浸体验；轻量化

一、消费迭代背景

沉浸式体验，这是一个2017年以前大众还非常陌生的词组，现如今已经是一个从餐饮消费到艺术展览都有可能涉及的非常重要的形式和营销概念。这也是消费升级带来的必然。在文旅行业，随着消费升级、迭代和移动互联网时代的来临，人们对旅游的定义也明显地出现了变化和分层。单一的观光旅游，已经不再能满足所有人群的精神需求。不论是周末还是小长假，越来越多的人开始了以休闲型、观光型和度假型为主的短途、周边游，并且趋于常态化，"90后""00后"和亲子人群是短途、周边游的主力军。

根据艾瑞中国线下娱乐行业的市场预估，未来线下娱乐有着更大的发展潜力供市场挖掘。新生代线下娱乐消费现状：高需求、高参与、高支出已成为市场主力军。从艾瑞数据来看，"00后""90后"新生代在文化娱乐消费的占比已超过24.5%，高于"80后""70后"。这表明"00后""90后"群体文化娱乐消费已成熟，开始成为消费意愿最旺盛的群体。"00后""90后"新生代个性鲜明、追求时尚、消费独立，热衷于各种形式的文化娱乐，在文化娱乐方面的支出占比较高，并成为娱乐产业的重要目标用户。

相比日益增长的需求，旅游项目发展速度明显滞后。虽然相继涌现出了民宿、露营、乡村游等游玩新顶流，但同一地区项目同质化严重、过度依赖自然资源及过度依赖特色酒店的带动都是较为明显的问题。随着25～40岁的主力消费人群，从"70后""80后"更替至"90后""00后"，将周边游从养老和亲子为主力的市场，扩展至娱乐化、年轻态的多元高消费市场是必然趋势。因此，带动城市人群的休闲娱乐旅游，需要更多新的旅游业态的出现。

二、沉浸体验对人们出行和消费的刺激

2016年，被称为中国沉浸体验的元年。上海文广引入的 *Sleep No More* 沉浸式剧场的演出在业内可以称得上是教科书级的项目。演出提前5个月将预售信息发出，不到5天，1万张预售票销售一空，预售票房超过600万元。该项目在伦敦和纽约长期一票难求，180分钟的体验过程中，观众扮演成幽灵，在白色面具的掩盖下，可以自由选择演员跟随，也可以在一定范围内随意游走于各个演出空间。近万平方米的演出空间分布着100多个不同的空间，包括咖啡厅、邮局、教堂、医院、小树林、宴会等。整场演出没有对白，演出形式更像一部下了舞台的现代舞剧，演员用肢体语言和面部表情来完成。表演结束后，大家都会回到一开始聚集的酒吧场景，可以继续消费、交流。*Sleep No More* 作为一个坐落在城市中心的大型沉浸演艺体验，不论是在上海还是在伦敦和纽约，不仅是本地人的休闲消费项目，更吸引着大量年轻旅游者慕名而来。

不知不觉中，沉浸式的体验方式越来越多地出现在人们的各种生活和娱乐场景中，悄然地改变着人们的消费习惯和行为模式。2018年9月，在北京三里屯，一家名叫"知食堂"线下快闪店悄然现身，限时营业三天。原来，这是知乎联合饿了么举办的主题快闪活动，将与吃有关的信息元素融合进线下场景，让人们有了多维的体验，输出"知有趣食不同"的主题。这其实是知乎的品牌策略之一，让人们更直接、更多元地去感受知识的趣味和意义。这样从线上到线下，让原本枯燥的知识因

为适宜的场景而显得生动，得到了年轻人的追捧，也形成了热点话题，新的O2O模式随即诞生。

类似于知乎的例子还有很多。从情境到沉浸，互为依托，我们的学习方式、生活方式和行为方式正在不断升级、更新。旅游本身就是一场高沉浸的环境体验，城市中的沉浸演艺活动用最便捷的办法和最低的时间成本，带给人们一场完全脱离现实的沉浸体验。大型旅游景区的实景演艺，也是运用沉浸手段，在自然环境的基础上加强人文理解和角色沉浸，建立深度的情感关联，再由情绪带动消费和传播，形成良性循环。这一点，对于特色不明显的中小景区更为重要。

沉浸体验项目，不断地模糊演员与观众的身份，不断地让人们沉浸在此时此地此事件当中，从而释放人们或许自身也从未意识到的潜在心理需求与愉悦。如果能借鉴大型景区沉浸内容的有效经验，同时根据景区自身情况轻量化设计，必然会为景区注入一股新的血液。

三、轻量化沉浸体验的形式类型

从《印象·刘三姐》到《只有河南》，大型旅游演艺模式逐渐清晰且在不断地升级。随着沉浸式概念的爆发，国内旅游演艺中沉浸式项目已不乏成功案例，王潮歌导演的"又见"系列、"只有"系列，武汉的《知音号》等，项目本身在一个区域范围内都已经成为一个新的旅游目的地，成为新的旅游名片，一改过去旅游靠吃历史和自然的老本的情况，也带动了区域范围内一套全新的衍生产业。

以"又见"系列为代表的大型沉浸式演艺项目，在传统文艺演出形式的基础上，赋予新的观演关系，虽然加上了新型的科技手段和现代化的表达方式，但"你演我看"还是本质，观赏性大于娱乐性，并且体量巨大、制作周期长、更新迭代难，显而易见，大型沉浸演艺在中小景区并不能完全适用。事实上旅游演艺中的沉浸演艺项目并非包含了全部的沉浸式体验类型。

笼统来说，万物皆可沉浸。沉浸式体验，需要运用一定的声光电及科技元素，为体验的项目主体营造一个全方位的氛围感，让观众除了视听之外，还可以通过嗅、味、触等来感知，甚至会运用一些心理引导的方法，从而让观众身心同步调动起来参与其中。

轻量化沉浸式体验，指的是投资规模小、运营成本低、内容垂直、体验时间短、形式特点鲜明的沉浸体验项目，适量运用沉浸式演艺的技术手段将体验重心侧重于发挥观众的主观能动性，而非演艺本身。从接待量来看，"又见"系列的大型沉浸演艺体验一场可容纳1500人，一天3～5场。轻量化沉浸体验的单场接待人数一般不超过300人，体验时间45～60分钟，一天可运营6～8场。从硬件投入来看，小规模的体验空间可以节省花费在声、光、电、演员上的观赏性投入，内容中心偏向增加互动感和娱乐性，更适用于周末化、常态化的短途休闲旅游。

轻量化的沉浸演艺体验可大致划分为以下三类。

（一）沉浸式主题展

与传统展览不同，沉浸式主题展一般会打破展厅展墙的概念，运用置景、光影、音乐声效等演艺手段，个别展览还会植入演员表演引导，将展厅营造成一个设定的环境，如花园、未来世界、海底等容易被人们直接感知到的环境定位，从而辅助对展品的理解和欣赏。

"花舞森林"系列的沉浸式光影展由当下最炙手可热的日本艺术团体TeamLab打造，连续2年被Designboom评为"全球十大必看"的艺术展。炫目的视觉内容、迷幻的音乐在一个相对封闭和昏暗的环境中，让人们的感官体验得到放大。随着TeamLab在北京一票难求，沉浸式展览这一概念被点爆，商场、艺术馆纷纷效仿，但大多流于表面形式，更像一场投影灯光秀。即便TeamLab加入了大量科技与哲学思考，但对普通观众来说，重要的是照片拍出来好不好看、场景交互体验是否有趣，其中包含的哲学思想却与观众难有共鸣。如何将沉浸式展览从城市带到景区，缔造网红打卡新地标，如何深挖场景体验真正撩拨触达用户的心智，才是创作者最需要深入研究的课题。

（二）场景化角色娱乐

角色扮演游戏俗称"剧本杀"，源自国外"真人扮演类沉浸式游戏"，是一种新型的小型桌面娱乐方式，也是一种当下年轻人社交中快速认识和融入的方式。剧本杀通过一个故事剧本，赋予了每个人不同的身份，每个人既是嫌疑人又是侦探，在剧情当中根据自己的角色定位相互交流，最后找出凶手，目前也发展出了多种锁定任务推理结论的多元化剧情。

国内的剧本杀行业发展极快，目前实景化的剧本杀项目层出不穷、备受年轻人的喜爱，并且已经突破了桌面游戏的局限，通过增加环境的沉浸感、植入少量的表演环节再现剧本内容，帮助体验者快速融入其中。升级后的形式概括为"实景搜证"，侧重的是剧本本身的人物体验感，故事情节层层推进，以及整体复杂的人物关系，会使得逻辑性更强。除此之外，体验过程中线索以卡片、实物的形式发到体验者手中，或是由体验者在实景中搜寻得来，再通过体验者的判断和整理，推动情节发展。剧本杀与实景搜证大多不需要太大的空间，参与人数少，因此更新速度快并且会积累稳定的消费者，通常情况下，一个商家会有多个项目主题，吸引消费者多次消费。

近年来，在芒果 TV《明星大侦探》栏目的带动下，剧本杀这一娱乐方式破圈速度极快，线下野蛮生长，凭借极大的代入感和社交优势，仅用了两年时间，剧本杀便打败了大部分的传统桌游，迅速成为"90后""00后"所热衷的娱乐方式。市场发展越快对剧本作品的质量要求就越高，同时衍生出剧本杀剧本创作这一新兴行业，这都足以说明年轻人对这一娱乐形式的认可和喜爱。

（三）沉浸式密室通关、竞技类游戏

密室逃脱是一种十分考验逻辑思维的益智体验游戏，其灵感与创意主要来自于一些经典故事、影视剧等，连续不断的破解任务，为体验者带来的趣味、挑战和成就感；不同的设计思路形成了不同的密室类型，从盗墓到科幻、从荒野探险到公主婚嫁、从惊险谍战到仙侠梦幻……玩家根据自己的喜好选择主题，在场景中进行角色扮演，凭借缜密的思维、细致的观察及团队协作配合，在体验时间内层层通关最终完成任务。目前在一二线城市，排名靠前的密室逃脱已经不再是简单的解题通关游戏，而是融入了演艺体验、益智类游戏、剧情和冒险为一体的大型娱乐项目，一般单一主题占地 300 ~ 2000 平方米，体验时间 60 ~ 180 分钟。

以曾经北京最大的沉浸式密室游娱联盟为例，包含了"摸金校尉""魔鹰监狱""零号工厂""天竺魔宫""埃博拉病毒"等近 20 个密室和剧本主题，每个主题体验时间 90 ~ 150 分钟不等，平均消费 430 元 / 人，每个主题每天 5 ~ 8 场，平均每场 8 人，按满负荷运转估算，直接月平均营业额可过千万元，也带动了周边的餐饮、商铺、桌游、咖啡厅、娃娃机等，收入可观。

四、景区轻量化沉浸演艺创新策划思路

（一）内容为王是根本

当今的景区建设和发展过程实际上是历史文化积淀和历史文脉延续的过程，是景区多元文化互动交融、文化内涵和形式不断创新的过程。一个有社会责任感的景区管理者，在构建景区文化的进程中扮演着举足轻重的角色。景区管理者的合理角色，应该定位于景区人文精神的发现者和实践者角色，深入挖掘并在旅游商品中还原和提升景区文化价值是其基本责任，这样打造出来的旅游商品才会因其特有气质而成为景区的标志，构成景区文化与精神之所在。

短途游的景区多数规模较小，在游玩体验内容设计上不宜大而全，可以针对特定人群，选择最利于承载的形式，垂直打造。根据景区本身的特色深度创作内容及场景，深度挖掘景区本身的历史文化资源，从中寻找与游客之间的兴趣关联点，展现景区特色。比如，有传说故事的景区，可以侧重从剧情体验设计内容，而有着丰富文物的景区，可以侧重沉浸式展览，如果都不具备，只有优美却无特色的风景，靠特色酒店带动维持，则可以考虑室内外竞技类游戏。

位于北京近郊的"和平饭店""贝家花园"都是将景区特色与内容设计结合相对紧密且体验感丰富的轻量化沉浸式娱乐项目。

（二）产业链条是抓手

沉浸式体验通过环境体验和心理引导改变认知和行为方式，从感官、情感、思想、行动等多维度全方位创造新的体验。不论为景区注入什么样的血液，都应该以增加人流、拉动消费作为核心目标。沉浸式演艺的优势在于参与者的主观能动性在体验过程中被最大强度地调动，在体验过程中，有众多商业接入口，如角色的服装配饰、道具等，体验结束后，与主题的情感关联往往也会大过普通仅限于观看的演艺项目，因此衍生品的购买率也相对提高，这些都只是浅层次的衍生消费。如果在体验内容的策划阶段，有效地预埋项目和线索，则可以直接带动其他体验项目的消费。比如，在一日游景区的沉浸式体验项目中植入特色主题酒店的内容，或在主题酒店的建造之初就将其和体验项目结合互动，解决住下来的动机。

（三）内容包装与营销设计并驾齐驱

旅游消费是冲动性消费的典型，因此产品的包装显得尤为重要，消费者往往不会深究其实用性，而是在乎其纪念意义与颜值。一个好的设计和外观，对于消费的诱导是极为明显的。内容包装除了产品本身的包装，还有更深层次的包装——营销设计。成功的营销设计在吸引人前往消费的同时，更重要的是在人们心中进行了充分的预设和引导，从而让消费者不再盲目，体验感也随之加分。

对于一个轻量化的体验项目，不管是内容还是营销设计，往往都不需要大而全地满足所有人的期待。相反，如果能够抓住一个特点，在垂直领域深度营销，加之体验感本身所形成的口碑传播，往往会有破圈效应。

（四）打破传统跨界融合带来新活力

跨界在文化中不是一个新词汇，但在旅游中运用还不够丰富，大多数旅游项目，都是以旅游地的特色为原发的一边倒项目，俗称"顺撇"，跨界融合带动旅游收益，最具说服力的案例当数乌镇戏剧节。位于北京周边的长城脚下的公社，也是历史人文与现代设计的完美跨界，12位设计师极其前卫的艺术设计坐落在长城脚下风景美丽的山谷之中，没有任何违和感，正是由于这样的时空碰撞，使得这一跨界项目极富特征与魅力。

当下，跨界融合，已经不止于设计、外观上的意义，更多的是线上线下的交融互通、不同体验模式与盈利模式的结合、不同品牌与不同领域的嫁接等。传统与现代、城市与乡村、经典与新锐的跨界，都是景区与新型沉浸式演艺体验的跨界融合，相信在未来还有更多的探索空间。

五、结语

新的时代，需要新的理念与创造力，传统旅游项目目前尚能运行大多数是依靠我国的人口红利，内容生产力的缺乏直接导致旅游行业靠天吃饭的基础现状，也形成了目前两极分化严重、爆发式消费严重的现状。城市周边游的常态化要靠优秀的内容作为一个长期的引擎，轻量化的沉浸演艺体验这一新的形态，在未来也许会将旅游景区的被动服务扭转为针对垂直人群主动出击的拳头，为景区注入新的血液与活力。

参考文献

[1] 艾瑞咨询. 2019年中国线下娱乐市场或达4900亿元[N]. 经济日报, 2018-07-31.
[2] 张西流. 旅游商品雷同化缘于景区同质化[N]. 中国商报, 2018-06-12.

浅析"沉浸式娱乐"国内发展现状

■ 叶怀阳

摘　要：文化娱乐产业的线上的流量逐渐饱和，迫使越来越多的从业者到线下抢占流量先机。逛街、看电影、KTV休闲三件套已经不能满足这一届年轻人的线下消费娱乐需求了。如何运用新场景、新物种、新媒体艺术打造崭新的内容和形式吸引年轻人？沉浸式娱乐带来的交互、沉浸、体验能否迎来真正的黄金时代？"沉浸式"最早发源于戏剧领域，2015年国内线下沉浸式娱乐兴起，当时整个产业链发展处于初步探索阶段，属于小众市场。2016年开始，各企业、投资方等纷纷参与其中促使各沉浸式娱乐项目落地。2017年是具有代表性的一年，被称为沉浸式娱乐爆发元年。2018年沉浸式娱乐发展迅速，包含沉浸式数字艺术展览、沉浸式数字艺术演艺、沉浸式数字艺术戏剧等多种产品。旅游景区的发展也开始借鉴此应用场景，为文旅项目增添更多可能。本文简单梳理沉浸式娱乐的发展状况，以关注该产业在文旅融合的大潮下的前行之路。

关键词：文旅产业；沉浸娱乐；发展现状

一、什么是沉浸娱乐

（一）"沉浸式"的起源

"沉浸式"最早发源于戏剧领域，英国剧团Punchdrunk从2000年成立开始，便开始涉足"沉浸式"这种新型演剧形式。剧场中的观众不再只是单方面地被动接受，而是主动地参与、探索，甚至是创作剧情，大大提升了观众的互动感和体验感。

2015年，国内线下沉浸式娱乐兴起，但由于当时市场对这一产业链的敏感度不够，因此沉浸式娱乐被归属于小众市场当中。2016年开始，各企业、投资方纷纷参与其中促使各沉浸式娱乐项目落地，沉浸式娱乐开始走向大众视野，得到了各方的关注。

2017年是沉浸式娱乐爆发元年。根据市场的表现，沉浸式娱乐可以大致分为原创和基于IP两大类别。沉浸式娱乐虽然是一种新型表现方式，但依然离不开戏剧、演艺、展览等根本内容。

2018年沉浸式娱乐发展迅速，多种产品蜂拥而来，一时间沉浸式数字艺术展览、沉浸式数字艺术演艺、沉浸式数字艺术戏剧等产品充斥着整个市场。

（二）"沉浸式娱乐"全球典型案例

1.TeamLab 网红展

由日本艺术团体TeamLab打造的《Teamlab：花舞森林与未来游乐园》，连续两年被Designboom评为"全球十大必看"的艺术展。2017年TeamLab在北京大热后，2018年沉浸式娱乐展览迎来了一波爆发，吸引了众多艺人前来打卡，无形中带动了广大消费者。

但令人深思的是，游客来此展览的初心到底是什么？大多数的游客是出于场景适合拍照而来，早已忽视了艺术展本身的艺术价值。甚至有人质疑，衡量一个展览的标准是否已经沦为适不适合拍照。TeamLab的展览从外观来看是毋庸置疑的，展览效果以光为主要媒介的技术手法实现，将声音、光线、影像等不同元素巧妙地融入数字化的梦境之中。

因此即便TeamLab加入了大量科技内容，其创作本身也是为了让大家感受到技术与艺术交织的魅力，但对于普通游客而言，重要的不是场景交互体验，而是拍照是否出片。

目前沉浸式展览仍处在初级阶段，好的体验应该是有作品深度的，如何深挖场景体验，真正撩拨触达用户的心智，实现产品长期运营，还有很长一段路需要走。

2.Sleep No More 沉浸式戏剧

沉浸式戏剧起源于英国，受到美国百老汇文化沉淀的滋养，经环境式戏剧过渡而来。早在20世纪60年代，纽约的先锋戏剧创作者就因不满主流戏剧的规矩，开始尝试环境戏剧、偶发戏剧、互动戏剧等不同类别的创作，挑战传统戏剧的剧院场地、情节架构及观剧行为。

沉浸式戏剧Sleep No More被誉为沉浸式娱乐的鼻祖，改编自莎士比亚的《麦克白》。这部来自纽约的神剧从2011年首演到现在，创造了场场爆满的业界奇迹，是业内戏剧的创作典范，也让更多人感受到表演艺术产业在日趋式微的情况下的另一种可能。

整部剧没有对白，所有演员用肢体语言和面部表情来完成。三个小时的演出时间中，观众只需戴上一个面具，便可以任意穿梭在被精心设计成复古风格的9000平方米的演出空间中，里面有宴会厅、小酒馆、糖果店、殡仪馆、教堂、医院、树林等100多个小场景。观众将拥有绝对的自主选择权，可任意选择观看表演的角度和顺序。

3. 娱乐休闲产业

近年来，沉浸式体验逐渐延展到景区场景、嘉年华、主题乐园、新一代密室等休闲产业之中。以迪士尼"潘多拉：阿凡达世界"主题乐园为例，该项目于2017年在美国奥兰多迪士尼正式开园，占地约5万平方米，其造价高达5亿美元，是奥兰多迪士尼10多年来最大规模的扩建，吸引众游客前来体验。迪士尼和詹姆斯·卡梅隆计划将这个项目打造为"沉浸娱乐"的新地标。

二、"沉浸式娱乐"国内赛道现状

"沉浸式娱乐并不是为旅游而生，它是娱乐方式的一种升级，是在娱乐体验内容、娱乐科技、互联网游戏下诞生的产物。"中国国际文旅投洽会创始人郝卫东告诉新旅界："沉浸式娱乐作为旅游目的地之一的核心内容，不知是否能够有足够的能量及吸引力，但旅游市场上确实产生了一批有钱、有闲、有条件的沉浸式游客。"

除了戏剧、旅游演艺外，基于IP的线下娱乐体验馆也要紧跟沉浸式的潮流，套上"沉浸式"的外衣。

以万娱引力为例，万娱引力于2015年5月正式成立，2016年在北京西单大悦城落地了首个"触电·鬼吹灯"沉浸式娱乐项目，这是一场游戏、戏剧和电影的商圈结合。

"触电·鬼吹灯"以现象级IP《鬼吹灯》为故事蓝本，打造了一场超强的互动性和沉浸感的沉浸式娱乐，利用环绕式声效、舞台级光效、虚拟成像技术，结合真人表演，打造真实的盗梦空间。玩家需要在正派和反派间选择一个角色，不同的角色，不同的任务，带来不同的参与体验。

除"触电·鬼吹灯"，万娱引力还和另一热门IP仙剑奇侠传合作，即"触电·仙剑奇侠传之锁妖塔"。2017年年底，万娱引力在嘉善新西塘越里搭建了一座3000平方米的超大沉浸空间，再现了《仙剑奇侠传》的经典场景，这也是万娱引力落地旅游景区的首个沉浸式娱乐项目。项目体验中，游客可进行二次消费，进城前用人民币兑换铜钱，用铜钱去仙剑客栈喝杯桂花酒，或者找算命先生算一下前世今生。此外，万娱引力和完美世界就《诛仙》手游打造"触电·诛仙游戏"，还将研发原创IP《触电·西游》。

除了万娱引力外，这一赛道的玩家还有奥秘之家、筑梦文化、TFS超级密室、柒弥等。奥秘之家也拥有仙剑主题的沉浸式娱乐项目，旗下"仙剑客栈"主打IP内容的线下深度体验，坐落于北京王府井。该项目主要利用多空间、多剧情、多环节的深度体验，力求实现游客多方面的感知体验。

筑梦文化的思路是基于线上头部IP做线下"快闪式"主题乐园，推行沉浸互动体验式的实景娱乐产品。因此筑梦文化陆续改编并运营了《火影忍者》《航海王》《三生三世十里桃花》等IP主题乐园，整个乐园风格偏向于浪漫，通常不涉及解密、微恐等元素，直击少男少女的喜好。

TFS超级密室目前有《古墓》《生化危机》《瓦尔基里计划》《反恐》四个主题沉浸式场馆，占地面积约3600平方米。玩家需换上和主题相关的戏服，在解谜的同时和真人NPC进行"尬戏"，因此给玩家带来多种体验可能。

这类沉浸式体验场馆，通常脱胎于密室逃脱或游戏体验馆，相比《知音号》《极乐敦煌》等投资小、占地少，一般开在热门商圈。据了解，万娱引力、奥秘之家、筑梦文化、TFS超级密室等均于近期获得千万元以上融资，这说明投资者对沉浸式娱乐领域的前景十分看好，沉浸式场馆的扩充也将加速推动这一娱乐体验项目的普及。

三、沉浸娱乐与文旅产业的缘分

（一）"沉浸式"加速嫁接文旅

当前旅游产业正处在从走马观花的观光游到文化深度体验游的转变趋势下，沉浸式娱乐由此应运而生。沉浸式娱乐是娱乐方式和活动的一种升级表现，是体验内容、娱乐科技、互联网游戏三重作用下诞生的产物，是重体验感和重参与性的线下活动。

依据目前的发展态势，我国的沉浸式娱乐产业还处于初期发展探索阶段。其中，最先进驻的行业是戏剧、餐饮和展览行业，具体表现为沉浸式戏剧、沉浸式展览、沉浸式电影、沉浸式餐厅及沉浸式酒店等。2015年作为中国第一部原创沉浸式戏剧的《死水边的美人鱼》，引起众多关注。

之后，文旅产业很快意识到这种新的呈现形式能够完美地嫁接到旅游演艺上，于是将这种沉浸式娱乐引入文旅产业。作为内容产品，沉浸式旅游演艺在文旅行业中开花结果。以万娱引力为例，万娱引力布局沉浸式旅游演艺的落地项目越来越多，《触电·仙剑奇侠传》受到广大群众欢迎。同时，2017年华侨城投资的四川安仁古镇推出了大型公馆沉浸式体验剧目《今时今日是安仁》；同年，湖北省为推动"十三五"全域旅游发展，由武汉旅游发展投资集团有限公司联合"印象"系列导演共同打造了首部漂移式多维体验剧《知音号》。2018年1月，《极乐敦煌》沉浸式演艺文旅项目正式启动；2018年3月，九华山旅游集团牵头打造的沉浸式演出《做客九华·问禅》完成首演。这些项目通过科技手段和演出元素，让观众通过"视、听、嗅、味、触"来欣赏演艺活动。

《知音号》以20世纪初大汉口的商业文化为故事背景，从知音号码头露天部分拉开序幕，为游客设置了逼真的老码头实景体验区，随后游客将登上一艘20世纪二三十年代风格的蒸汽轮船，体验20世纪的武汉，每一位游客都是这场演出的一部分。中国国旅（武汉）国际旅行社项目部经理魏蕾在接受媒体采访时表示，"冬季是武汉传统意义上的旅游淡季，但《知音号》的火爆程度未减，不少外地游客点名要看《知音号》"。

《极乐敦煌》这一项目的创作经过长达三年的精心打磨，采用"实景艺术呈现＋多维（4D、5D、7D）影院技术＋数字成像技术＋机械互动技术＋真人演艺"的组合式手段，随着故事情节的不同发展，观众会体验到不同的情节走向，实现了边互动边体验边参与的观看。

《今时今日是安仁》历时一年半，总投资约7000万元。据制作人杨乐介绍，剧目利用了小镇四个最大、最具特色的公馆作为表演场地，共6000平方米。全剧分为四场，展现了20世纪30年代被誉为"西南外滩"的安仁古镇的生活画面，呈现出数个极具戏剧性的真实场景。

（二）万娱引力以《触电·东部世界》撬开文旅行业

国内沉浸式娱乐公司万娱引力的CEO周箫在接受新旅界采访时表示，"2016年市场上兴起的沉浸式娱乐并不多，2017年后，沉浸式娱乐就像雨后春笋一样发芽成长，很多项目都已崭露头角"。

在嘉善新西塘越里景区试水成功之后，万娱引力启动了更大的战略布局，以《触电·东部世界》进军全国各地的文旅景区。万娱引力创始人兼CEO周箫表示，"希望今年万娱引力的营收中景区项目的收益能够占据一半以上，未来计划实现城市和景区的产品覆盖场景各一半的比例"。

与以往的沉浸式娱乐产品不同,《触电·东部世界》是万娱引力根据不同城市的文旅景区,结合各个城市的地方特色自主研发的原创 IP,这款沉浸式娱乐产品的内容体量更加丰富,涵盖了从周朝到民国的每一个朝代,计划将在唐、宋、元、清等对应的朝代典型城市落地大规模、不同主题的沉浸娱乐项目,类似 HBO 热播剧《西部世界》。

与《触电·仙剑奇侠传》相同,《触电·东部世界》在场景和产品的设计上,除了遵循触电已有的深度型体验产品模型外,也涉及不同的角色、路线和情节。以"唐朝故事"为例,用户将以三种不同的身份——后宫嫔妃、将士、文臣,开启探索,不同的角色身份对应不同的体验路线,可体验到不同的沉浸式感受,再加上植入的衍生品和二次消费服务,让用户仿佛置身古代。这样一来,不仅实现了产品的营收,还增加了产品的复购率。

对于文旅景区的选择,周箫透露了万娱引力的选择标准,"拥有稳定客源、发达交通和成熟消费区域半径的 4A 级、5A 级旅游景区;具有一定历史人文积淀、可以被开发和二次消费 IP 的景区;有迫切转型需求、对新事物有很强接受能力的景区"。

周箫进一步认为,在流量方面沉浸式娱乐和景区应该是互补的关系。景区自有的庞大流量为沉浸式娱乐奠定高起点,帮助沉浸式娱乐快速成长,成为景区的 IP,并同时反哺景区,为景区带来良好收益,形成互相加持良性循环。

总体来看,万娱引力的沉浸式娱乐采取双重产品并进模式。其一是落地城市购物中心的巡回版,偏快闪类型,两三个月一次,投资成本在百万元左右,单站可实现盈利,体验人次可达数十万,占地面积为 100～1000 平方米。其二是立足年流量百万以上景区的常驻版,单站可运营多年,投资成本在千万元左右,一两年后可实现盈利,占地面积在 3000 平方米以上,票价根据景区情况设定,收入类型多元,也可当地取材原创 IP,捆绑酒店、餐饮等形成沉浸式全域旅游业态。未来,万娱引力会继续拓展更多业态版图,让沉浸式体验更加深入。

四、"沉浸式娱乐"接入旅游演艺的未来

(一)进驻景区,破除运营困境

游乐内容同质化的今天,优质 IP 对于景区来说至关重要,文旅项目更甚。在梳理和筛选适合合作的文旅景区时,万娱引力创始人兼 CEO 周箫表示,"除了存在决

策流程过慢和决策者的年纪过大问题外，景区普遍缺乏优质的内容产品"。

文旅场景拥有高流量但模式与体验陈旧，这一点毋庸置疑。沉浸式娱乐作为迎合市场和消费者需求的内容产品，与传统的演唱会、实景演出、密室逃脱等相比，这种方式的"互动性"与"体验感"更强，在助力景区发展和转型方面也更被看好。

IP 的引入成本固然不可轻视，但是相对于 IP 所带来的收益，有相关业内人士表示更在意的还是 IP 内容产品的质量，以及与自身项目的匹配度。同时，引入的 IP 内容是否具有独有性和差异性，也是景区运营者考虑是否引进时所看重的。

在成立之初就将目光一直瞄准沉浸式娱乐蓝海的万娱引力创始人兼 CEO 周箫认为，沉浸式娱乐的未来是景区。他认为，当前大多数景区在人文历史、风俗特色及基础设施方面是比较具有优势的，但因没有内容的植入而缺乏竞争力和吸引力，这将会是一个很大的空白市场。不可否定的是，沉浸式娱乐是一个新生事物，被大众和市场认知需要一个过程。

（二）影娱联动，盘活影视基地

沉浸式娱乐表现形式多种多样，舞蹈、表演、高科技等，其大多落地在商业综合体、剧场、景区，甚至是任意一块闲置的空间。

以东方文旅为例，东方文旅总裁杨朵轶认为，沉浸式娱乐与旅游的结合空间存在很大的可能性和潜在性，两者相互需要，沉浸式娱乐需要平台，而旅游需要内容。杨朵轶进一步透露，东方文旅城是城市顶级文旅综合体，将覆盖城市全客群，预计购票客流量在 300 万以上，目前已签约多个城市。东方文旅小镇将选址建设在 5A 级景区周边，投资 15 亿～30 亿元。可以看出，"触电"项目将成为东方文旅城及文旅小镇的重要组成部分。

其实，对于缺乏内容的影视基地、文旅小镇，以"触电"为代表的沉浸式项目或许可以盘活整个景区。"在做触电前，我们考察了全国约 20 个旅游景区及影视基地。记忆犹新的是云南的一个影视基地，房子建好，电影拍完，剧组就拍拍屁股走人了，然后这个影视基地就荒了"，周箫说，"触电因为场景的需要，未来还将落地影视基地。为影视基地量身定做内容，以场景构建故事，赋予其灵魂，使落魄的影视基地再次鲜活起来。"

不同于横店影视城有多个剧组支撑，目前多数影视基地只能靠旅游来维持生计。梦想很美好，但现实很骨感。人迹寥寥的影视基地，没有新的影视作品、没有新的旅游景点，靠一部作品来支撑生计，很难让游客长期买账，实际上多数影视基地只能"吃土"。

周萧告诉新旅界:"中国这么多影视城,大部分成为荒城,我觉得很是可惜。用沉浸式娱乐来改变这些地方,赋予它们内容,使这里的场景活起来,这是我们的机会,也是我们的使命。"

但杨朵轶认为如果只依靠沉浸式娱乐去拯救已经处于凋零状态的影视基地,这不免存在一定难度。"旅游面对的是各类人群,而沉浸式娱乐更针对千禧一代,还是在都市购物中心、主题公园或者综合型景区中会更好。"因此,怎么拯救老影视基地,在内容和场景上都是不可忽略的。未来,沉浸式娱乐能否成为落魄影视基地的另一条出路?让我们拭目以待。

(三)汲取传统精华,拓展更多可能

从中华民族优秀的传统文化出发,去探索更多可能。比如,故宫博物院在文创产业上一直致力于把传统文化玩活、生动有趣,俘获年轻人的喜爱。注重体验性和多样性,让文物和档案活起来。

《发现·养心殿》通过大型高沉浸式投影屏幕、虚拟现实头盔、体感捕捉设备、可触摸屏等,运用AI、VR、语音图像识别等多种先进技术,让游客可以走进虚拟世界中的养心殿,游客不仅可以与朝中重臣自由对话,全方位鉴赏珍贵文物,甚至还可以各个寝宫游转,仿佛置身其中。

另外,国内也有博物馆开始接触、尝试沉浸娱乐体验,以求通过这种双向互动替换过往单向看展的体验。

五、结语

目前的沉浸式娱乐正在努力迈向这样一个趋势:较低的投入,做到传统实景演出的几十分之一,但效果口碑更加新潮;更多的二元消费,衍生品、酒店、餐饮、旅游商品深度捆绑;加快产品落地速度,从传统实景演出3~5年缩短至4~8个月;更高的收入,与实景演出相同但可全天候运营的客流承载;更快的投资回报,从极佳情况实景演出5~7年缩短到1~3年;更符合当下年轻人娱乐社交需求,也是所有旅游目的地争夺的客群。这一趋势如果能实现持续增长,"沉浸式娱乐"未来可期。

参考文献

[1] 新旅界. 来势汹汹的沉浸式娱乐会成为下一匹文旅黑马吗？[EB/OL]．(2018-03-11)[2018-12-31]．http：//www.lvjie.com.cn/destination/2018/0311/6071.html?from=singlemessage.

[2] 搜狐. 沉浸式娱乐的黄金时代来了吗？[EB/OL]．(2018-09-22)[2018-12-31]．https：//www.sohu.com/a/255336547_505816.

浅析沉浸式旅游演艺的经济拉动效应

■ 翟佳羽

摘 要：近两年来，旅游演艺作为旅游产业中必不可少的文化产品，对文旅融合的发展起到至关重要的推动作用，不仅在一定程度满足了游客的体验性，也具有重要的经济拉动效应。随着旅游演艺的形式和内容的不断丰富，沉浸式演艺成为旅游演艺发展的重要趋势，以剧目为核心 IP 衍生出一系列产品和服务，探索新的商业模式和产业联动，构建起沉浸式旅游演艺产业化发展之路，实现了沉浸式旅游演艺蕴含的巨大经济价值。

关键词：沉浸式旅游演艺；产业链；经济效应

一、旅游演艺发展现状

从游客利益出发，旅游演艺是指依托著名旅游景区景点、表现地域文化背景、反映景区主题和定位、注重游客体验和参与的形式多样的具有商业性质的表演和活动。随着文旅融合的发展，旅游演艺日益成为文化和旅游融合发展的重要载体。《关于促进旅游演艺发展的指导意见》指出，要遵循文化产品生产传播规律，不断推出优质旅游演艺作品，为满足人民日益增长的美好生活需要做出积极贡献。加强旅游演艺管理、促进旅游演艺发展，是繁荣旅游演出市场、推动旅游业提质增效的重要抓手，是传承中华优秀文化、促进中华文化传播的应有之义。2018 年旅游演出票房收入为 59.08 亿元，较 2017 年增加 7.03 亿元，增长率为 13.5%。随着数字技术的发展及观剧群众需求的变化，我国旅游演艺演出形式不断丰富，观演关系也产生了巨大变化。

二、沉浸式旅游演艺发展现状及特征

沉浸式旅游演艺作为这两年兴起的重要演艺形式已经逐渐成为旅游演艺的重要

发展趋势。根据道略演艺发布的 2018 年中国旅游演艺年报，2018 年中国共新开演剧目 47 台，其中沉浸式演出新增 11 台，迎来爆发式增长。2018 年沉浸式旅游演艺总票房达 4.0 亿元，其中"又见"系列三大演出票房占比高达 52.8%。《知音号》紧随其后，占比 11.4%。越来越多观众不满足于在剧场中正襟危坐，被动地接受表演，而追求沉浸式表演带来的刺激。沉浸式演出对传统演出观演关系的改变，把观众从座位中解放出来，让观众能够自主地探索和发现演艺空间。

沉浸式旅游演艺作为沉浸式娱乐的一种，通过场景设置、道具设计、科技手段及演员表演，满足观众视觉、听觉、味觉、嗅觉和触觉等全方位感官体验。类似这种形式，不仅是对传统旅游演出项目的空间突破，也是对故事文本和观众之间关系的一种新的美学探索。沉浸式演艺具有以下四个特征，自由性、互动性、浸没感和个性化。自由性指的是一般的沉浸式表演空间不设置固定的舞台和观众席，观众可以在表演空间中自由行走，自由选择观看的剧情和人物。互动性指观众有机会和演员进行互动，有些幸运的观众会被选中成为推动演出的一部分。浸没感是指沉浸式演出空间都很强调细节性和还原性，利用气味、音乐还有灯光等营造沉浸效果。个性化是指每个游览者都可以自由选择观剧路线，自由跟演员互动，所以观众都可以收获独一无二的体验。

三、沉浸式旅游演艺的经济效应分析

英国创意产业特别工作小组发布的《创意产业分析报告》对演艺产业所包含的活动进行了梳理，报告将演艺产业活动划分为三个层次，分别是"核心活动""相关活动"和"相关产业"（见表 1），这为我们分析沉浸式旅游演艺项目的经济效应提供了参考。

表 1　演艺产业活动的三个层次

核心活动	相关活动	相关产业
内容创作	旅游观光	音乐
演出制作	酒吧和餐厅	广播电视
现场演出（芭蕾舞、现代舞蹈、戏剧、音乐剧和歌剧）	商业赞助	设计
巡演	节庆运营	电影录像

续表

核心活动	相关活动	相关产业
服饰设计和制作	场馆运营（剧院、大厅、公共娱乐场所）	创意设计
舞台灯光	教育、社区音乐	特技效果
—	推销	—
—	餐饮服务	—
—	配音配乐	—
—	节目出版	—

旅游演艺产品是旅游资源与文化资源产业化相结合的整体艺术形式，是文化产业链中新的经济增长点，不仅有自身的效益，而且有强大的经济影响力。截至2019年12月，《不眠之夜》的酒吧及衍生品收入达1500万元，自营业态及租金收入达3650万元，各类品牌赞助及合作收入达2000万元，票房外合计收入占到了整体项目收入的26%。据了解，《不眠之夜》在北京西路的三年驻演也带动了周边场所的经济效益，创造了不少商机。调研显示，观众对周边的文化娱乐场所的期待中：餐厅居首位，达76%；衍生品商店和咖啡厅茶馆其次，达70%；夜宵第三，达66%。《不眠之夜》所打造的以夜间观演配合餐饮的夜游模式，也成为上海在"夜间经济"发展方面的一个典型案例。根据对目前现有案例的分析，沉浸式旅游演艺的经济价值体现在如下几个方面。

（一）票房收入

以《不眠之夜》为例，2016年，由英国剧团Punchdrunk运营，改编自莎士比亚经典名著《麦克白》的沉浸式戏剧《不眠之夜》在上海上演，作为近年来"浸入式戏剧"的巅峰代表，获得了无数奖项。在门票的定价方面，《不眠之夜》上海版的价格，两年多来随着需求不断浮动和调整。最初是工作日550元/人和周末650元/人的统一价格。到2018年，《不眠之夜》的票价按照入场时间分为4个档次，从520元到850元不等，兼顾更多不同观众的价格承受范围。2019年5月，《不眠之夜》上海版迎来第700场演出，观看总人次达到24万，累计票房收入达到1.3亿元。除了本身IP质量优质以外，有效的本土化改编也起了重要作用。而且沉浸式演艺凭借其与众不同的叙述形式及多线程、多任务的故事情节，使得观众每一次都能收获新鲜体验，吸引顾客反复购票。有一批忠实观众在持续不断地反复观看，复购率高达60%。更有观众个人最高观演次数达到了200次。同时《不眠之夜》也通过酒吧场景的设置增添了剧目的社交属性。观众会在看戏结束后，与朋友甚至酒吧里的陌生人一同探讨剧情，很多观众通过线上建立微信群交流讨论，逐渐形成高忠诚度社群，针对这一批核心观众，除了戏剧表演，制作团队还在表演空间组织各种类型的聚会，为观众提供源源不断的新鲜感和参与感，重新激发高度黏性社群消费群体的购物欲望。无疑沉浸的演艺增加了用户黏性，同时沉浸式演出的新鲜体验又在一定程度上突破了原本小众的戏剧圈层，《不眠之夜》的经营者明确划分了三个圈层的目标消费群体，一是在纽约看过《不眠之夜》的核心粉丝，他们一定会买票；二是没有听说过该剧但持续关注演员和娱乐的剧场观众；三是对时尚和时尚界感兴趣的年轻都市人。

不眠之夜上演至今仍然一票难求，票房的火爆得益于制作方对内容有效及精益求精的要求，为了解决国内外观众跨文化审美和观剧习惯的差异，同时让本地观众充分感受浸入式戏剧的真实感，《不眠之夜》的剧本删减了大多数原著中的情节和文本，只保留了几个影响故事走向的情节。上海版本也在纽约版的基础上融入了更多上海本地的特色，打造具有20世纪30年代上海背景的麦金侬酒店作为演出空间，五层的酒店空间中充满了数万件20世纪30年代的道具，以电影级别的精细程度呈现，大到木质家具，小到日记、信件和邮戳，都经过了专业人员的多方考证，确保每一处陈设、装置，都与20世纪30年代的上海吻合。比如，武汉《知音号》项目以两江四岸独特的自然景观资源为依托，以武汉的码头文化为切入点，故事取材于20世纪二三十年代的大武汉，导演团队在武汉市两江四岸核心区打造了一艘具有20世纪二三十年代风格的蒸汽轮船及一座大汉口码头，船和码头即剧场，演出在长江上漂流时进行，将武汉自古以来的文化带到了现实中。乘客在船上穿越不同的场景，聆听不同演员的故事。截至2019年5月20日，已累计演出666场，接待游客约50万余人次，其中外地游客超过20万人次，接待外宾近3万人次，节假日外地游客人数超过60%。

除去剧目本身所创造的票房收入之外，剧目IP本身蕴含着巨大的经济效应。随着人们对景区体验的需求越来越大，单一的旅游演出产品难以满足游客的需求，旅游演出将发展为以产品为基础的组合式业务。然而，沉浸式演出往往限制观众的数量来保证观看的质量，因此沉浸式旅游演出在规模效应方面仍有欠缺。为了确保盈利，一些沉浸式演出进行了一些尝试，试图打破这种局面，以实现更大效益。

（二）IP 衍生产品及服务收入

目前，很多正在运营开发的沉浸式演艺项目并不只是在打造一场演出，而是当作一个娱乐项目在全盘设计和运营。观众所能体验到的并非一场表演，而是从核心 IP 延伸出的一系列体验式产品和服务。

1. 周边衍生品

衍生品方面包括自主设计和合作开发两种方式，戏剧制作方会根据戏剧内容和道具自制官方衍生品进行售卖，同时也会与部分品牌联名制作配套衍生品。比如，《不眠之夜》与野兽派、百威啤酒、韩束等品牌合作推出戏剧周边衍生品，并且开设官方文创店，为了能将《不眠之夜》穿越时间和空间的"身临其境感"带回家，野兽派和麦金侬酒店首次跨界合作，联手开发了一系列家居衍生产品。包括香薰蜡烛、真丝刺绣旅行礼盒的设计灵感来源于《不眠之夜》的戏剧元素，整套衍生品的基调也都以麦金侬酒店的设计风格为参考。

2. 衍生主题体验

目前很多剧目都将剧情与其他业态相结合。在纽约版《不眠之夜》中，戏剧衍生业态包括酒吧和餐厅，而上海版补充了其他商业项目，这与其演艺紧密结合消费业态的商业理念有关。来看《不眠之夜》的观众群体大多是喜爱戏剧、文艺、时尚的"85 后""90 后"，这类消费群体也正是愿意听脱口秀、参与粉丝互动体验的人群。这些消费业态与《不眠之夜》剧情契合，犹如剧场延伸。除了 6000 平方米的演出空间之外，还有 4000 平方米用于酒店、餐厅和酒吧等相关行业，首先是《不眠之夜》与亚朵共同开发建设的一家戏剧主题酒店，THE DRAMA 位于麦金侬酒店旁边，是亚朵小型奢侈酒店系列的第一家，是一家以莎士比亚为主题的酒店，面向新中产阶级消费者。亚朵酒店共有 26 间客房，需要客人戴上面具，以莎士比亚的著名戏剧命名，酒店的每一个细节都以自己的故事情节和记忆创造出一种戏剧感。其中包含四大主题，即威尼斯、十二夜、大欢喜和仲夏夜。价位在 1588～2388 元，酒店从装饰风格、入住体验都完美契合《不眠之夜》的剧情，如果观剧之后入住会更有代入感。当游客入住酒店时，会有管家专门接待，还会赠送一副精美面具。游客只能根据管家提供的线索找到自己的房间，酒店的员工同时也是演员，当与客人相遇的时候，会交流并演绎出新的剧情，这也与《不眠之夜》的沉浸式体验相呼应。酒店中还包含一间酒店及一间书房，里面包含很多珍贵的戏剧读物。酒店的公共空间会与一些时尚品牌联名，举办快闪及展览活动，打造生活美学艺术。THE DRAMA 以莎士比亚戏剧为灵感，借助沉浸式话剧的体验感，将住宿演化成一次神秘的戏剧之旅。

观众在观剧前必须经过一个主题酒吧，观众可以在酒吧提前体验浸入式剧情，不仅可以增强观众的体验感，而且还是一个与剧情高度契合的二次消费场所，并且每次观剧结束后，观众可以聚集在酒吧讨论和交流剧情，成为一个重要的社交场地，为剧目增添观众黏性。

此外，《不眠之夜》还在演出空间中大胆创新出一个从戏剧衍生的体验式房间，被称为802房间，每晚体验价格4800元，802房间延续了麦金侬酒店古典、神秘的气氛。802房间并没有出现在原著中，它更多是创作团队从《不眠之夜》剧情中拓展出去的部分，是我们想象中的这两位角色背后发生的故事，与观剧体验互为补充。每位入访者有8小时的体验时间，在这8小时中，入访者可以在房间自由探索一切想要探索和解密的内容。

在强化《知音号》品牌的基础上，该运营团队还在城市衍生品、文化演出、戏剧教育、婚礼仪式、大型活动、艺术资源推广等多方面进行品牌建设，形成知音品牌体系。利用自身IP优势，开发除正剧之外的十大板块产品，包含长江主轴系列产品，延长了整个产业链，如大汉口戏码头、儿童Q版剧、知音婚典、长江盛会等。通过有效利用《知音号》的时间和空间，参观者能够全面探索知音的产品特色和服务，拓展文化产业链，丰富盈利模式，有效提高产品收益。依托《知音号》，该服务不仅提高了观众的知名度和口碑影响力，也方便了项目的二次传播和消费，观众可以在观看《知音号》的同时，入住专门的与知音号风格相符的酒店，品尝地道的美食。

3. 赞助收入

《不眠之夜》在上演第一年拥有百威和韩束两大战略伙伴在资金方面的支持，韩束品牌与《不眠之夜》的合作基于高度契合的品牌内涵，韩束通过沉浸式戏剧这一潮流展现了积极拥抱新事物、走在时代前端的品牌特点。

（三）周边经济拉动及集聚效应

《不眠之夜》作为一个演艺项目也在不断摸索通过文化创意带动零售和地产行业的发展。《不眠之夜》的一大部分收益来自演出场地改造后的租金。在演出空间所处的"尚演谷"区域，在上演的两年多时间内，《不眠之夜》通过文化IP成功带动了周边地产的迅速发展，在尚演谷区域改造之前，该演出区域周边写字楼的租金在4~5元/平方米；在项目宣布时，租金达到8元/平方米；而在戏剧上演几个月内，已经达到 12～15 元/平方米，有效带动了经济效益。除了剧目本身成功之外，以戏剧 IP 为中心的衍生运营业态也同样在探索中。*Sleep No More* 所打造的不仅仅是一个剧院或一个表演空间，它更是一种戏剧和文化体验的概念。"尚演谷"是一个将戏剧和文化活动与酒店、餐馆和购物中心等都市生活业态结合起来的综合场所。文广演艺集团借《不眠之夜》打造近万平方米的上海尚演谷文化体验社区，演艺 IP 可以有很多的可能性，其载体也具有渗透性，有跨界合作的可能性，各种各样的跨界带动了周边区域的发展。一场成功的演出具有很高的附加值，不仅可以延长游客的逗留时间，鼓励游客进行二次消费，提升景区的形象，刺激餐饮、酒店等相关产业的发展，还可以带动当地就业问题的推进和解决。

随着旅游演艺产业的不断发展，越来越多的演艺项目内容上深耕，同时以内容 IP 为核心，走产业化发展之路。《不眠之夜》和《知音号》等剧目的成功经验，能够在全国一些代表性的城市打造符合城市气质的沉浸式的旅游演艺项目，将演出打造成为独立的旅游吸引物，衍生出多个主题活动与产品，以演出为抓手将城市打造成有鲜明特色的目的地，逐步成为旅游演艺发展的高级阶段，更能成为响亮的地域名片。

参考文献

［1］徐文瀚.《不眠之夜》：一部沉浸式戏剧的 IP 探索［N］.中国文化报，2019-06-22（002）.

［2］王铬，沈康，许诺.沉浸式展演空间体验模式与空间组织设计探究［J］.华中建筑，2018，36（11）：152-156.

［3］白艳颖.浅析沉浸式戏剧：身临其境的观剧体验［J］.戏剧之家，2018（17）：24.

［4］Tom Pearson. 什么是沉浸式戏剧？［J］.艺术教育，2018（12）：20.

［5］张民基.方所书店的场域精神建构与经营策略研究［D］.开封：河南大学，2018.

［6］余庭锋.《不眠之夜》：当代大众剧场的"生产者式文本"［J］.大舞台，2018（2）：11-17.

［7］冯弘毅.在消费中审美在审美中消费［D］.成都：西南民族大学，2018.

[8] 吴丹妮.艺术与商业之间：沉浸式戏剧现况与发展趋势初探［J］.上海艺术评论，2018（1）：101-103.

[9] 向冬妮.文化演艺融入旅游业的产业带动能力研究［D］.昆明：云南大学，2018.

[10] 潘天.中国旅游演艺产业化研究［D］.上海：上海戏剧学院，2018.

[11] 纪东东，宓天姝.文化创意旅游的"知音"模式［J］.文化软实力研究，2017，2（6）：49-60.

[12] 郑夏.论旅游演艺产品的经济拉动效应［J］.市场研究，2015（3）：39-40.

[13] 夏飞，张乐荣，武戈.旅游业衍生产品与延伸产业链的文献综述［J］.中国集体经济，2014（31）：69-70.

[14] 王广振，曹晋彰.中国演艺产业发展反思与演艺产业链的构建［J］.东岳论丛，2013，34（4）：5-12.

[15] 曹晋彰.演艺产业链的构建研究［D］.济南：山东大学，2012.

[16] 韩清凯，张园园.基于经济视角的我国旅游演艺研究［J］.现代商业，2011（36）：41.

[17] 胥悦红.创意产业链的动态衍生模式探析［J］.改革与战略，2009，25（10）：120-123.

红色革命历史开合式演出《新中国从这里走来》项目分析
——舞台科技元素在情境演出中的运用初探

■ 唐 颖

摘 要：本文对大型红色革命历史开合式实景演出《新中国从这里走来》项目的创作背景、设计风格、投资管理、设施运营等方面进行分析，分为项目概述、舞台科技元素在本项目情境演出中的运用、项目存在的问题及改进措施三部分。

关键词：开合式实景演出；科技元素；情境演出

一、项目概述

（一）项目背景

项目地处中国革命圣地西柏坡村中心地带，北邻镇人民政府，南接西柏坡纪念馆，东南临岗南水库，地理位置优越。基地占地260亩❶，总投资15亿元。目前，中科文旅红色文化产业基地启动的是一期项目，一期项目将以西柏坡红秀《新中国从这里走来》为突破口，建设一个集文化、旅游、拓展培训、红色学习于一体的产业示范基地。

项目名称：西柏坡大型红色革命历史开合式实景演出——《新中国从这里走来》。

项目地点：河北省平山县西柏坡梁家沟村。

项目规模：一期项目总用地规模为72亩，总建筑面积为48500平方米。

一台红秀：建设实景演出剧场，建筑面积34500平方米，于2019年十一前正式对外演出。

一个基地：建设配套教育基地与办公楼，建筑面积14000平方米，于2019年正

---

❶ 1亩=666.67平方米，下同。

式对外营业。

项目投资：一期项目总投资 3 亿元，包含红秀演出策划、剧场及配套设施建设。

实施单位：中科基石旅游文化有限公司为项目实施方、运营方，以及主要资金提供方。

（二）行业概况

红色文化旅游，主要是指以中国人民在近现代革命斗争和社会主义建设时期建树丰功伟绩所形成的纪念地、标志物为载体，以其所承载的革命历史、革命事迹和革命精神为内涵，组织接待旅游者开展缅怀学习、参观游览的主题性旅游活动。

发展红色旅游是党中央、国务院从巩固党的执政地位、加强爱国主义教育、促进革命老区经济社会发展、弘扬红色文化的战略高度做出的重要决策。

习近平总书记 2014 年《在文艺工作座谈会上的讲话》，在全国掀起了红色旅游的热潮，发挥了红色旅游重要的社会功能。

（三）政策支持

《2004—2010 年全国红色旅游发展规划纲要》。

《2011—2015 年全国红色旅游发展规划纲要》。

《文化部"一带一路"文化发展行动计划（2016—2020 年）》。

《国务院关于加快培育和发展战略性新兴产业的决定》。

《新兴产业创投计划参股创业投资基金管理暂行办法》。

《关于进一步激发社会领域投资活力的意见》。

《关于促进旅游演艺发展的指导意见》。

（四）行业前景

我国正在逐步进入文化娱乐消费快速增长阶段，人民休闲娱乐的精神需求日渐增长。同时，相比于国际成熟市场，我国演艺市场尚有未释放的发展潜力。

在市场发展趋势下，文旅演艺将获得广泛社会资本的强力关注，越来越多的演艺机构也有意寻求资本合作，探索发展新机会、新方向。目前，中国营业性演出市场整体发展态势向好，整体经济规模稳步提升。以 2016 年为例，在经历 2014 年调整期后，2016 年演出市场总体经济规模 469.22 亿元，相较于 2015 年的经济规模 446.59 亿元，上升 5.07%。其中，农村特色文化及演出衍生品与赞助收入的增幅达

8%以上。

(五)《新中国从这里走来》创作背景

西柏坡是我国五大革命圣地之一,是国家重点文物保护单位,5A级旅游景区,位于河北省石家庄市平山县内。曾是中共中央所在地,党中央和毛主席在此指挥了震惊中外的辽沈、淮海、平津三大战役,召开了具有伟大历史意义的七届二中全会和全国土地会议,解放了全中国,故有"新中国从这里走来""中国命运定于此村"的美誉。1947年5月,中共中央工委选定此地。1948年5月中旬,毛泽东同志率领中共中央、中国人民解放军总部移驻这里,使这个普通的山村成为"解放全中国的最后一个农村指挥所",成为中国共产党领导全国人民和人民解放军与国民党进行战略大决战、创建新中国的指挥中心。从此,西柏坡以其独特的贡献彪炳于中国革命史册,树起一座不朽的历史丰碑。

红色文化旅游将爱国主义教育的精神内涵融入旅游体验、旅游消费,发展红色旅游对于满足旅游者精神需求、促进旅游业全面发展、增强旅游业发展持久动力、开拓更广阔的旅游市场有积极作用。红色文化旅游具有天然的四大功能属性,即政治功能、民心功能、富民功能和文化功能,成为社会资本重点关注的投资领域。《新中国从这里走来》项目落地是提升石家庄城市形象与城市文化环境的需要;是做强做大河北省旅游文化产业的需要;是突出展现西柏坡的革命圣地形象、弘扬红色文化、传承红色基因、唤醒每个人心中的红色记忆的需要;是实现社会效益、政治效益、经济效益的需要。

(六)项目设计概述

1. 设计灵感

设计灵感来源于飘扬的红旗,通过红色与流线型形态展现出革命文化的鲜活生动,寓意革命传统在当今时代的传承与弘扬。红色既是对于革命文化符号的直接响应,也是对于其色彩感染力的放大,借以烘托氛围、营造情境。流线型形态则是创造出了一种视觉奇观,通过视觉上的冲击力将观众带入情境之中。

2. 项目关键词

革命圣地:演出要突出展现西柏坡的革命圣地形象。

红色记忆:演出要弘扬红色文化、传承红色基因,要能够唤醒每个人心中的红色记忆。

开合式实景演出：室内剧场，通过开合式设计，借用实景。

3. 结构与风格

演出时长：初步定为70分钟。

表演形式：在舞台剧或音乐剧的表演形式上创新融合，演出兼顾政治性、艺术性与观赏性，以历史事件为依托、革命情感为积淀，以视觉化、戏剧化、全景化、互动化的手法，配合绚烂夺目的灯光特效、震撼视听的音响效果和精确精准的威亚特技，令观众沉醉于所营造的情境中。

产品定位：教育性、观赏性的高度结合，既尊重史实，弘扬红色文化，又有高品质的文艺商品属性，但不过分商业化；既有艺术水准，又能雅俗共赏，给观众以最大的艺术享受。

演出规模：演职人员150人左右，剧场座位数1200个。

演出特色：有强烈的视觉震撼力，采用360度全景拍摄技术、高分辨率全景投影技术、三维计算机图形图像技术、多通道图像视景透视矫正技术、自然化人机交互技术等多种技术，能够打造一个被多层次投影画面包围的、供多人互动体验的具有高清晰度、沉浸感的交互式虚拟现实互动生态系统。

红秀衍生产品：红色旅游纪念品、参与演出照片/视频、直播网站合作、拓展微电影、纪录片、成为红色题材影视作品拍摄基地、成为红色题材影视作品评选及颁奖活动主办地。

（七）项目实施方案

总体布局：场地内共有三处建筑，包括一栋四层剧场综合体、一栋教育基地、一栋办公楼。场地中心主体建筑为剧场综合体，场地东北侧为教育中心，西北侧为办公建筑。

基地场地内有两处山峰，与远处的凤凰山一起组成实景演出的背景。南侧景观错落布置，并布置叠水景观，共同组成多元化的室外景观。里面造型与主体建筑之间的空间也做成景观和步道结合的形式，室内景观与室外景观相互交融穿插，互相借景，层次丰富。

功能分区：剧场功能，主要包括一个1200人剧场和600人多功能厅，中间通过流动性的公共空间连接。在公共空间处设计天幕影院、室内景观街、小型体验馆、餐饮、展览等其他综合服务功能区。室外灰空间设置露天看台、景观步道及节日广场。

教育基地：为半开放区域，功能包括客房住宿、商务会议、教育培训、文体娱乐等功能。

交通组织：主要车行出入口位于基地西南侧，面向省道开口，方便车辆集中进出场地的车流要求。人行出入口位于基地东南侧，通过入口广场将场地与外部连接。西北侧设为团体游客服务的大巴停车区，西南侧出入口与外部道路组成环路，确保流线顺畅，缓解人流集中对于区域交通的压力。

景观营造：设计以剧场作为建筑景观核心，强化纽带的概念。场地外围设置景观河，沿河设计环山漫步道，将基地内实景、演出外景、水秀阶梯、阶梯广场串联起来，并与剧场主景观紧密连接。环山漫步道设置红色主题的景观小品，讲述西柏坡革命故事，并通过山间小路与生态公园相互穿插，形成一个环形绿色景观带。入口阶梯广场作为礼仪广场将人流引入剧场主入口台阶。

绿化分类：园区绿化主要包括，景观绿地、景观水体、生态公园三个部分。

项目建设管理：一期项目将由中科基石旅游文化有限公司对项目进行建设管理。其主要职责是提出项目使用功能配置、建设标准；办理规划、土地、施工、环保、消防、园林、绿化及市政接用等审批手续；监督项目工程质量及施工进度，并参与工程验收。

项目施工：一期将由中国建筑一局集团有限公司华北分公司对项目进行建设。一期项目建设周期为8个月。

红秀主创单位：中科基石旅游文化有限公司。

（八）项目投资与回报

投资额度：项目总投资15亿元，一期项目投资3亿元，包含实景项目策划与演出、剧场及配套设施建设。

项目进展：一台红秀；2019年十一前正式对外演出一个基地；2020年正式对外营业。

投资回报：投资期5年，预计回报率为100%（年化15%）。

项目退出方式：集团项目整体打包上市、借壳上市、上市公司收购、自运营分红、控股股东回购。

收入测算说明：仅考虑一期项目的红秀与教育馆（酒店餐饮）。每年可演出天数200~300天，每天可演出场次2~4场，西柏坡景区现在每年参观游览人次约800万；衍生品收入含多功能厅，按每年票房收入的10%、15%、20%、25%、30%测算；

酒店餐饮收入按客房数为 300 间进行测算；收入测算未考虑政府补助（每年政府可补贴 500 万～2000 万元）。

二、舞台科技元素在本项目情景演出中的运用

数字化舞台技术在《新中国从这里走来》项目中的应用，极大增加了演出的观赏性，丰富了演出表现手段，多学科、多专业高度融合，集创新性和可靠性为一体，是先进技术与文旅演出的完美结合。

（一）浅基坑大行程设备

多功能球：球体的直径 5.8 米，展开最大直径 13.6 米，并可藏在 2.3 米舞台基坑内。球整体可旋转，可变化呈现五个花瓣状或形成五个拱桥。

（二）360 度旋转观众席

1200 个座位。

（三）万向车台

万向升降平移小车。

（四）跑步机

高速跑步机，用于人和马参与演出。

（五）机械臂

四套机械臂用于承载 LED 屏飞舞，机械臂长 2 米，单套重约 3000 千克。

（六）飞行器（威亚）

直线、曲线轨道飞行器八台。

柔性飞行器：单索 4 台小车串联运行，跨度 140 米。

空间飞行器：大空间高速索并联驱动系统，配备灯光跟随功能，可到达空间任意位置。

（七）开合式活动墙壁

可以开合的一面墙壁，打开后，观众可以观看室外山体和室外空中的演出。

（八）动感雕塑

矩阵红旗。

（九）升降舞台

北面舞台中央放置 24 米 ×4 米的升降台，总行程 10 米。
东面的舞台放置 12 个小型升降台，2 米 ×2 米，总行程 8 米。

（十）机械与视频融合

平移 LED。
旋转、任意路径运动 LED。
全息成像。

（十一）电子声学虚拟系统

声像放大、声像跟随、声像定位、虚拟声像。

（十二）可变指向扬声器

（十三）高防尘防水灯具

（十四）灯光分布式供电技术

分散设置开关和调光回路。
使用位置不受限制，杜绝飞线。
灯具数量功率增加，不受回路困扰。
加装漏电保护，符合安全规范，三相容易平衡。
节约电缆。

（十五）虚拟舞台（VR）

通过虚拟舞台软件，运用计算机技术与舞台机械技术，仿真模拟室外三大战役场景演出环境和舞台设备运动，并融入音乐、灯光、舞美等效果，搭建一个虚拟的舞台空间。

可通过计算机从任意角度、任意范围观察舞台效果，并可程控节目的编排和预演。

（十六）西柏坡革命教育主题体验馆（AR）

特征描述：一种新的文化娱乐形式；一个真实的空间，体验者佩戴数字设备（眼镜或头盔）进入后，触碰到的是真实世界，看到的却是虚拟世界。

三、项目存在的问题与改进措施

（一）市场风险问题

虽然我国文化创意产业的政策环境和市场时机逐步成熟，但文化创意产业高收益的同时也伴随着高风险。特别是最新开发的文创产品，由于受众对该产品的价值认识存在一个过程，这一过程就会带来一定的风险。另外，由于文化创意产品主要以演出等形式体现其价值，产品内容比较显性，容易被仿制，因此，一旦推向市场很容易被竞争对手复制，造成竞争压力大的局面，带来市场风险。

措施及建议：首先，重视前期市场调研。在产品进入前期需做好市场调研工作，全面了解服务对象的情况，选定细分目标市场为突破口，制定相应的营销策略，由此打开市场切入口，然后逐步推入整个市场领域。其次，加大宣传精度、力度。在不断完善营销策略的基础上，加大宣传力度，适当给予相应的扶持和服务措施。最后，及时把握市场动态。对于竞争对手，应时刻关注不断变化的市场情况，根据市场变化和竞品动作及时变动完善营销策略，争取抓住市场机遇，做到引领市场发展，而非被动适应。

（二）运营管理风险问题

现阶段，我国文化产业呈现蓬勃发展态势。演艺项目的运营模式主要有企业开发主导型、政企联合开发型、政府主导下公司制、政府专设机构主导型等模式，这些模式在项目发展上各有特点，也各有优劣。目前本项目筹备、建设、创作状况不甚理想，盈利模式、发展战略尚不成熟、不完善，缺乏管理运营方面成熟、稳定、有效的模式，项目存在一定的运营风险。

措施及建议：以内容为本。严格把控演出质量，及时更新改版，把握住西柏坡革命圣地的独特性，在节目内容创作上始终做到精准、独特。

组构专业团队。重视本地专业人才、吸引外来人才，建立高水平的运营管理团队，并不断地向国内外优秀文旅演出学习借鉴交流。

科技赋能文化。时刻关注演艺方面的新科技、新技术，不断创新，运用新科技、新技术为游客提供兼具文化深度内涵和视觉震撼体验的演艺作品。

创新营销方式。改变依赖旅行社的传统、单一销售模式，实施多元化、系统化、科学化的营销策略，综合运用旅行社线路套餐合作、强势平台媒体广告投放、节庆节点商务活动、热门影视综艺软植入、新媒体信息流营销等多种手段，提高旅游演艺项目的知名度与认可度。

四、结语

作为革命历史题材的战争史诗巨制，大型红色革命历史开合式实景演出《新中国从这里走来》项目在剧本内容、结构上秉笔实录，以文献性、纪实性呈现沉甸甸的客观历史史实；在演出形态上，打造秀场全知视点、全景多维的表演形式，并充分调动结合各种舞台演出技巧与手段，辅助剧情、场景逼真呈现，把握与烘托战争中的情绪情感状态，为游客营造独特的战争史诗巨片的浓郁激昂意蕴，叙事视角转换、战役战斗刻画、情意与景致运用与剧本结构巧妙设计，形成了融"史"入"诗"的故事风格。相信在经过科学研讨、严格把控、高效改进后，一定能够成为一台社会效益、经济效益双达标的优秀文旅情境演出。

智慧旅游背景下旅游演艺产品的传播困境与建议

■ 谌 蕾

摘 要：随着我国信息化程度不断发展和互联网普及，智慧旅游成为新时代旅游业发展的产物。智慧旅游旨在实现科学管理、提升效率及精准营销，其尚处于初级发展阶段，整体普及仍面临着严峻挑战，主要体现在旅游演艺产品传播困难、旅游业发展不平衡及旅游业管理缺乏科学性等方面。其中，旅游演艺产品传播是关键性因素，首先提出智慧旅游背景下旅游演艺产品的传播概述，在分析旅游业发展现状的基础上，剖析指出旅游演艺产品的传播困境，进一步从两方面提出智慧旅游背景下旅游演艺产品的传播建议，以期提升我国旅游演出发展水平，使其适应智慧旅游模式，最终实现两者相辅相成、互相促进的目的。

关键词：智慧旅游；旅游演艺产品；传播困境；建议

一、智慧旅游背景下旅游演艺产品的传播概述

近些年来，互联网技术发展迅速，带动了各行业对传统经营发展模式的改革优化，旅游业就是其中之一。智慧旅游概念的提出为旅游业带来了新动力，智慧旅游发展模式成为旅游业发展的必然方向，促进旅游演艺的发展别出新貌。智慧旅游依托移动互联网技术和智能终端设备，及早更新和向受众发布旅游资源、经济要求、旅程项目等信息，以便于游客对旅行时间、行程、活动等合理安排与调整，优化了旅游体验、旅游管理、旅游服务和旅游营销等。文化旅游是以文化为旅游资源基础的特色旅游形式，但在智慧旅游的背景下，旅游演艺产品的传播尚处于比较尴尬境地。作为文化和旅游相融合的重要标志，旅游演艺产品传播未能担当起旅游业发展中的关键作用，其中原因值得深入思考。智慧旅游的先进技术和手段，虽推动了旅

游业发展新高度,但对于旅游演艺产品的传播促进作用尚不明显。针对该情况,相关的旅游机构和部门,以及文化传播机构必须高度重视,全力解决智慧旅游背景下旅游演艺产品的传播所面临的问题,使其更好适应智慧旅游的发展模式,更深融入智慧旅游的大环境中,更快提高旅游演艺产品质量水平。

二、智慧旅游背景下旅游演艺产品的传播问题

(一)旅游演艺产品的范畴

旅游演艺20世纪80年代诞生,最早出现在《仿唐乐舞》,该剧由陕西省歌舞剧院古典艺术剧团推出,让旅游演艺摆脱了"政府接待型"的模式,逐渐成为地区文化建设的城市名片。但对于旅游演艺产品,至今尚无明确概念,当前一种普遍认知是以异地观众为主要受众对象的演艺活动。旅游演艺产品作为一种重要载体,帮助游客探寻旅游地历史文化、人情风俗,成为体现旅游地价值的重要窗口。与自然旅游资源相比,文化旅游资源需要突破更多屏障,在开发的同时需注重保护,其中实际行动保护和审美教育维护更加重要,由此加长了以文化衍生品为核心而形成的传播效应时间。

(二)旅游演艺产品的影响力和局限性

旅游演艺的最重要核心是文化旅游资源,文化旅游资源的吸引力决定了旅游演艺的影响力。把现有的旅游演艺产品进行分类,第一类是具有品牌影响力的实景演艺产品,如《印象·刘三姐》《魅力湘西》《天门狐仙·新刘海砍樵》《道解·都江堰》等;第二类是具有地域影响力的主题公园旅游演艺,涵盖范围很广泛,很多都是在主题公园内演出,游客在游玩项目的休息间歇也可欣赏演艺节目,如《宋城千古情》《三亚千古情》《丽江千古情》《神游华夏》等;第三类是传统的独立剧场演出,其是最原始、最基本的旅游与演艺融合方式,如《功夫传奇》《时空之旅》等。

各地以文化旅游资源为素材打造的旅游演出所面临的困境有所差异,需要制订针对性方案实施,就前两类旅游演艺产品来说,相对于第三类具有文化元素丰富、影响力较大、覆盖面广、品牌属性天然等特点,易于实现高端化、精品化打造和受到游客关注,进而形成有影响力的旅游演艺品牌。旅游演艺产品主要存在以下几个问题。

第一,在挖掘本地资源上不具备独特性方式。我国众多地域具有丰富的文化旅

游资源，但独特性不明显，知名度也不高，该问题普遍存在。以《汉秀》为例，其影响力远不及同城的漂移式体验剧《知音号》。其原因一部分是外国创作团队对荆楚文化挖掘不够接地气，品牌打造需要本地文化的独特性，另一部分是因为《汉秀》固定剧场的表演方式较为单一。

第二，在市场开拓上不具有大众性、广泛性。旅游演艺产品以文化旅游资源为最基本核心，文化旅游资源必须具有使游客引起共鸣的独特之处，就我国目前以艺术、历史、音乐等引起游客共鸣的文化旅游资源市场而言，获得受众的广泛性认同是首要前提。而我国少数民族较多，受语言、表现形式、地域文化等因素影响，造成很多文化旅游资源具有固有的地域性、局限性、认同受众少、传播有拘束性，无法形成有吸引力、持续力的旅游演艺产品，如张艺谋"印象"系列中的《印象·海南岛》等。

第三，在竞争力上缺乏基础性、核心性、持续性。我国许多旅游演艺产品从开发到传播大多没有得到合理的宣传、科学的引导和政府的扶持，虽一些先期产品以大舞台、大制作、大产出、大展示为特点取得了不错效果，但并非每个景点都适合推出实景演出。同一模式全盘套用现象严重，最多的就是演艺、票务、餐饮、住宿及周边服务业相结合的模式，造成了不具特点、商业浓重问题。只有开发不一样的衍生产品，才能对旅游演艺产品的传播带来数倍的收益和长远生命力。

（三）旅游演艺与智慧旅游的结合力度不足

目前我国旅游业已经发生从小众市场走向大众市场、从景点到区域的结构性转变，旅游市场日益呈现需求个性化、消费随机化、目的地指向化、产品个性化等显著特征。智慧旅游已在我国旅游业持续发展和转型升级上发挥出较好作用。明确智慧旅游网络平台发展阶段，根据游客需求打造旅游演艺产品核心竞争力。除了少部分优秀的旅游演艺企业意识到该特点，利用智慧旅游进行整体化的打造，大部分旅游演艺企业还是停留在网上发几篇文章或者图片对其旅游演艺产品特色进行简单介绍，并没有长期的、有战略眼光的旅游演艺战略品牌打造的策划方案。

（1）文化传播的路径存在一定的障碍。很多旅游管理部门在各自文化旅游资源推广时均采取了措施，他们大多投入了大量时间、精力通过互联网推广本地文化，但是由于该方式的普遍性和网络虚拟性，所起效果微小。对旅游演艺品牌传播力度较小，由于文化传播是一个往复的循环过程，其收益往往较慢，造成管理人员没有持续性、连贯性的投入，更不会聘请专业团队进行指导，长期发展导致文化资源转变为旅游演艺品牌的过程道阻且长。而事实上,文化的传播本身就是一个收效缓慢的过程,待旅游演艺品牌逐渐深入人心之后才会收到较大的效益,如大唐不夜城的"不倒翁小姐姐"上线第 28 天,才因为抖音上的视频"把手给我"火起来,实现了"一人兴一城",形成了有影响力的文化品牌,产生了网络的专题节目、短视频和口碑效应,造就了有全国影响力的旅游演艺 IP。

(2)文化传媒缺乏多媒体技术的强力支持。随着我国信息化程度的不断加深,多媒体技术潜移默化地渗透到了各个行业中,但在我国旅游演艺产品仍然是以传统模式为基础,没有融入一定的高新技术产业,智慧旅游系统的建立和发展本身就起源于互联网及移动互联网的科技普及。当前中国旅游演艺行业使用的多媒体技术包括全息投影技术、增强现实技术,增强了观众的沉浸式体验感,无论在剧院的哪个位置,都能身临其境地清晰观看、欣赏舞台景象。增强现实技术的使用为观众提供了更好的观演体验,表达了传统舞台难以表达出的特殊表演效果。比如,华强方特出品《千古蝶恋》与真人表演互动,呈现"梁祝"这一爱情传说。所以,旅游演艺的助力离不开多媒体技术的驱动。

三、智慧旅游背景下旅游演艺产品的传播建议

(一)基于 SWOT 分析各地旅游演艺产品

1. 优势分析

(1)悠久的历史文化。我国不仅拥有丰富的自然资源,还是一个历史文化十分悠久的国家。我国还具有不同地方特色文化旅游资源,千古名句诗篇也为打造旅游产品提供了良好基础。《长恨歌》所表现的爱情主题,在现代社会的华清宫,通过真山、真水、真历史的实地大型场景演出,用舞剧的艺术形式重演历史,再现恢宏壮观的历史情境、再入感人至深的爱情故事。

(2)浓郁的民族风情。在我国南方,多民族聚居地区众多,多民族融合发展、个性发展条理分明。侗族的吊脚楼、鼓楼、雨楼都是非常独特的建筑,麻阳苗族的盘瓠庙群也保存得十分完整。这些极具民族风情的文化旅游资源,均是文化旅游的代表性资源,也是旅游演艺重要的传播内容。浓郁的民族风情可以吸引游客的目光,在智慧旅游的背景之下,浓郁的民族风情是文化旅游区别于传统旅游的最具标志性的特色内容,是旅游演艺中的一张压轴底牌。

2. 劣势分析

（1）配套设施不完善。丰富的自然环境和优越的地理位置为发展旅游业提供了必要基础，相关配套设施更能发挥有利促进作用。随着经济发展，不少景区的配套设施加紧完善，但很多还难以满足旅游演艺产业化、规模化的需要。受众的吃、住、行、游、购、娱的保障程度，都对顾客满意度产生直接影响。

（2）地区分布不平衡。受气候、人口分布、旅游资源和城市经济水平等因素影响，当前我国南方城市的旅游演艺产品明显领先于北方城市，在旅游产品的规模、投入、持续力等方面都相对具有优势。二线以下城市拥有的5A级旅游景区资源较少，由其开发的大型旅游演艺产品更是屈指可数。

（3）宣传力度不够。旅游演艺产品的宣传力度不够，很多旅游演艺企业利用互联网收集信息、营销、宣传的体系还没有完全建立起来。如果不在宣传上加大力度，将会错失很多的发展机遇，现实版的"酒香不怕巷子深"往往难以实现。宣传单、景区资料都千篇一律是没有办法脱颖而出的，想办法突出自己的优势才是最根本的宣传策略。

3. 机遇分析

（1）有利的宏观环境。我国旅游资源丰富，不少地方采取先进旅游带动方式，通过扩大已初具规模的旅游产业结构和政策引导等促进模式，一定意义上实现了我国旅游演艺的遍地开花，起到了促进地方经济社会发展的明显作用。"旅游搭台"提供了传播平台，"文化唱戏"提供了宣传精髓，旅游演艺发展成为了一个展示文化自信、理想自信的IP。

（2）文化旅游部门的重视。旅游演艺是推动文化旅游业整体发展的重要部分，一直是当地政府和企业建设的重要抓手。各省市文旅部门将各地区的旅游演艺项目纳入旅游开发建设的重点，加大了资金投入和宣传力度。各地政府也按照实际需要将资金进行合理配置，重点发展旅游演艺项目还比较欠缺的地方。

4. 威胁分析

（1）来自省内旅游的威胁。我国许多省份是旅游大省又是文化大省，其丰富的自然资源和历史内涵不仅仅只存在于一个特定的地区，其他地区也有自己的优势，在旅游行业的市场上，各地均有很多强有力的对手，地理位置的接近也使得这种威胁会更加强烈。另外，省政府很重视旅游业的发展，但并不能只支持某个地区，其他地区也会受到一定程度的政策鼓励。

（2）来自过度商业化的威胁。实景类旅游演艺的主题应该是本土深厚、丰富的民族民俗文化资源，而过度地开发旅游文化资源使其完全商业化，破坏了资源环境，长久下来，其独特的资源优势就不再明显了，缺少了旅游演艺自身的竞争优势。另外，过大的客流量也会使景区受到破坏，不能只顾经济利益而忽视景区的承载力，应让景区尽量保持生态平衡。

（二）智慧旅游背景下旅游演艺产品的传播新模式

1. 主题公园与主题演艺

城市里的人长时间处于较快的生活节奏，身处高楼大厦，呼吸着被污染的空气，所以闲暇时间都很愿意回归自然，能够适应受众需求的新模式、新形态都为旅游产品开发带来新契机、新机遇。主题公园和旅游演出变成旅游业的两大核心，满足了人们对于个性化、品质化的不同追求，在旅游的过程中可以亲身体验项目，上海迪士尼国际度假区旅游综合体深受游客喜爱，迪士尼的"快乐至上"主题和三三制原则，简单轻松，可以让日复一日做着相同工作的人们耳目一新，带给人们惊奇感、新鲜感、放松感、投入感。旅游演艺的常演常新，也是抓住游客回头率，让旅游演艺产品长盛不衰的表现。

2. 光影演艺发展模式

面对越来越逼真的虚拟现实技术，无真人的光影秀将舞台环境与自然环境的边界逐渐模糊，让游客通过被动地凝视获得震撼的视觉效果和文化冲击。比如，黄鹤楼公园推出的《夜上黄鹤楼》将光影演艺融入游园之中，不设观众席，游客通过途经园内景点，体验黄鹤楼变迁的故事场景。通过光影技术、3D投影技术将夜间"不可见"的景观变成"可见可赏"的光影秀，将文化景观进行重现。据相关资料数据显示，2017年中国已经成为全球最大的景观亮化市场，在新媒体技术的加持下，光影演艺成为发展夜间经济和传统景区留客的重要举措。

3. 演艺小镇功能聚集模式

演艺小镇概念将产业、文化、旅游等资源合理融合，实现了较主题公园的升级化、规模化、改造化，紧抓演出这一核心要素和文化这一人类社会精神纽带，实现空间布局优化和产业要素有机聚焦，带来有效改观效益。一般特色小镇具有独特的文化标识，无论古文化村落还是新特色小镇。很多特色小镇都具有与众不同的文化魅力体验，如汤显祖戏曲小镇，就是以汤显祖戏曲为灵魂，独特的文化体现在新的空间之中。《牡丹亭》实景演出已经纳入了国家级非物质遗产名录，主打产品名片包括戏曲养生的福地、戏曲体验的乐地和戏曲爱情的圣地等。

4. 文化创意旅游发展模式

现在大家都比较追求高质量的生活，对于个性化旅游也更加关注。当然，现在很多城市都有文化创意旅游，它的特征是参与性和真实性的体验，越来越多的地方打造了新的文化旅游方式，如果是一个集生产、研发、销售、交流和旅游为一体，功能全面的文化创意旅游必然会有更大的发展机会。

（三）智慧旅游背景下旅游演艺的沉浸式传播新态势

伴随互联网长大的新一代人，更喜欢体验和参与的沉浸式旅游演艺，成为文旅的重要业态项目，如从以"印象"系列、宋城模式为代表的传统景区大剧，到《不眠之夜》《又见平遥》为代表的沉浸式体验演艺。轻资产和重体验的特点，既保证了项目的可执行性和可复制性，又保证了每一位观众的游玩体验。丰富景区的沉浸式业态，留住游客，促进二次消费，进而提升景区的口碑。由于多媒体技术、虚拟现实技术等新科技在舞台上的灵活运用，观众和演员之间的界限被打破，观众与演员的关系发生奇妙变化，观众可自由沉浸穿梭于故事情境之中。要以文化为载体、沉浸为形式，探索适合中国消费者的沉浸式旅游演艺新模式。

四、结语

随着我国国民经济稳步增长，人们对生活质量水平也有着越来越高的追求，旅游是一种远离城市生活追求大自然的方式，文化旅游资源的保护在旅游事业发展中至关重要。在智慧旅游渗透的今天，旅游演艺产品的传播需要抓好机遇和面临挑战。在智慧旅游发展的初级阶段，旅游演艺产品在智慧旅游背景下的传播也存在着许多的困境，本文从以上几个方面来阐述，进而从根本上指出智慧旅游背景下旅游演艺产品的传播建议，以期提高智慧旅游背景下旅游演艺产品传播的高效性，实现旅游演艺产业的健康可持续发展。

参考文献

［1］李幼常.国内旅游演艺研究［D］.成都：四川师范大学，2007.

［2］贾一诺，谢彦君，李拉扬.旅游体验的类型与境界：三大戏剧表演理论视角

下的新谱系[J].华侨大学学报(哲学社会科学版),2018(5):31-40.

[3] 潘雨晨,李广宏.国内外旅游演艺研究综述[J].山东农业大学学报(社会科学版).2018,20(3):132-137.

[4] 田志馥,于亚娟.互联网背景下文化产业与旅游产业的融合研究[J].内蒙古财经大学学报,2016,14(2):45-48.

[5] 黄炜,孟霏,朱志敏,等.旅游演艺品牌形象的结构化与非结构化研究:以张家界"魅力湘西"为例[J].资源开发与市场,2015,31(2):227-231.

[6] 杨倩.地域文化影响下的特色小镇景观格局研究:以灵山小镇·拈花湾为例[D].西安:西安建筑科技大学,2019.

[7] 黄文胜.中国旅游演艺研究可视化分析[J].文化与传播,2019,8(4):102-107.

[8] 贾芸.旅游演艺的分类及作品赏析[J].旅游管理研究,2014(5):1-2.

[9] 张琰飞.西南地区民族文化旅游演出发展途径研究[J].湖南商学院学报,2013(2):87-93.

[10] 毕剑.旅游演艺:概念辨析、类别梳理与关系模型[J].邵阳学院学报(社会科学版),2019,18(1):61-68.

第三篇 实践探索

旅游演艺产业发展困境的破解之道
——以宋城演艺为例

张玉彪

摘 要：在旅游业和文化产业大发展、大繁荣的大背景下，30余年来旅游演艺已演变为带动旅游业和文化产业共同发展的新兴文旅行业和新颖文旅产品。历史表明，旅游演艺从兴起到繁荣，企业运行是基础、政府引导是关键、市场推动是根本、融合创新是希望。

关键词：旅游演艺；融合；创新

2019年4月，文化和旅游部发布了《关于促进旅游演艺发展的指导意见》。该意见以习近平新时代中国特色社会主义思想为指导，全面贯彻党的十九大和十九届二中、三中全会精神，坚持以社会主义核心价值观为引领，坚持以人民为中心的工作导向，坚定文化自信，遵循社会主义市场经济发展规律，遵循文化产品生产传播规律，不断推出优质旅游演艺作品，为满足人民日益增长的美好生活需要作出积极贡献。

一、我国旅游演艺的发展概况

旅游演艺是旅游业吸收容纳演艺表演的综合成果，本地性内容结合歌舞、杂技、戏剧、曲艺等艺术表现形式，为市场驱动型行业，其兴起与繁荣依附于我国旅游市场的发展壮大。

（1）起步阶段（1982—1994年）：演出场所以室内剧场为主，观众以外宾为主，行政式招待与市场演出两种演出性质兼而有之。1982年9月，西安出现了面向入境游客推出的公益表演《仿唐乐舞》，在游客用餐时进行表演。1986年，北京市的朝阳剧场被指定为"旅游演出定点场所"，主要面向入境游客，演出杂技、武术和京剧折子戏三岔口"三大样"。

（2）初步发展阶段（1995—2004年）：演出场所开始迈进主题公园剧场或专业旅游剧院，面向国内外大众游客，探索、实行商业化运作。1995年，深圳华侨城旗下的中国民俗文化村推出《中国百艺晚会》。1996年，世界之窗始创大型广场定时露天演艺《欧洲之夜》。1997年，杭州宋城景区上演《宋城千古情》，始创旅游主题景区室内剧场定点定时演出模式。随后，相继出现多个新兴旅游演艺项目，如2001年张家界《魅力湘西》、2001年曲阜《杏坛圣梦》、2002年丽江《丽水金沙》、2003年昆明《云南映象》、2004年《功夫传奇》等。

（3）全国扩展阶段（2005—2015年）：实景演出迅速扩张到全国各地，大量旅游演出涌现，出现较成熟的专业团队策划、经营和执行，初步树立了几个知名旅游演艺品牌。2004年《印象·刘三姐》的首演标志着实景演出类别登上旅游演艺舞台，此后掀起实景演艺热潮，旅游演艺走向专业化、多样化、大众化。旅游演艺场所与节目的数量从几台增加到二三百台，"印象"系列、"山水"系列、"千古情"系列三大品牌日渐成熟，共同构成以珠三角、长三角、大西南（川渝、云贵）为重点的全国布局。在不断发展中，旅游演艺主要演变出主题公园式演出、实景演出和独立剧院型演出三种主要类型，演出内容主要包括历史人物故事、地方民俗风情、宗教文化、红色文化和马戏表演五种题材。

（4）转型升级阶段（2016年至今）：历经30余年，旅游演艺由成长期过度到成熟期，产业发展渐入转型升级、提质增效阶段。旅游演艺节目在"你演我看"的观赏式演出基础上提升氛围、互动体验，新增一种涵盖场景、观演互动的沉浸式演出模式，如《又见平遥》《寻梦牡丹亭》《印象·桃花源》。此外，旅游演艺产业规模逐步扩大，产业链形成初步稳固体系。众多文旅企业集团，如宋城集团、华侨城集团、华夏文旅集团，将旅游演艺作为主业，与主题公园、旅游小镇等实体旅游经济融合合作发展，逐渐向产业链上下游领域延伸，向食、娱、居、康、购及会展等业务链拓展。

二、旅游演艺的社会经济和文化价值

（一）拉动旅游业发展

旅游演艺为游客提供从观光体验向文化观赏、文化体验的深化服务；旅游演艺间接延长了游客停留时间，顺势创造夜经济，一定程度上带动了景区内的住、食、购等消费业态。2018 年，旅游演艺票房收入 51.5 亿元，占国内旅游总收入 5.1 万亿元的 0.1%，其对旅游经济的拉动作用初步显现，但各地差异较大。

（二）推动文化资源向文化产业转化

旅游演艺是历史文化、民族文化、地域文化活化的新形式；是文化演艺的新品类、文化产业经济的新增长点。文化和旅游部、道略咨询数据中心的数据表明，2017 年，全国旅游演艺 268 个（全国艺术表演场馆 2455 个），演出 8.58 万场（全国艺术演出 7.1 万场次），观众 6281 万人次（全国艺术演出观众人次 2713 万人次），票房收入 51.5 亿元（全国艺术演出收入 6.92 亿元）。

（三）带动城市经济发展

旅游演艺项目是城市的一张新名片、一个旅游吸引物，助力提升区域知名度和认可度，促进当地以文旅为中心的第三产业、现代服务业发展。依据各地方实际情况及地域特色，旅游演艺对当地经济的带动效应各不相同。

旅游演艺是文旅融合的先行领域，对推动文旅融合进程、繁荣文化和旅游双产业具有示范性意义。从长远角度来看，旅游演艺作为一种文化创意与技术创新融合的文化艺术产品，可以打磨演艺呈现，雕琢一批艺术精品作为传世经典的基底，造就一批演艺史中留名的艺术作品、大师。

三、旅游演艺发展中有待破解的难题

（一）旅游演艺项目盲目追求大投入，造成市场头重脚轻

中国旅游演艺市场有些地方还存在体量大、规模大的大型旅游演艺项目主导市场。因为大型旅游演艺项目能为当地树立招牌带来吸引力等原因，政府政策和企业、社会资源都偏向这类大型旅游演艺项目，造成投资资金流向的恶性循环。然而大型旅游演艺项目投入大的特质，意味着回本周期长、风险高，过度地集中关注此类单一类型，不利于旅游演艺市场持续发展。时至今日，宋城演艺的《泰山千古情》、山水盛典的《天下·情山》、三湘印象的《印象·刘三姐》的破产一定程度反映出大型旅游演艺项目同样有不足之处。小型旅游演艺项目缺少政策扶持，存在投资渠道缺

口,市场推广难度过大,为市场健康发展埋下了极大隐患。

(二)旅游演艺产品过于注重视觉冲击力,忽视内容创新

早期旅游演艺处于起步萌芽阶段,消费旅游演艺产品次数少,本身文化娱乐需求满足的阈值下限较低,结合初次观看的视觉冲击力体验加持,游客对演艺内容的要求并不高。于是旅游演艺为了争夺这类游客,注重灯光特效、庞大的演出团队、惊奇的表演技术,给观众带来震撼的视觉冲击力,但对于内容却尽量简化,追求最快产生效益。这种方法吸引首批观众的效果显著。但在散客化旅游时代,对感官刺激需求的追求进阶是对文化精神需求的追求,对文化内容的要求也比团客旅游时代高,而这些旅游演艺在内容上大多千篇一律或内容过于艰深难懂,造成无法吸引当前时代游客的结果。

(三)集群效应与同质竞争现象严重

旅游演艺切忌一拥而上、同时同地演出多个题材相近、风格相似、规模相当的节目,尤其是远离城市群的中小规模的旅游地。一个旅游地的游客总量有限,过度的同质产品供给会引发削价倾轧、恶性竞争等恶性情况,导致两败俱伤或多败一存的结果。大型旅游演艺产品同质化严重,很多演艺项目倒闭在所难免。目前,国内很多地区的大型旅游演艺项目市场已进入饱和状态,同时,也存在缺少旅游演艺项目的一些地区。为什么会出现这种现象?首先,大型旅游演艺具有强大的品牌效应和社会效应,是地方政府青睐的旅游产品类型。一些地方政府出于推动产业转型,或者发展区域旅游产业等目的,加大旅游演艺招商的力度。通过出台政策规划、扶持补贴等行政方式推动旅游演艺开发建设。其次,各大企业响应政策号召,借机转型,拓展旅游演艺业务,开始新形式的圈地运动。

这两种无形的动力,犹如一股热浪,强力推动着旅游演艺井喷式地发展。以本文撰写的时间为参考节点,以西安、郑州两城为例,西安目前已有《长恨歌》和《梦回大唐》两个项目,最近相继推出《1212西安事变》和《驼铃传奇》两个项目,还将打造《西安千古情》项目。郑州在《禅宗少林·音乐大典》和近在咫尺的开封《大宋·东京梦华》《千回大宋》的基础上,未来将打造《黄帝千古情》《只有河南》等大型演艺项目。西安、郑州两个相距不足500千米的省会城市,将会出现至少十个大型演艺项目同时运营的局面。这并不符合旅游市场供需关系主导下的运作规律。

项目开发越来越多，市场发展空间越来越小，国内还有很多城市类似海南、丽江、西安、郑州等地。随着运营时限递增，区域饱和效应将会愈加外显，造成项目或破产、或经营惨淡苦苦挣扎的市场后果，仍会有项目不断投身旅游演艺的市场红海。随着时间推移，旅游演艺产品的过度同质化会使未来的市场竞争日益残酷，市场失衡最终可能引发大型旅游演艺项目倒闭潮。

（四）旅游演艺知名 IP 稀缺，市场对 IP 的影响力认识不足

对于年轻的中国旅游市场，旅游演艺产品尚处于发展阶段，市场中知名度第一梯队的品牌 IP 仅有宋城演艺旗下"千古情"系列，三湘印象旗下"印象""又见""最忆""归来"系列，华夏文旅旗下传奇系列。其他项目 IP 产品分散，没有高度统一的品牌标识，如山水盛典系列、丝绸之路盛典系列、杨丽萍的云南系列。在主题公园中，各类旅游演艺 IP 也无法将自己的体系复制到别处，如迪士尼游乐园的《狮子王》、长隆马戏城的《秘境奇技》、华侨城欢乐谷的《金面王朝》等。IP 的建设缺乏影响到旅游演艺产品线的扩张，反过来也导致旅游演艺产品向全国扩张的难度大，大多只能在本地发展。

四、以宋城演艺为例，总结破解之道

我们应该投资制作怎样的作品，才能打破同质竞争局面突围发展呢？在十年的发展历程中，旅游演出势头火热，整体演艺项目体量不断扩大，成为旅游景区标准业务板块，也成为城市打造旅游品牌的文化选择。历经市场沉淀、观众的对比检验，旅游演出市场已演变形成"1+3+N"格局。市场头部企业宋城演艺遥遥领先，占据旅游演艺票房的半壁江山，旗下的杭州《宋城千古情》节目利润超过 5 亿元；梅帅元的山水盛典、王潮歌团队、广州长隆三方紧随其后，共同占据旅游演艺票房的 30% 以上；其他众多的旅游演出个体经营，具有小、散、弱特质，全年演出收入大多不到 1000 万元，除去演出成本，净利润勉强维持生存，经营前景堪忧。这种市场生存环境，要求旅游演艺从业者持续深入思考，演出项目如何升级换代，实现深度运营模式改革，防止"新模式"走成"老套路"？如何保持创新发展势头，为旅游者不断提供优质的精神文化产品？如何探索、尝试文旅融合新形势，让全行业持续健康发展？宋城演艺的"千古情"系列可以作为参考实证。

（一）内容为王仍是第一要素

内容与运营的创新仍是关键。在文旅产业发展从量向质转变的新时期，我们应该投资制作怎样的作品，才能打破同质竞争局面突围发展呢？紧抓内容与运营的创新是破局关键。"千古情"系列演出运营已然规模化，不同旅游地的每一台演出复制成熟的运营模式，其中演出内容则会专门定制。宋城集团董事长黄巧灵在采访中表明，"千古情"系列演出的共同点是用正确的导向、用真善美的情怀、用科技的手段、用一丝不苟的艺术创作精神来打造产品，力争创作出精品；同时严密追求不同地域演出的差异性，每一个项目、文化定位、形象和人物塑造都单独策划塑造，还力求每一段音乐和舞蹈都不重复。尽管杭州、三亚、丽江、九寨沟、宁乡、吴越六台千古情演出已成功落地商业化运作，但面对每一个新的千古情演出项目，团队仍会做好挑战内容更新的准备，重新以专业严谨的学者态度学习和挖掘当地文化。当地化内容融合过程中，千古情项目组会仔细梳理当地文脉，查阅考证足量当地文化资料，从中找到与现代产生结合和共鸣的内容，加以艺术化的表达处理，防止同质化和审美疲劳，以满足游客新的文化需要，这对梳理如何进行内容创新及注意事项具有启示意义。

（二）业态创新，突破单一的"门票经济"

作为复杂的系统工程，旅游演出需要精细化、专业化管理。笔者查阅相关文献得知，在20多年的发展中，宋城集团标准化和制度化的管理文件足足有一米多高，每场千古情演出都坚持"天天有点评，年年有改变"。这些基础性的管理文件作为宋城集团的基石和内部核心准则，清晰有序的文件管理保证了规范运营和产品质量，同时，不会因为团队的变化而使业务水平降低。

截至目前，宋城集团旗下的演出场次合计15000余场，观众达5000余万人次，创造了世界文化旅游演出市场的五个"第一"，即剧院数第一、座位数第一、年演出场次第一、年观众人次第一、年演出利润第一。黄巧灵表示，未来两年，宋城的现场演艺项目将增加到14个，再造一个"新宋城"。在战略规划层面，宋城于横向扩张时，也向纵深挖掘，在盈利模式和产业链条上进行拓展，进一步放大品牌价值。

（三）标准化的产品，差异化风格

标准化的业务流程有利于快速批量制造，在规模扩大后，也有助于降低项目成本。宋城作为追求地域特性和文化特性的文化类旅游产品，其实现标准化的路径及措施有借鉴意义。宋城主题公园的核心构成基本包括一到两个室内大秀场及"千古情"系列演艺、融合体现地域文化的标志性广场、室外秀场、民俗餐饮购物等，在三亚结合地域特点加入了水乐园，辅以一条水系贯穿，以及简单的划船等水上项目。

整体空间布局、建筑格局非常紧凑，在尽可能小的空间里拉长游客体验，项目的各板块职能、构造、硬件搭建等基本有标准化格式，在此基础上，结合地域文化风情营造特色化景观设计。

标准化、模块化不仅体现在景区建筑硬件上，"千古情"系列演艺作为文化产品同样实施此方针。每台千古情剧目通常为5~6幕，集合歌舞、影视、杂技、武术、模特走秀等多种表演形式，搭配剧场内舞台机械，结合高科技声光电效果，提供多元化观感体验。将剧目按照表演形式、环节、应用器械类型等元素拆分成不同细分部分后可以发现，每个部分的表现具有较强的可复制性，符合模块化特质。千古情演艺项目成本低、复制快、成熟度高，创作费用预算在1000万~2000万元。整个剧目采取消灭主角的模式，每个表演者的工作任务有一定的套路性、重复性，且各角色表演者具有相对固定的连接顺序。宋城演艺相似的剧情走向、表演形式不仅保障剧目质量稳定性，同时便于演员培训规模化，使项目组面向演艺人员提供商有较强议价能力，降低人工成本，提升了项目可复制性。产品运营模式经过初期打磨成型后，可快速向外推广落地，降低犯错概率，降低成本。

旅游演艺是商业性产品、大众消费品，要面向整个社会客群，广大消费者喜欢什么、想看什么，应在坚守法律底线基础上尽力满足消费需求。宋城演艺深谙旅游演艺是满足大众口味的"精美快消品"，极力打造大众喜欢的商业性演艺产品。场面恢宏震撼、满足感官，透过简单故事主题的串联向观众提供地方特色风格的丰富体验。

（四）轻重结合的商业模式，占据旅游演艺行业绝对市场地位

宋城的第一轮扩张同时铺开这么多项目，基本上也到了极限，此后扩张停滞了几年，至2015年大多实现了良好的净利润回报，大幅提高了市场占有率，挤压了主

要竞争对手的市场。于是从 2016 年起，宋城又开始了新一轮大规模业务拓展和新阶段的模式摸索。主要为旅游演艺、城市演艺、国际拓展、小镇开发、互联网演艺、造星六个方向。在打响知名度后，宋城的旅游演艺业务针对投资形式采用两种运营模式：对盈利可能性较大的一线景区和旅游目的地以自投为主（如张家界、漓江千古情），合作为辅（如西安千古情）；对其他条件不符合自投标准的，与投资商签订协议，采用高利润、高周转、复制快、无风险的轻资产模式。

（五）轻资产合作提供管理服务，增加和放大品牌价值

根据宋城集团总经理张娴的介绍，2017 年前，宋城开拓新项目前会做详细的市场分析、评估，只选择有一定游客流量规模和消费市场基础的旅游目的地落地。直至 2017 年，宋城与湖南宁乡合作的成功实践改变了这一发展思路。宁乡当地原有的旅游基础和知名度并不满足宋城当时新项目拓展的标准要求，但其满足自驾游的特点顺应了大众旅游的发展趋势。在此次合作中，宋城采用轻资产模式，不投入资本，仅为宁乡提供管理和品牌服务等资源。依靠宋城的品牌和团队，轻资产模式运作下的宁乡旅游演艺项目同样呈现出高品质演出，激发了新的消费潜力，开辟了全新的市场空间。据悉，这一模式不仅让宋城获得 2 亿多元的授权和制作收入，更使当地政府和人民间接受益。宁乡《炭河千古情》仅开业半年，接待游客超过 200 万人次，营业收入达到 6000 多万元；还解决了相当数量的本地劳动力就业问题，发挥了经济辐射效应。

宋城集团未来将把轻资产发展模式作为演艺业务项目拓展的主要模式之一，通过资源合作的方式，派出管理团队，输出授权品牌，开拓新的旅游消费市场，进一步放大宋城演艺的专业化、规模化优势，全方位增强品牌溢价能力。

五、结语

近年来，宋城开启长三角、珠三角地区的业务布局，勇于开拓，先行先试。宋城演艺的实践助力提升区域软实力，完善创意和服务产业价值链，文化赋能区域经济转型升级，入境游消费升级。走进世界舞台中央的中国更需要文旅企业有所作为。通过文旅演艺展现文明之中国、点亮文明之世界，宋城的责任担当必不可少。同时，时代在进步，演艺市场在变化。在更新换代的未来，观众对演艺产品的审美、市场

对演艺产品的价值考量都会有新的标准。因此，在科技水平高度发展的未来，旅游演艺产业如何与新事物结合、如何持续良好发展仍值得从业者继续思考；旅游演艺项目的开发模式、运营体制、管理模式、产品创新等各个方面仍需要从业者关注、探索。新时代的旅游演艺不再单单是文化产品，它是文化输出，是集观赏价值、体验价值、艺术价值为一体的象征符号。

旅游演艺语境下的旅游戏剧
——以青春版《牡丹亭》为案例分析

■ 李 俊

摘 要：当前旅游演艺语境下，戏剧与旅游的结合，是利用戏剧知名度的IP为基础，结合游客审美、价值判断认同，凭借一些物质手段与作品的契合，再现戏剧人物、情节、场景，引发旅游者审美想象和旅游消费的活动。

关键词：旅游演艺；戏剧；牡丹亭

一、旅游演艺的界定与旅游戏剧

（1）关于旅游演艺的界定：以游客为基本消费群体的，借助被游客认知的或容易被游客接受的艺术文化表演形式，来满足游客对目的地的文化需求。

（2）在旅游演艺的语境下，全球都出现了当地戏剧与旅游结合的快速消费文化产品——旅游戏剧。它不同于传统的戏剧，它更多地讲求市场运作和移动游客的消费与审美需求。它需要在最短的时间里（一般为1~2小时），急速展现游客想要看的戏剧矛盾和文化兴奋点，其中较为重要的衡量标准就是游客满意度。

（3）关于中国戏曲的定义和界定：王国维曾经在《宋元戏曲考》里提到"戏曲以歌舞演故事"。王国维《宋元戏曲考》是被中国文学史将其与鲁迅先生的《中国小说史略》合称为双璧的佳作。中国戏曲，是世界戏剧系统里很有辨识度的一种，虽然后面把它和话剧、歌舞剧等区别开来，但是在这里，还是把中国戏曲统一到戏剧里。在亚里士多德的《诗学》里，论述了戏剧的基本特征，对戏剧进行了界定，展示了其深刻的高度和微妙的论证角度：首先区分生产科学与思辨科学、实践科学，然后根据是否使用"模仿"区分严格意义上的艺术与其他生产科学范畴，最后根据媒体模仿中使用的模仿对象和方法，将戏剧与其他戏剧区分开来。因此，亚里士多德对戏剧的定义过程是一个逐步定性的过程，从大范畴的区分到小范畴的区分，最终揭示戏剧的基本特征。在亚里士多德看来,人类在办三件大事,即认识、实践和创造,由此产生三类科学,即理论科学、实践科学和制作科学。理论科学(物理学、数学、形而上学等)是属于认识范畴的,是真正自足的科学。实践科学(政治、伦理学等)包含行动的目的,但它不直接指导具体的生产和制作活动。制作科学是一个包括工艺和技术性制作(如鞋匠做鞋)在内的大概念,它的任务是制造。其目的体现在制作活动以外的产品上,因此亚里士多德便进而在其间划分出一个被称为"摹仿的艺术"的较小范畴。亚里士多德所谓"摹仿的艺术",是指具有美学价值的严格意义上的艺术,如史诗、绘画、音乐、悲剧、喜剧、狄苏朗勃斯(一种祭祀酒神的庆典歌舞)等(《诗学》第一章)。所谓"摹仿",指的是艺术再现现实生活的功能,即摹仿"人的行动和生活"。这就是我们现在说的戏剧。

中国戏剧系统与苏联的斯坦尼拉夫斯基及德国的布莱希特,统称为世界戏剧理论系统的三大流派。而中国的梅兰芳先生,把中国的戏剧在投入沉浸与间离效果上,发挥到了最高的境界。

二、中国戏剧与旅游的结合

中国戏剧与旅游的结合,有人认为有《西厢记》与山西永济普救寺;"三国戏"与吴、蜀三国故事景点;《梁祝》与浙江、江苏梁祝文化景点;《苏三起解》与山西洪洞县大槐树景点;《白蛇传》与浙江断桥、江苏金山寺;《柳毅传书》与湖南洞庭湖南岸柳毅井;《杨家将》与穆桂英点将台景点;《桃花扇》与南京秦淮河李香君故里;《天仙配》与安徽安庆董永故里等。此外,还有目前已经开放的《玉堂春》与苏三监狱、豫剧《朝阳沟》与河北朝阳沟景区、革命样板戏《沙家浜》与沙家浜风景区、革命样板戏《智取威虎山》与牡丹江威虎山影视城等,这些故事很多源自民间流传的,但是不断地在戏曲舞台上上演,因而这里把它们看作戏曲故事。

和旅游的结合大致可以从以下几个方面来划分:搬演民间传说的戏曲故事、文学名著中的戏曲故事、古代小说、话本改编的戏曲故事、革命红色经典中的戏曲故事等。以下以青春版昆曲《牡丹亭》为例,分析昆曲与苏州园林旅游文化结合的问题和旅游消费现象。

之所以把青春版《牡丹亭》用来分析旅游戏剧,是因为这版的《牡丹亭》具有旅游戏剧的特质,融合了戏剧的艺术性、传承性,同时兼顾了巡演过程中,不同区域文化游客的审美与国际视野观,在国际上,创造了非常好的口碑与票房,同时带动了中国的昆曲文化旅游。

（一）关于《牡丹亭》

《牡丹亭还魂记》（简称《牡丹亭》，也称《还魂梦》或《牡丹亭梦》）是明代剧作家汤显祖创作的传奇（剧本），刊行于明万历四十五年（1617年）。

该剧描写了官家千金杜丽娘对梦中书生柳梦梅倾心相爱，竟伤情而死，化为魂魄寻找现实中的爱人，人鬼相恋，最后起死回生，终于与柳梦梅永结同心的故事。该剧文辞典雅，语言秀丽。

该剧是中国戏曲史上杰出的作品之一，与《崔莺莺待月西厢记》《感天动地窦娥冤》《长生殿》（一说《崔莺莺待月西厢记》《桃花扇》）合称中国四大古典戏剧。

汤显祖自幼心性灵慧、才华卓越，但因时运不济兼得罪权贵而四次科举考试失利，使汤显祖对科举制度的弊端与权贵以势压人、恶意报复的丑陋面目有了清醒深刻的认识，人生之路上的磨难，未能改变汤显祖坚持自我、重视德行的做人准则，反而造就了他坚定意志、注重操守品行的风格。不久，身处官场险途的汤显祖慢慢消减了其经世致用的雄心壮志，上疏贬官事件后，汤显祖下定决心告别官场，将满腔报国热情投注于戏曲创作之中。重情重义的汤显祖始终将"情"与"志"紧密相连，并指出"万物之情各有其志"，很早就开始尝试以言情主题为核心开展戏曲创作。而汤显祖与好友之间"梦生于情""情生于适"的友情互动带给了他特别的感情体会，最终促使汤显祖走上"因情成梦、因梦成戏"的创作之路。

明万历二十八年（1600年），汤显祖辞官，回到家乡江西临川县的乡村闲居。这一年他49岁。他在生活中耳濡目染了一些青年男女的爱情遭遇，这些经历激起了他的创作感情。回乡不久，他就开始了《牡丹亭还魂记》的写作。《牡丹亭还魂记》据明人小说《杜丽娘慕色还魂》改编而成。

在明朝初期，由于各地方语言、风俗及传统音乐的差异，传奇剧可以说是诸腔竞作，包括了大量风格各异的地方声腔。到了明朝中期，南曲中最为盛行的四大声腔为"海盐腔""余姚腔""弋阳腔""昆山腔"。嘉靖、隆庆年间，以魏良辅为代表的一批戏曲音乐家，对昆山腔进行了全面改进。在唱曲的板眼、宫调等方面，伴奏方面，气韵和平仄的使用方面，将昆山腔进行重新规划整理，创立了一种清新典雅的声腔风格，时称"水磨调""冷板曲"。《牡丹亭还魂记》就采取了由海盐腔演化而来的宜黄腔为基础写作。

（二）白先勇的青春版《牡丹亭》与旅游文化的传承作用

青春版昆曲《牡丹亭》是由著名作家白先勇主持制作，海峡两岸艺术家携手打造的，于2004年4月开始在世界巡演，五十五折的原本撮其精华删减成二十九折，根据21世纪的审美观，保持昆曲抽象写意、以简驭繁的美学传统，利用现代剧场的种种概念，传世经典以青春靓丽的形式出现在人们面前，再现一段跨越生死的爱情故事。同时，他融入了苏州园林的元素来表现昆明原生场景的雅致与空灵，让这版《牡丹亭》很好地结合了苏州当地的旅游资源，为苏州旅游带来了较高的文化口碑。

青春版《牡丹亭》2004年开始演出了49场，门票收入过千万元。而该剧每演一场（3天）的总成本是30万元，用苏昆蔡院长的话说就是，基本上将成本收回，保证收支平衡。作为戏曲中曲高和寡的昆曲，能做到这样已经非常不容易。蔡院长透露，该戏目前所起到的作用就是将昆曲传承下去，下一步才是将该戏打造成品牌进行推广。

白先勇的昆曲梦，源自对中国传统文化的寻根和在西方文化的强势冲击下如何找到我们自己的DNA。"我听贝多芬、莫扎特也很感动，但是感动有一个距离，不是我们发自内心的这种民族的情感。"选择昆曲，白先勇当时面临两个难题，一是昆曲演员的老龄化，二是昆曲观众的老龄化。

用沈丰英、俞玖林两个还名不见经传的年轻演员去激活昆曲，在当时面临的压力不小。从剧本、舞美、服饰、灯光，到音乐风格的调整，白先勇和他的团队试图用现代剧场观念去呈现600年历史的昆曲。当年前后总计3000万元的投资，放在今天依然难以复制。

10多年中，青春版《牡丹亭》最为坚持的就是高校巡演，苏昆院长蔡少华跟记者谈起在高校的演出盛况，每次都记忆犹新。这些高校学生走出校园后，也成为之后商业演出的购票主力，而且在影响身边更多的人。套用句俗话，《牡丹亭》这十年"锻炼了年轻演员，培养了年轻观众"。

（三）《牡丹亭》的国际演出

美国导演彼得·塞勒斯依据《牡丹亭》英文全译本，由谭盾作曲，华文漪、黄鹰等主演，执导了具有西方特色的歌剧版《牡丹亭》，全剧长达3个小时，于1998年5月在维也纳首演，而后又在巴黎、罗马、伦敦等地巡演，并于1999年在美国作了最后一场演出。

在《牡丹亭》问世 400 周年的时候，由美籍华人、纽约大学艺术学院客座教授陈士争执导，上海昆剧团排演的《牡丹亭》于 1999 年 7 月在美国纽约林肯中心首演。

2001 年，联合国教科文组织宣布中国昆曲列入"世界非遗"。为了传播昆曲艺术，更为了这份昆曲情结，2004 年 4 月，由作家白先勇主持制作。海峡两岸艺术家携手打造的青春版昆曲《牡丹亭》开始在世界巡演。

三、结语

习近平总书记在党的十九大报告中明确提出繁荣文艺创作，推出无愧于时代的精品力作。"汉三千，唐八百，演不完的三国戏。"戏剧作为最具传统文化意蕴、最具备人民性的艺术样式之一，既具备反映历朝历代重大事件和英雄人物的属性，又担负着反映时代精神、讴歌当代生活的重大使命。中国戏剧不仅是继承、整理、改编和新创，还在国内外保持了一个宽幅度、大阵营、常态化的演出态势。

1989 年，联合国教科文组织通过《保护民间创作建议案》，建议世界各国尽快采取行动，保存、保护并传播民间创作与传统文化这一全人类的共同遗产。嗣后，该组织颁发了"人类口述与非物质遗产代表作条例"，传统表演艺术（含戏曲、音乐、舞蹈、曲艺、杂技等）成为其中的重要组成部分。2001 年，联合国教科文组织向全球发布了首批"人类口述与非物质遗产代表作"名录。对于名录中戏剧类代表作，各国采取了不同特色的保护模式或艺术传承方式。

从中国和西方的角度来看，许多文化景观已经成为旅游目的地。比如，到北京一定会去长城、故宫、天坛；去纽约，会选择到访大都会博物馆、百老汇。文化体验和文化传播也自然而然地融入游览过程中。比如说，在襄阳看诸葛亮的戏，在许昌看曹操的戏，都会让人着迷。这一切都是舞台艺术、城市人文与灵山秀水之间一种非常有趣的关系。自然景观与艺术美学的结合是人类独特的文明平台。

近年来，党中央、国务院高度重视文化旅游工作。特别是 2018 年 3 月中央决定深化党和国家机构改革，成立文化和旅游部以来，文化与旅游的深度融合已成为行业内外探索的热点。戏曲文化与旅游的融合发展，可以创造新的旅游产品和形式，提升旅游内涵和品位，更好地满足人们日益增长的美好旅游生活需求。今天的游客不再满足于仅仅看花，人们需要体验不同地区和环境中文化差异的感受。没有文化的旅游只是一种散步，而精神交流又有着丰富的文化底蕴，如去西安听秦腔、去武汉听汉剧，游客可以从方言中体验当地文化的独特魅力。

当前，文化旅游一体化发展正进入深度推进的关键时期。我们要积极学习党中央、国务院的调研成果，牢牢把握文化旅游融合的方向和要求，开拓新的发展机遇，落实新的发展理念，唱响戏曲旅游融合的大戏，推进文化旅游融合，进一步加强戏曲文化与旅游融合的统筹规划，为融合发展提供政策、制度、资金等支持和保障。积极引导旅游公司与戏曲团体务实合作，共同开发戏曲文化旅游项目，设计出符合市场需求、满足游客需求的戏曲文化旅游产品，使精品戏曲项目走出剧场，走近大众，承接旅游景点，转化为大众化的旅游产品，供游客观赏、体验甚至参与。剧场本身具有吸引游客的属性，文化与商业相结合已成为风景名胜区管理的一种趋势。剧院以戏剧体验为核心，创造了一个深度响应观众需求的空间，集表演、互动、摄影、戏剧训练、主题餐饮于一体，具有巨大的发展潜力。它还可以促进具有资本收益和消费场景的综合房地产管理公司的吸收，并可以帮助房地产开发商引入适合其项目的剧院品牌，创造有竞争力的戏剧文化，实现品牌与业务的双赢。

参考文献

［1］王国维.宋元戏剧考［M］.台北：艺文印书馆，1996.
［2］达维德·方丹.诗学：文学形式通论［M］.陈静，译.天津：天津人民出版社，2003.
［3］陈源茂，游中堂.乡音版《牡丹亭》绚丽绽放清华园［EB/OL］.（2018-01-19）［2018-05-08］.https：//www.thepaper.cn/newsDetail_forward_1958030.
［4］仲方方.浅析《牡丹亭》在中国戏曲史上的地位与价值［J］.黑河学刊，2010（8）：56-58.
［5］李微微.国学小书院［M］.北京：中国华侨出版社，2016：245.
［6］陈平.图解中华国学集萃［M］.沈阳：沈阳出版社，2012：15.

浅析《又见平遥》品牌的成功创建

■ 姚 瑶

摘 要：大型实景演出其实是由西方的景观歌剧演变过来的，它用逼真的现场背景和观众融入其中的剧场感受，让观众身临其境，引导观众产生强烈的互动感。而大型实景演出是由张艺谋在1998年执导了意大利普契尼改编的著名歌剧《图兰朵》后将其艺术形式引入中国，与王潮歌、樊跃于2004年3月20日在广西桂林策划编导了中国第一场大型山水实景演出——《印象·刘三姐》。以电影《刘三姐》为表现内容，配以阳朔的自然景观与独特的风土人情。以漓江江畔12座著名山峰为背景，加以灯光、舞美等舞台效果，用音乐和舞蹈的形式为观众呈现出一场精彩的大型歌舞演出。中国大型实景演出是年轻的领域，本文将从《又见平遥》演出进行解读。如今，处于一个品牌传播策略竞争的时代，该文化旅游品牌的成功创建，主要因素是其创新的戏剧演出体验形式。该剧公演以来，无论是在经济效益还是社会效益方面，都取得了不同凡响的成功，与此同时，该项目也为其他文化旅游品牌的建立和发展提供了一个新思路。

关键词：实景演出；新媒体；品牌传播

一、《又见平遥》的概况及创新性

（一）《又见平遥》的概况

《又见平遥》是中国第一部大型室内实景体验剧，是"又见"系列演艺项目在中国北方地区的第一个项目。该剧是由平遥县九成文化投资有限公司与北京观印象艺术发展有限公司共同打造，由著名导演王潮歌领衔执导，独具匠心的又一印象巨制。2014年3月8日，升级后的《又见平遥》和观众见面。与旧版相比，新版的时空穿越感更为强烈，色调也更为明亮。《又见平遥》改版升级后保持良性运营，成为平遥旅游转型升级的重大突破，2014年上半年共演出312场，观演人数14.89万人，门票收入1836.08万元，每场上座率达到70%以上。《又见平遥》不仅获得了很高的票房收入，也不忘扩大其社会效益。在一些重大节假日，为特定群体提供免费的看戏活动，更好地实现了经济效益和社会效益的双赢。《又见平遥》是山西文化与旅游融合的经典之作，是让平遥旅游产业再上新台阶的缩影。

（二）《又见平遥》的创新性

1. 体验的创新

传统的实景演出基本上遵照歌剧或舞台剧的观看形式，观众在固定的座位上观看，这样在观看剧目时会有一种抽离感，难以完全感同身受。比如，《宋城千古情》就是传统实景剧的典范，尽管在一些特定情节会使用视觉、听觉或其他形式的特效，甚至在故事高潮情节——白娘子与许仙在断桥奔跑相会时，剧场上方飘洒了蒙蒙水雾配合下雨的剧情，增强观众的体验，却还是有一些限制性。《又见平遥》实景剧突破了传统实景剧的现实，观众不再全程坐在固定位置上，而是随着故事的进度不停地穿行在剧场中，南门广场、赵家大院、平遥古城、镖局、古朴的街道等，观众就好像是剧中的群众演员一般，身临其境，感同身受，体验感大大增强，对《又见平遥》的好感度自然大大增加。

2. 场地的创新

又见团队以往的作品如《印象·西湖》《印象·刘三姐》《印象·丽江》等都是在南方进行的项目，都是利用山水实景来布景，因此观剧场地都是露天剧场。比如，《印象·西湖》就是将高科技运用到西湖景色中去，利用科技与自然的结合，打造了一台巧夺天工的实景剧。《又见平遥》是印象团队在北方的第一个项目，西北气候与南方温暖湿润的天气特征不同，四季分明，早晚温差大，如果还采用室外剧场，多变的天气就会为演出增添很多不确定因素。于是，《又见平遥》团队根据实际情况因地制宜，创新观剧方式，专门建立了一个多功能现代高科技室内剧场，按照故事发展情节将剧场分割成了独立空间，利用高科技搭景，力图还原一个个真实的故事场景，增添观众体验感。

3. 内容的创新

"又见"或"印象"系列作品多采取山水布景的方式给人带来一种视觉上的冲击感，让观众感受到自然风光巧夺天工之美。而面对平遥古城深厚的历史文化内涵，实景演出剧《又见平遥》再次在展示内容上进行了创新，导演王潮歌用一个曲折动人、有情有义的故事展现了平遥之美、山西之光。《又见平遥》讲述的是一个有关道义与传承的故事。重情重义的少东家赵易硕、贤德大义的新娘、铁血的232个镖师汉子，这些生动的角色由戏剧、音乐、舞蹈等多种精湛的艺术形式共同刻画。"选新娘"的片段对演员的舞蹈功底提出了极高的要求。女演员的舞蹈之美表现出量足、验手、摆腰、露脸、扭臀等烦琐而严苛的选秀流程。"魂归"的舞蹈部分则充分体现了男性的阳刚之力。男演员用奔跑和大幅度跳跃、一举手一投足等动作演绎了镖师的鬼魂飘过千山万水，穿过冰冷的城墙，终于魂归故土，向家乡的亲人讲述那段惨痛的营救经历和跨越生死的思念之情，最后用一个轰然倒下的动作表示他们心愿已达成，魂飞魄散了。《又见平遥》不仅是在表现一个关于山西、发生在平遥的故事，更是在传递一种古老却伟大的价值观，因此观众在看剧时，不禁黯然神伤又发自肺腑地生出一种对人性的敬佩。晋商作为古代商人的成功典范，自然具有不可忽视的美德：重义轻利、进取敬业、团结协作，通过《又见平遥》充分展现了平遥人谨遵仁义礼信的传统美德，崇高的思想境界和民族使命感又升华了整部剧，使《又见平遥》不仅具有动人的画面感，更具有思想高度。

（三）《又见平遥》的高品质

1. 高品质的创作团队

印象创作团队目前有两大系列作品："印象"系列有《印象·刘三姐》《印象·丽江》《印象·西湖》《印象·海南岛》《印象·普陀》等；"又见"系列有《又见平遥》和《又见五台山》。其团队打造的每一部作品都具有独到之处，先后成为各旅游胜地的文化创意产业成功产品，多元化的艺术风格和创新性艺术形式受到媒体、艺术界高端商业品牌的青睐和推崇。团队内分工明确，仅创作环节就细分为编剧、执行、舞美、音乐、灯光、音响、服装、戏剧、文学等50余个专门岗位，由专人或专组负责，共同打造了这一台高品质的实景演出剧。正是经验丰富、专业一流的团队为《又见平遥》取得的巨大成功提供了强有力的品质保证。

2. 高品质的音乐之美

音乐的配合使得剧中人物情感更加贴切，更能向观众传情，许多动作不能达到的意境可以借助配乐来完成，人物的一个细小的眼神变化或快速的动作可以通过音乐的配合加以强调。《又见平遥》还充分利用音乐为故事情节创造了意境和氛围。比如，《又见平遥》的第二幕，观众移步到新的剧场空间，灯光突然变得昏暗下来，此时响起了一段咿咿呀呀的古色古香的音乐，一下子把观众拉到了130年前的清朝同治年间。再定睛一看剧场的布景，镖局、票号、酒馆等，100年前的平遥街道活灵现地展现在观众眼前，恰当的配乐为场景烘托了气氛，引领观众用最快的速度进入情境。当男人抖起红绸跳起面粉舞时，响起了一段唢呐的音乐，配合着男演员的舞蹈，淋漓尽致地表现了山西当地的民俗特色。在演出进入尾声时，全场响起了一首山西经典民歌《桃花红来杏花白》，剧组根据演出需要改编了这首熟悉的民歌。音乐时而激昂、时而舒缓、时而轻柔，完美地烘托了全场的气氛。演员还增加了与观众的互动。他们在引导全场观众合唱的同时与观众拍手，实现了情感交流，达到了戏剧目的的升华。

二、《又见平遥》的大众传播功能

（一）《又见平遥》弘扬本土特色文化

1. 文化特点

（1）具有当地特色的剧场设计——剧场根据山西本土的土与瓦的情况，把明清时期平遥城的街道复制了出来，核心文化点是从剧场设计开始做的。

（2）以做文化的传承者与传播者为使命，继承汉民族的传统文化。再以自己的方式传承。

2. 文化元素

（1）血脉文化。为了保回王家的那条血脉，剧中的主人公赵易硕抵尽家产，甚至不惜牺牲自己的性命。这是千年平遥古城繁衍至今的精髓文化，是中华民族优秀传统文化的延续，是当代人类不断进步的力量源泉。

（2）晋商文化。《又见平遥》以一段血脉传奇为众人所知，延续着令世人推崇备至的晋商精神，以一种强烈的、谦卑的精神，信仰着诚信。

（3）民俗文化。有着千年历史文明的古城平遥，有着丰富多彩的民俗文化。镖师死浴，举城迎镖，大户人家选妻的场面，《又见平遥》都一一呈现。

（4）面食文化。这是晋商大地最传统的文化符号之一，具有强烈的地域特色。演员采用独特的艺术表现手法，为观众呈上了一碗"热腾腾"的面。

（5）大门文化。王潮歌导演首创了"大门"文化。这次她将灵魂、祖先、牌位、家，归到一个门里。强烈的感官刺激，让观众对山西的符号理解更深。

（二）《又见平遥》拉动平遥经济发展

（1）丰富了淡季旅游产业，拓宽了古城旅游模式，吸引了游客眼球，激活了游客首游和再游古城的兴致。全年不间断持续演出，在2013年2月18日首映之后，产品口碑迅速享誉全国。之后很大一部分初次或者再次远道而来的观光者，多是慕《又见平遥》的品牌之名而来的，助推平遥当地的旅游产业取得了显著的经济效益。

（2）带动了旅游相关产业发展。从项目规划设计之初起，剧院附近专为《又见平遥》而建的建设用地、建筑、商铺就一直在升值；演出项目招募的表演者中有80%是平遥本地人，为平遥当地就业市场提供了至少500个工作岗位；除此之外，由于《又见平遥》演出活动的良好口碑传播及各类媒体宣传报道，品牌知名度享誉全国，甚至引来大量国外观光客到此一睹古城风采，领略三晋文化，在繁荣了平遥旅游市场的同时，使得平遥本土传统餐饮小吃、特色客栈文化、驰名品牌特产、游历纪念手带等旅游周边产业的发展得到显著推进和提升。

（3）《又见平遥》填补了古城游项目文娱空缺，完善了古城游一条龙服务链，而满足观光受众高层次精神需求的娱乐服务的短缺一直是平遥古城的短板。《又见平遥》文化产品的推出无异于雪中送炭。全剧通过演员动情真实的表演，演员与观众的互动，浸没艺术手法的情境体验，配合现场高科技声光电特效，近在咫尺间震撼观众的视觉、听觉，形成全新的感官娱乐体验，填充了平遥旅游产业发展中娱乐体验方面的空白。

（4）《又见平遥》对文化传播发挥着较强环境监督职能。整个情景体验剧聚焦于"血脉传承"的核心精神，提醒每一位观看演出的观众：在今天的互联网大数据时代，来自世界各地的文化是多样的、相互替代的、混合的；在接受新文化的同时，我们应该了解筛选，并了解当地文化的广度和深度；我们应该时刻保持警惕，抵制外来文化对中国传统文化的侵蚀。

三、《又见平遥》的品牌战略

（一）与实际结合的创新

纵观实景演出发展的数十年，几乎都在模仿《印象·刘三姐》《印象·西湖》等演出模式，无论是内容还是形式都缺乏创造性，借助当地旅游资源名气获得利益，对当地旅游文化产业的发展贡献不大。而《又见平遥》为实景演出的创新做出了良好示范：根据气候、周边环境等因素制作适宜的场地建筑，让剧场建筑本身也成为当地的旅游资源；结合时代发展创造体验式消费模式，增强游客的参与感和对旅游资源的切实感受。

（二）品牌产业链的形成

传统的实景演出盈利结构单一，基本上靠演出票房赚取利润，观众消费没有别的附加价值。《又见平遥》打破了这一传统盈利模式，观众可以与剧中演员拍照，还可以购买纪念品，这些纪念品都是与《又见平遥》剧组相关的周边产品，如剧中人物的签名照片、平遥特有的手工民俗制品等，在单一剧目产品的基础上，不断延伸产业链，形成品牌效应。未来实景剧发展应该注重开发品牌周边产品，打造依托剧目为主的品牌集合产业链，如主题餐厅、主题酒店、特色商铺、工艺纪念品等，提高品牌吸金能力，形成集群效应，最大化地吸引游客。

（三）宣传推广方式的拓展

《又见平遥》抓住了信息时代的发展趋势，不再单纯依靠口碑传播，积极利用多种新媒体进行营销推广，建立了自己的官网、新浪官方微博、微信公众号，与各大知名电商如携程、去哪儿网合作，丰富观众的了解和订票渠道。《又见平遥》根据剧组的最新动态、资讯及时在新媒体平台上发布，它还开设了电子机票业务和假日优惠活动，并为山西平遥提供旅游策略。开放论坛，粉丝圈讨论，转发旅游评论，增加人气，大大缩短与潜在消费者的距离，利用新媒体资源提供的广泛宣传推广平台进行营销。在未来的演艺等文化产业发展中，必须紧跟时代步伐，建立丰富的多层次的营销渠道和宣传推广手段，把每一种文化产品打造成品牌，把演艺做得越来越精细。

四、《又见平遥》的品牌战略意见

（一）宣传营销方式的拓宽

《又见平遥》推广渠道除了口碑营销及在景点发放宣传资料，还结合信息时代通过新浪微博、微信公众号等多种新媒体宣传推广，建立《又见平遥》官方网站多种新媒体渠道同时更新宣传，推出网上互动活动，与游客在线上进行互动沟通，拉近景区与游客之间的距离。丰富的宣传渠道、新型的营销模式，增强了《又见平遥》的口碑和吸引力。

（二）重视品牌效应

《又见平遥》现已成为展示古城人文情怀的专属名片，对平遥乃至山西全省的文化旅游产业发展进程，都产生了积极深远的影响。而《又见平遥》的产业模式，可以不断复制，在复制的基础上加入创新元素，在山西文化旅游产品的艺术手法和表演内容上不断创新，着力打造一流的文化旅游品牌系列，这样才能吸引更多游客，将客源市场不断放大。

五、结语

文化旅游品牌《又见平遥》在全国范围内大放异彩，成功的关键元素离不开本土深厚的古城文化底蕴、政府的大力扶持、创新的呈现方式、专业的制作团队及媒体的大力宣传，品牌的成功设立与发展，不仅在经济发展方面成绩良好，还在社会效益方面收获颇丰。当今，三晋这片热土正张开怀抱喜迎八方来客，作为文化旅游产业品牌的成功典范，《又见平遥》为山西其他文化旅游品牌的建立和发展提供了很多思路：不能盲目机械地复制成功的品牌，必须以文化为主要特征，以创新理念为发展前提，注重新媒体的宣传力，建立品牌系列，扩大影响力，只有在民族文化旅游产业的市场竞争中树立独特的风格和特色，才能坚定地投入到全国文化旅游品牌的激烈竞争中。

参考文献

［1］郭庆光.传播学教程［M］.北京：中国人民大学出版社，2011：99.

［2］韩敏虎.试论山西民间歌舞艺术对文化旅游产业的推进作用［J］.经济问题，2015（11）：121-124.

［3］冯盼.《又见平遥》的成功因素及对实景演出的启示［J］.美与时代（城市版），2015（2）：110-111.

［4］任雅静.论表演艺术的共通性：以情景剧《又见平遥》为例［J］.黄河之声，2016（13）：72.

［5］张冰，张洁.本土艺术形式的新蕾绽放：从《又见平遥》的成功出演窥探印

象类实景演出的魅力[J].艺术教育,2015(10):59-60.

[6] 卢琴.托"又见"之魂,完"平遥"之志,审"舞蹈"之美:情景剧《又见平遥》观后感[J].北方音乐,2016(5):150.

旅游演艺产业的营销现状及创新策略研究

■ 秦倩倩

摘　要：旅游演艺活动作为现代文化旅游的附属品，具有丰富的文化体验功能，在丰富旅游体验的过程中，具有十分显著的作用，对于每一个旅游景点来说，不仅能够成为其中的重大亮点，而且对旅游景区的形象塑造具有十分现实的意义。基于此背景下本文针对旅游演艺产业的营销问题进行探究，重点分析旅游演艺产业的营销现状，并针对旅游演艺产业的营销存在的问题，提出创新的策略。

关键词：旅游演艺；营销；创新策略

旅游演艺作为当前产业化程度较高的演出类型，成为当前资本及文化企业十分关注的演出市场，旅游演艺产业的发展，是一个成熟的旅游业向规模化发展的决定性因素，所以旅游演艺产业的发展，被越来越多的旅游业所关注，作为旅游产业和文化相融合而产生的一种新兴的形式，旅游演艺以其独特的发展特点，不断充实和壮大，尤其是对于一些主题性较强的大型旅游演艺项目来说，其能够产生的作用是不可忽视的，它能够充分提高旅游文化地的凝望，提高旅游文化的品牌，丰富景区项目的文化内涵，满足游客的多元化需求，促进当地的经济发展。

文化和旅游部在《关于促进文化与旅游结合发展的指导意见》中就曾经强调要打造出高品质的旅游演艺产品，积极运用现代化的技术手段，不断创新旅游演艺的演出形式，提升地域文化特色，打造出优秀的旅游文化演艺节目。

一、旅游演艺的相关概述

（一）旅游演艺的概念

旅游演艺具有如下六个方面的内涵：第一，地域性的文娱演出；第二，相匹配的多功能综合型娱乐剧场（剧院）；第三，以演出为核心产品之一的主题公园，为项目收益的保障点；第四，项目周边的旅游休闲综合配套区，这是产业链延伸部分；第五，围绕演艺项目构建历史文明的话语体系，则属于营销和推广部分；第六，产权质押和股权交易，此为最关键的融资和流转部分。

（二）旅游演艺的构成要素

1. 价值主张

旅游演艺的价值主张可以是某种文化旅游资源，可以是某种艺术理念，也可以是某种表演艺术形式。相比较传统演出，旅游演艺的价值主张创造性地将演出资源与旅游资源相结合，为演出提供丰富的主题与内涵，旅游目的地的自然、人文资源是演出创作取之不尽的源泉。

2. 消费者目标群体

目前，旅游目的地的客源主要有三种类型：第一，由于当地居民的重复消费，他们更加关注表演的娱乐元素，他们选择旅游表演而不是其他传统表演的主要原因是为了获得精神愉悦和放松；第二，具有行动自由和一定消费能力的商业个体游客在旅游消费项目的选择上也具有更多的自主性和多样性，因此其独特的价值主张对他们来说是最重要的；第三，旅游团队，这些游客一般看旅游表演往往是由导游或旅游项目推荐的，因此，要把握这部分游客，除了表演本身具有良好的品牌效应外，还需要广泛的分销渠道和合作网络。

3. 分销渠道与合作伙伴网络

从目前各地旅游演艺的发展情况看，旅行社、旅游演艺制作单位、地方政府已经建立起了比较稳固的合作伙伴关系。传统的演出企业的合作伙伴网络主要由演员、舞美、灯光、音响、导演、作词、作曲、舞台监督等构成。较之传统演出，旅游演艺无疑拥有极为广泛的分销渠道与合作关系网络，包括旅行社、当地政府、旅游演艺制作单位等。

4. 价值配置与核心能力

从旅游演艺的角度来看，价值配置和核心竞争力主要是文化资源、旅游资源、绩效资源、人才资源和资本资源的整合。与传统表演相比，旅游演艺能够控制的资源越多，意味着旅游演艺的生产和销售过程就越复杂。因此，如何将当地文化旅游资源整合到演出中，如何建立高成本的旅游演出投融资体系，如何协调与合作伙伴的战略关系，如何在旅游产业链中占据重要环节等，都需要企业具备一定的价值配置和核心能力。

二、我国旅游演艺产业的营销现状

(一)旅游演艺的产品类别

1.《印象·刘三姐》：创实景演出之先河

"印象"系列最具开创性的贡献是使真实山水成为舞台表演的载体。"舞台是艺术表演实现的一个不可或缺的重要因素，传统的剧场、舞台和背景都是在一个特定的空间内，而《印象·刘三姐》则突破了传统剧场的概念，直接把剧场建在桂林山水之间，以江面为舞台，以十二座山峰和天空为背景。这种超越人们习惯性思维的实景性的剧场设计，具有巨大的颠覆意义。"《印象·刘三姐》是一种全新的演出理念，促进了旅游演艺向更高层次的发展。

2.基于连锁经营的商业模式：杭州金海岸文化发展股份有限公司

杭州金海岸文化发展股份有限公司是以旅游演艺产业为主导，以连锁经营模式扩展市场的民营股份制企业。公司拥有杭州《西湖之夜》、武夷山《闽越王朝》旅游演艺品牌，拥有金海岸杭州大舞台、金海岸济南顺风大剧院和金海岸上海大舞台等15家娱乐连锁演艺剧场，平均每天的观众人数在5000名，年轻观众总人数超过250万，是目前国内演艺娱乐业连锁规模最大的企业，也是国内首家创立演艺娱乐连锁经营模式的企业，被文化和旅游部评为国家文化产业示范基地，被命名为浙江省第一家国家文化出口重点企业。

(二)旅游演艺的营销现状

所谓市场分销渠道，是指连接生产者和消费者以实现产品所有权转移的时空渠道。在这个过程中，通过实体分销过程，产品在适当的时间和地点以适当的价格提供给游客，从而将产品的最终形式转变为现实。从演艺企业的角度来看，旅游演艺节目只有到达游客手中，才是现实的产品。留在企业手中的只有最初的形式。此时，市场分销渠道尤为重要。目前，旅游演艺企业对演艺节目的销售途径一般是通过旅游中介和票务代理直接销售。这里的中间商通常包括旅行社、航空公司、酒店、旅游配送中心等。票务代理通常是票务中心和专业网站。代理卖家通常通过捆绑景点或一日游、两日游来销售演出门票。单独售票通常在演出现场的售票处购买，但这种方式的销售比例通常不到每日营业额的20%。同时，由于中国旅游演艺行业最具代表性的剧目更换频率高，没有行业知名度，因此旅游演艺产品的销售路径没有一个更换和升级的过程。目前，我国旅游演艺产品的分销渠道基本相同，分为直接营销渠道、一级营销渠道和多层次营销渠道。

三、旅游演艺产业营销存在的问题

旅游演艺经营是各种模式都有，既有国有全权运营的模式，也有陕西旅游演艺全面租赁经营的模式，但总体上多数旅游演艺还是国家主导所有权，陕西旅游演艺主导经营权，因此在经营方面，结合旅游演艺资源的特色找到陕西旅游演艺的痛点，从营销、管理、服务等多方面来分析其存在的问题。

（一）营销力度不够

对于旅游演艺如今的营销团队结构，组织方面缺乏科学性，有很多只领工资、没有输出的员工，这种混乱的领导模式导致内部的结构模糊。同时，旅游演艺也没有合理而有效的政策考察激励系统，导致整个营销团队的工作效率较低。首先，员工普遍缺乏对旅游演艺的归属感，旅游演艺所有的决策都是由高层领导制定的，下线员工没有机会参与到决策过程当中，战略和实际情况之间会展现出较大的矛盾理论，无法跟上市场的发展，失去了市场先机。其次，旅游演艺缺乏可执行的销售激励系统。进入21世纪之后，物价的飞速上涨，并没有得到公司领导的重视，导致员工的待遇满足不了物价上涨提出的需求，同行业水平相比，出现了较大的差距，员工的付出和收入之间不成正比，在降低了员工工作热情的同时，也打击了员工的工作效率。

（二）忽略售后服务，无法带来重复客源

旅游产品是综合性的，特别是现今的旅游景区产品，是由景区核心、衍生产品一起构成的一个整体，所以在满足游客的需求上，也是多维度的，不只是提供先进的旅游设施设备，也要提升游客被服务的心理满足感，以热情、饱满、专业的态度服务游客，在游客之间形成良好的口碑，打下品牌形象的第一步也是最重要的一步。但通过对陕西几个比较知名的文化遗产景区景点的走访，我们发现很多景区为了节约成本忽略了对景区产品的更新或维护，服务人员的态度、专业度欠缺，只为了创收在门票等方面提高了，但设施和基础服务态度没跟上。还有一个容易被很多旅游经营者忽略的售后服务的品质也是相对较差的，但这是整个旅游业都面临的问题，

文化遗产景区对于服务的要求更高，因此经营管理者一定要多关注服务产品的质量提升。

（三）淡旺季明显

旅游产品或者景区的淡旺季是一个共性的问题，大多数景区存在这样的问题，陕西的文化遗产景区也不能幸免，在小长假或者国庆大长假的时候，出现人满为患，景区接待能力不足，而其他时间接待量又极少。这样的状况会造成旺季的时候景区接待能力和效率下降，服务质量跟不上，淡季时候连景区自身的运营管理费用都难以支撑。淡旺季的现象会对旅游目的地有不良的影响，使得这种状况持续下去恶性循环，导致景区运营困难。

四、旅游演艺的营销对策

（一）摆脱重资产减少运营成本

经营成本的增加增加了企业的负担，不利于企业在其特色领域的发展和创新。企业容易陷入资金不足、经营困难的泥潭，使企业忽视外部环境因素的变化，导致企业错失许多产业发展的新机遇。因此，根据绝对优势理论，企业要想更好更快地发展，就应该把重点放在擅长的领域，从而降低运营成本。经过十多年的发展，互联网红利在推动中国在线旅游市场发展中的作用逐渐消退，渠道端企业的竞争成本非常高。因此，自2015年以来，旅游演艺产业已从粗放型增长进入集约型培育阶段。

（二）加快创新业务和发展无线互联网

某旅游演艺公司采用传统的线下模式，人工成本正在逐步增高，以至于让企业难以承受，如果想要更好地发展，接下来的助攻方向一定是创新技术。某旅游演艺公司在很早就领悟到了要加深和第三方应用的合作，深入移动端，毕竟移动端越来越多的市场份额值得某旅游演艺公司这样的战略部署。于是，某旅游演艺公司在其平台上推出"某旅游演艺公司无限创新大赛"，希望通过这个比赛引入移动端开发人才，来发展其移动端业务。

（三）提供更全面的服务

互联网的发展提供了更全面的服务，为旅游市场带来了多元化的营销渠道。除了传统的在线分销模式外，酒店票务直销模式、垂直搜索引擎模式、在线平台模式等迅速崛起。尽管某旅游演艺公司面临着越来越多的威胁和业绩下滑，但行业领袖的地位并未改变。在线旅游市场竞争正逐步多元化，面向消费者需求，在线旅游企业应充分发挥其有限的资源，提高产品质量和消费者体验。某旅游演艺公司的早期进入确立了消费者来之不易的信任，并在业内确立了领先优势。此外，它拥有一流的整合能力，无论是线上还是线下，都占据了领先地位。委员会的模式不能持续太久。一方面，该公司只坚持自己的核心业务，另一方面，提高了其多样化的管理能力。为了重新建立竞争力，细分市场的覆盖面，多元化经营应该是未来某旅游演艺公司的战略布局，某旅游演艺公司也从2013年开始新业务的开拓。

（四）培养旅游演艺专业人才

中国的信息科技进入迅猛发展的时期，与此同时，中国的旅游产业也开始朝着电商化的方向大踏步前进。然而由于种种原因，中国现在需要马上有数量庞大的从事该产业的综合性人力资源，他们必须同时掌握信息科技及当前旅游运营技能。从现实状况出发，这一新兴的产业有着传统旅游产业具备的专业性，同时也依存于先进的科技。所以其从业人员必须是具有很强综合性能力和知识的人才，一方面必须掌握传统旅游产业需要的技能；另一方面必须掌握信息相关科技，知道如何创建、监管和运营网站，还必须精通先进的管理市场技术，另外要懂得按照中国现在的实际状况，对所有能力和知识灵活应用，最大限度展示中国旅游电商产业的长处，由此提高该产业的整体实力。

五、结语

由于旅游业的可持续发展和电子商务的普及，以及网络技术的快速发展和大规模使用，旅游业的电子商务已成为必然趋势，也是经济发达国家进一步开放海外市场的核心途径。因此，传统旅游业受到了很大的冲击。从这个角度来看，我们应该促进旅游业进一步向电子商务发展。随着这一趋势的不断繁荣，许多传统旅游公司加入这一行列，这有利于整个行业的结构调整。同时，客户可以获得更多的选择和更好的服务，从而提高其旅游的性价比。由于笔者的学术知识不足及条件有限，对本文的研究还存在不足之处，希望在以后有条件的基础上再做此研究，为提高我国旅游演艺竞争力做出贡献。

参考文献

[1] 杨小明,张洪波,邓明艳.区域旅游演艺产品可持续发展研究:以云南丽江为例[J].云南社会科学,2016(5):90-94.

[2] 曲文菲,王萌.对旅游演艺产业融合发展的现状分析与建议[J].辽宁经济职业技术学院学报,2016(5):4-6.

[3] 尚尔佳.哈尔滨旅游演艺产品开发研究[D].哈尔滨:哈尔滨师范大学,2015.

[4] 林振宇."新常态"下旅游演艺产业的发展趋势[J].人力资源管理,2017(5):15-16.

[5] 郭晓希,田洁.旅游演艺产品开发现状及对策[J].作家,2014(14):227-228.

[6] 王珏.旅游演艺产业的发展及营销策略研究[J].开封教育学院学报,2015,35(11):290-291.

[7] 左文.国内旅游演艺发展刍议[J].浙江旅游职业学院学报,2015(1):55-58.

[8] 李广宏,王连明.文化创意与旅游演艺融合动力分析[J].学园,2014(34):185-186.

管窥旅游演艺产品打造的关键要素

■ 周青青

摘　要：中国旅游演艺市场在近20年间飞速发展，在当今文旅融合的大背景下，进一步发展旅游演艺市场、打造旅游演艺产品逐步成为文旅产业转型升级的重要手段。本文在参考现有资料的基础上，结合专题授课、实地调研等研究方法，阐述了中国旅游演艺市场现状及发展趋势、典型旅游演艺产品及其特点，并着重分析了成功打造旅游演艺产品的几个关键要素，对打造优秀的旅游演艺产品进行探索。

关键词：旅游演艺；产品打造；关键要素

一、我国旅游演艺市场现状及发展趋势

（一）旅游演艺市场现状

中国旅游演艺市场在近20年内进入了一个快速发展的阶段，从资本相互追逐、各路能人跑马圈地，到逐步两极分化、竞争淘汰、深耕细作、收获票房，旅游演艺从旅游的附加环节不断向中心转移。

2014—2017年，国内旅游演艺剧目总数分别为228台、225台、260台、273台，2018年进一步增至305台，同比增长11.7%；旅游演艺场次总数分别为62234场、76715场、93015场、111731场，2018年进一步增至135844场，同比增长21.6%，全国旅游演艺总票房达59亿元，票房收入过亿元的城市达到15个，其中杭州超过10亿元。旅游演出市场形成长江三角洲、珠江三角洲、西南地区三大旅游演艺圈。

中国旅游演艺产品的发展路径和理念变迁大致经历了五个阶段，即舞乐诗与山水实景的结合、戏剧艺术和文旅演出的融合、中国戏曲与实景演出的形式创新、电影艺术与实景空间演出的碰撞及"艺术+"的跨界思维产生的无限可能。旅游出行、城市娱乐、家庭亲子三大消费势力促进了旅游演艺产业的快速形成。

从产品模式来看，旅游演艺从剧场演艺、景区演艺发展到实景演出，再到主题

公园，直至向演艺主题乐园（Show Park）发展。

（二）旅游演艺未来发展趋势

第一，旅游演艺服务于游客，也服务于观众，观众青睐某项产品的初衷是为了体验美好。因此，旅游演艺应当把创造真善美的内容、营造赏心悦目的氛围作为出发点。从受众群变化上看，散客观众的比例将不断上涨；从产品模式上看，沉浸式旅游演艺可能成为主流，这将在一定程度上使旅游演艺产品从重资产向轻资产过渡。

第二，随着不同年龄、不同类型的观众精神需求不断增强，包括旅游演艺在内的文化产品差异化也越发明显，定制化需求不断增加。因此，针对不同受众，设计有针对性的内容和不同表现形式的产品，使之具有独特性和吸引力。比如，剧场旅游演艺如能在地域特色、文化挖掘、观众培养和需求创造中下足功夫，也将吸引为数不少的特定人群，尤其是外国或外地游客。

第三，在文旅融合和科技进步的大背景下，旅游演艺将突破时间和空间的限制，与人工智能等科技相结合，创造新型演出形式，并进一步带动城市夜游经济的发展。而夜间出行各项配套设施的逐步完善，也将反过来促进旅游演艺的继续发展。

二、旅游演艺产品及其特点

（一）品牌

从品牌角度看，我国当前最具代表性的旅游演艺产品包括以下系列，各有特点。

1. "千古情"系列

该系列产品占据了当前旅游演艺市场利润的85%，产品主要特点是具有复制性。从最初借鉴华侨城景区演艺模式，到以三、四线城市老百姓作为目标人群，在找准定位的基础上根据观众需求不断修改产品内容和形式，不断进化，最终实现了有效扩张。该系列包括杭州的《宋城千古情》、三亚的《三亚千古情》、丽江的《丽江千古情》、阿坝的《九寨千古情》、长沙的《炭河千古情》、桂林的《桂林千古情》、宜春的《明月千古情》、张家界的《张家界千古情》等。

2. "印象（又见）"系列

该系列产品近年来场次比较稳定，票房略有增长，由张艺谋、王朝歌（艺术创意）、樊跃（舞美）团队执棒，后被三湘公司收购。产品主要特点在于内容的创意性强。三湘印象旗下已形成四大演艺品牌产品，包括"印象"系列之《印象·刘三姐》

《印象·丽江》《印象·大红袍》《印象·武隆》《印象·普陀》，"又见"系列之《又见平遥》《又见五台山》《又见敦煌》，"最忆"系列之《最忆是杭州》，"归来"系列之《归来三峡》，以及沉浸式游船大派对《知音号》。

3. "山水"系列

该系列产品近年来场次、观众、票房均略有增长，由梅帅元挂帅的山水盛典公司打造，从最初的《印象·刘三姐》中分离出来，延续了"把艺术代入自然山水"的特色。该系列产品目前在演22台，包括《报恩盛典》《东京楚华》《桃花源记》《法门往事》《文成公主》《梦里老家》《封禅大典》《井冈山》《天门狐仙》等。

4. "长隆"系列

该系列是长隆集团在广州和珠海打造的马戏演艺产品，依靠旗下主题公园带来强大客流，近年来在场次和观众方面均有较大增长，2018年票房达到3.5亿元，同比增长12.2%。主要特点是大型马戏，互动参与感较强，主要产品包括《魔幻传奇Ⅱ》和《秘境奇技》。2019年7月《龙秀》取代《秘境奇技》在珠海首演。

（二）模式

从产品模式看，当前旅游演艺产品分为以下种类，各有特点。

1. 独立剧场演艺

其特点在于不依赖游客转化率，主要依托旅行社直接进行营销，推广目的并非依靠演艺吸引人气，更多的是为旅游产品锦上添花，如《时空之旅》《功夫传奇》等产品。

2. 实景演艺

其特点在于资本投入大、创作周期长、运营风险高、受自然因素影响大，但一旦产品得到认可，取得的经济与社会效益也较高，并能够带动周边地产升值、拉动旅游产业，如"印象"系列、"山水"系列等产品。

3. 主题公园

根据演艺与公园的融合关系，主题公园可进一步划分为演出辅助模式和演出独立模式。演出辅助模式的特点在于，演出作为主题公园的辅助性项目，不单独售票，主要作用是为了吸引人气，延长旅客停留时间，从而增加消费金额，如华侨城的"世界之窗"等产品。演出独立模式的特点在于，演出作为园区内独立的娱乐项目，单独售票，主要作用是提高游客转化率，通过出售演出票增加旅游收入，如"千古情系列""长隆系列"等产品。

4. 沉浸式演出

其特点在于通过调动观众感官和行为，使其参与到演出之中获得观演体验。沉浸式演出近年十分火爆，2018年总票房达到4.1亿元，如《又见平遥》《知音号》《白鹿原·黑娃演义》等产品。

5. 节庆活动

其特点在于借助某种文化共识，利用景区的相关资源，策划营造专属的环境或氛围，用以吸引特定人群需求的主题活动，如"乌镇戏剧节""平遥国际电影展"等产品。又如深圳欢乐谷，经过多年发展，形成了以五大节庆为主的全年节庆活动，曾以82天的节庆活动创造了全年47%的游客接待量。

6. 演艺乐园

演艺乐园是以演艺作为核心的主题公园，其特点是由各种核心秀、主场秀、时段演出、演艺体验等共同构成演艺体系，并以此为主体营造的主题公园。当演艺产品足够丰富且受众群达到一定规模时，演艺乐园会大幅度提升旅游演艺的品牌知名度和经济效益，如法国"狂人国"主题乐园等产品。

三、成功打造旅游演艺产品的关键要素

（一）团队

优秀的团队是旅游演艺产品打造与产业发展的第一关键要素，其中创意设计、舞美、表演、运营管理、公共关系等人才尤为重要，而保障产品创意和设计效果的制作团队也很重要，如道具的加工制作方等。

（二）规划

旅游演艺在产品前期策划阶段应做好全面、完整的规划，建立明确的目标。在主题定位方面要尽量挖掘文化要素，体现独特内涵，分析产品在周边旅游区域中的项目异质性和优劣势。在市场营销方面要根据实际情况选用适合的营销手段。在项目总体策划布局中，应在分析用地条件、活动规模、交通情况、市场状况等因素的基础上确定演艺项目的选址，并进行合理的空间布局与功能分区。

（三）调研

合理的规划与充分的市场调研紧密相关，其中以下几项调研内容尤为重要。

1. 游客的观众转化率

观众转化率就是指旅游区域内观看演出的人数与游客人数的比值。游客在旅游目的地选择时，大型旅游演艺是其重要的参考因素。我国目前观众转化率还处于较低水平，不足 4% 的情况较多，客流量达到每年 300 万人次以上的景区，实现 10% 的转化率已经很不错了，如能达到 20% 以上（如美国纽约），将成为当地旅游演艺发展的有力支撑。

2. 当地居民收入

在经济快速增长阶段，个人娱乐消费占比通常随着居民收入的提高而提升，偏娱乐化的产业在居民消费中的比重也明显提升，旅游演艺产业就是如此。从世界银行公布的数据来看，美国个人娱乐消费在 20 世纪七八十年代保持每年 10% 以上的增幅，个人娱乐消费占居民消费的比例已由 1929 年的 2% 升至 2018 年的 4%。与之对比，2013—2018 年，我国人均教育、文化和娱乐支出均有 6% 以上的增长，2018 年人均国民总收入超过 1.8 万美元，相当于美国 20 世纪 80 年代中期水平，可预测仍处于休闲化娱乐消费支出提升的阶段。相应的，居民旅游方式也在逐渐发生改变，传统的观光游已经难以满足人们的旅行需求，休闲度假和观光旅游并重的局面初步显现。

3. 气候及不可抗力

旅游演艺，尤其是实景演艺，通常投资巨大，回收较慢，其中一个主要原因是季节气候对项目产生的影响非常大。据了解，我国北方冬季气温低，当地实景演艺项目基本会停演，如《长恨歌》全年仅 4～10 月上演，《禅宗少林音乐大典》每年 12 月到次年 3 月为停演期。而南方沿海地区经常发生的极端天气，也严重影响了当地旅游演艺项目，如《印象·海南岛》受台风影响，场馆受损严重，2014 年 7 月已停演。此外，自然灾害等不可抗力因素对旅游演艺的影响也是不可估量的，必须在策划阶段做好评估分析及危机管理方案。

4. 市场竞争情况

旅游市场按不同标准可划分为不同类型，如按档次可划分为大众、中端、高端型；按人群可划分为研学、老年、家庭型；按主题可划分为观光、度假、特种型；按附加内容可划分为文化、生态、体育型；按距离可划分为长线、中短线；按方式可划分为团体和散客等。在文旅融合的大背景下，旅游与演艺的界限越来越模糊，产业融合度越来越高。比如，上海黄浦区已经推出了演艺文化旅游线路，包括音乐剧线路、红色主题演艺线路等。要在旅游演艺市场取得成功，就要对旅游市场的不同类型和不同类型市场存在的旅游演艺产品进行竞争性分析，形成能在竞争中取胜的特色产品，最好能避免与其他同质或近似项目产生直接竞争。

（四）学习

"旅游演艺"是中国名词，国外大多没有就"旅游演艺"进行单独区分，而是将其包括在多种演艺项目中。国外演艺聚集区或者演艺项目已相对成熟，为快速发展的中国旅游演艺市场提供了经验。我国旅游演艺的发展，必须不断学习国际化先进经验，吸取教训，站在巨人的肩膀上取得更快的进步。我们要学习全世界最知名的演艺聚集区——百老汇的运作模式，其观演人次每年达1400多万；学习典型的会展旅游城市——拉斯维加斯的经营模式，其演艺类型除音乐剧、演唱会外，还有喜剧秀、模仿秀、魔术表演等，能够满足不同类型游客的需求。此外，旅游演艺市场中，票房带动的市场收益仅是其中的一部分。

（五）政策支持与政府扶持

产业发展的关键性要素之一是政策支持。据统计，2018年美国居民消费支出接近国内生产总值的70%，而中国居民消费仅占39%。为推动投资拉动主导的经济增长模式向消费主导的经济增长模式转型，中国政府出台了多项政策，引导旅游行业发展，其中就包括休闲旅游和旅游演艺。2019年4月国家出台了《关于促进旅游演艺发展的指导意见》，这是我国首个促进旅游演艺发展的文件。该文件明确指出，到2025年，旅游演艺市场繁荣有序，发展布局更为优化，涌现一批有示范价值的旅游演艺品牌，形成一批运营规范、信誉度高、竞争力强的经营主体。其中对旅游演艺的扶持政策包括财税、投融资和土地政策等多方面优惠政策。对于国内旅游演艺市场，政府扶持更是尤为重要，以政府投资、补贴、采购等形式发展旅游演艺，也是取得较大成效的路径之一。

（六）营销

内容为王，营销制胜。完善的营销体系、灵活的营销方式是旅游演艺发展的重要保证。运营前置的联票营销，旅行社、饭店、交通系统的全覆盖式营销，根据项目和地域特点的针对性营销等，不拘一格，有效为上。

（七）机制

对外拓展营销，对内完善机制。无论哪种旅游演艺项目的发展，都离不开好的管理模式和运作机制。比如，建立专业人才库，根据需要择优人才并降低人力成本；合理赋予艺术委员会权限，调动创意设计人员的积极性；机制创新，核心团队外的演员队伍实行同城签约、与学校培训挂钩等方式，形成公司与演员、演出与教学的双赢模式等。

（八）细节

项目的持续发展取决于产品细节，从内容到形式都应以观众需求为导向不断打磨、不断改造、不断创新。旅游演艺的视觉性固然重要，而对于文化的挖掘、故事的讲述、形象的塑造更是关键，以情感人、追求真善美是永恒的旋律。细节打磨还要做到从点状思维到系统思维，在把握全局的基础上强化各方面细节，如导演观众席跟踪、艺术总监讲评等演出质量监控机制；从空间上设计镜框式、扇面式、自转式、沉浸式、室内空间、室内外结合、博物馆活化等不同观演关系以适应不同观众等。

（九）投资测算

大多数旅游演艺项目投资巨大，且回收存在不确定性，因此进行财务指标的精细测算必不可少。虽然近年来国内旅游演艺市场呈火爆态势，但也饱含隐忧：项目的票房增长速度逐渐放缓，2018年更是创下新低，约80%的旅游演艺项目处于亏损状态，15个项目因经营不善而停业。但是，资本对于旅游演艺市场保有持续热度，助推多个新产品出台。旅游演艺投资热度不减，演出台数仍将保持较高增长。《2018旅游演艺年报》显示，2018年新增了47台旅游演艺项目，同比增长12.1%，远高于前几年的增长。据不完全统计，截至2019年6月，新增旅游演艺项目超25台，预计全年超40台。投资热度促进项目发展，并与投资回报率相依存，让专业、全面、具有预见性的投资测算变得越发重要。

四、结语

以上关键要素对成功打造旅游演艺产品至关重要，尽管如此，内容始终是旅游演艺产品的核心和灵魂，技术也是不可或缺的要素。随着时代的进步，旅游散客比例及个性化需求进一步增长，以及5G等科学技术的不断成熟，消费习惯、文旅融合、科技融合对旅游演艺产品和市场的发展，提供了机遇，也增强了挑战。

参考文献

[1] 毛修炳. 中国旅游演艺的新模式与成功落地的关键要素[J]. 人文天下，2020（Z1）：12-17.

试论旅游演艺内容模式及前景

邱 璇

摘 要： 旅游演艺最初从文化演出发展而来，是文化和旅游融合的产物。在当前文化和旅游融合发展背景下，旅游演艺有着巨大的市场潜力和发展空间。近几年，中国旅游演艺由最初发展时的"多而散"这一粗放模式，逐渐在市场激烈的竞争中磨炼精品、提高水准，旅游演艺项目几乎遍布全国各地，但是创意内容雷同，高质量旅游演艺项目仍相对缺乏等问题也凸显。本文主要基于内容的视角论述了中国旅游演艺的现状，以及内容模式上存在的问题，提出了相应的建议和对策，以期对该行业日后的内容模式创新方面有所启发。

关键词： 旅游演艺；内容；模式

一、旅游演艺行业现状

（一）行业现状

2019年3月14日，文化和旅游部印发了《关于促进旅游演艺发展的指导意见》。该意见着眼于推进旅游演艺转型升级、提质增效，立足于旅游演艺作为文化和旅游融合发展的重要载体，对旅游演艺这一业态的科学发展做出了全面系统的引导和规划。该意见明确提出，到2025年，旅游演艺市场繁荣有序，发展布局更为优化，涌现一批有示范价值的旅游演艺品牌，形成一批运营规范、信誉度高、竞争力强的经营主体。旅游演艺产业链更加完善，管理服务体系基本健全，在推动文化和旅游融合发展中的重要作用充分彰显，对相关产业行业的综合带动作用持续发挥。

（二）行业分析及存在的问题

1. 旅游演艺市场处于初级发展阶段，存在众多问题与不足

旅游演艺市场在时间、地区、产品发展程度上不平衡。中国旅游演艺市场发展不平衡，具体体现在三个方面。

（1）时间不平衡。早期优先发展起来的旅游演艺产品知名度很大，运营模式经过时间磨合已经成熟规范化，旅行社等销售渠道也经常联合销售推广，后来发展起来的旅游演艺产品虽然可以直接复制成功项目的运营经验，但是知名度很难与前者竞争，旅行社等机构也不愿意推广销售，没能达到先发展起来带动后发展的目的。

（2）地区不平衡。受到南方气候因素和人口分布因素双重影响，大规模、大投入的大型旅游演艺产品相继分布在南方旅游目的地和城市，并且集中在南方部分热门旅游城市激烈竞争市场份额，相对于北方大型旅游演艺产品稀缺，只分布在几个北方中心城市。除此以外，二线以下拥有5A级景区资源城市开发大型旅游演艺产品屈指可数。

（3）产品不平衡。首先，少数旅游目的地的旅游演艺率先实现了沉浸技术升级，内容也针对沉浸特点进行了改造，而其他大多数地区基本停留在传统舞台旅游演艺演出阶段，技术内容都十分陈旧；其次，部分已有旅游演艺城市大规模、大投入的大型旅游演艺产品仍在不断开发、扎堆竞争，而其他城市难以见到一部制作优良的优秀旅游演艺产品。

2. 产品销售渠道仍依赖线下渠道，客户群体以团客为主

中国旅游演艺产品的推广渠道严重依赖旅行社的销售，各自的线上平台都没有适应移动互联网时代的移动互联特性，只有几个知名旅游演艺开通了网上销售平台，大多数仍然在线下销售，不仅仅线下销售依赖旅行社、地接社拉客，门店也依附于各大旅游景区售票处，对于散客极为不友好。这在移动互联时代是极其严重的落后与延误商机，也间接影响了散客对旅游演艺产品的购买意向。

3. 旅游演艺市场竞争日益激烈，热门地区旅游演艺产品一窝蜂扎堆

旅游演艺市场日益激烈，尤其是知名旅游景区，旅游演艺剧目数量剧增。以张家界为例，大型旅游演艺就有8台，其他小型旅游演艺不计其数，高质量的演出仅是少数，而票房收入上亿元的仅1台。同样的事情也发生在杭州、三亚等旅游城市。

二、旅游演艺内容模式现状

旅游演艺核心的内容要素是摆在面前的一座大山，很多演出"形式华丽、内容空洞"，现就目前旅游演艺项目的内容进行分析本该为演出内容服务的科技手段反倒成为吸引游客的"噱头"。沉浸式体验只是营销手段，演出内容才是核心要素；无论是什么主题，演出内容首先要具有吸引力。

（一）缺乏对 IP 的解读

文化旅游 IP 是包含大量内容的综合体，庞大的信息量对于初来旅游的游客是巨大的挑战。对于景区而言，对 IP 的解读是要成系统贯穿整个景区的，否则游客无法深度了解其中蕴含的文化；游客到景区是为了找到与书本、网络等形式有区别的体验，如果 IP 内容无创新，就很难与文化旅游相互动。

（二）旅游演艺产品过于注重视觉冲击力，忽视内容创新

旅游演艺尚未发展起来时期，游客较少看过旅游演艺产品，初次观看受视觉冲击力影响较大，对内容要求不高。于是旅游演艺为了争夺这类游客，注重灯光特效、庞大演出团队、惊奇表演技术，给观众带来震撼的视觉冲击力，对于内容则尽量简化，追求最快产生效益，吸引首批观众十分有效果。但在散客化时代，感官刺激需求已经退位让给文化精神需求，散客平均教育水平要高于团客，对文化内容的要求也比团客高，而这些旅游演艺在内容上大多数不是千篇一律就是内容过于难懂，无法吸引散客。

文化内涵不足，演出质量良莠不齐。优秀旅游演艺项目的打造必然经过对本地文化的解读、重塑和创造性表达，是对地方文化的功能转化和价值挖掘。我国旅游演艺似乎陷入"重资投入、大场面制作、品牌复制、技术崇拜"的怪圈，反而忽视文化内涵的挖掘、节目内容的创新、旅游演艺服务质量的提升，致使游客对旅游演艺节目质量的满意度较低。清华大学媒介调查实验室针对旅游演艺的抽样调查结果显示，49% 的游客认为旅游演艺的质量良莠不齐，精品较少；16% 的人认为演艺内容雷同，缺乏特色；仅 35% 的游客认为质量较好。在旅游演艺消费市场呈散客化、年轻化的背景下，一味靠大场面支撑、缺乏文化内涵的演艺已经不足以满足游客日益成熟、理性、个性化且多元化的消费需求。

（三）旅游演艺知名 IP 稀缺，市场对于 IP 的影响力认识不足

对于年轻的中国旅游市场，旅游演艺产品尚处于发展阶段，市场上只有宋城演艺的千古情系列 IP，三湘印象的"印象""又见""最忆""归来"系列 IP、华夏文旅的传奇系列 IP，知名度为观众所熟悉，其他如山水盛典系列 IP、欢乐盛典的丝绸之路盛典系列 IP、杨丽萍的云南系列 IP 产品则较为分散，没有高度统一的品牌标识。

在主题公园中各类旅游演艺 IP 也无法自成体系复制到别处，如迪士尼游乐园的《狮子王》，华侨城欢乐谷的《金面王朝》，长隆马戏城的《秘境奇技》等。IP 的建设缺乏影响到旅游演艺产品线的扩张，反过来也导致旅游演艺产品只能在本地发展，很难走向全国扩张。

（四）IP 无法转化为消费

把消费视为文旅演艺 IP 和游客的最高互动形式应该不为过，游客购买相关旅游商品，既是对景区的纪念，又有了对文旅演艺 IP 进行延展思考与想象的载体。相反，很多 IP 失败也正因此原因，游客不愿消费，就证明 IP 不足以打动游客。在降免门票以旅游消费为驱动的新环境之下，此举就显得更加可怕。

三、如何打造旅游演艺内容模式

目前，旅游演艺项目几乎遍布全国各地，但是高质量旅游演艺项目仍相对缺乏。旅游演艺市场前景广阔，需引领旅游演艺向差异化、特色化、精品化、多元化发展，做到文化有深度、技术有巧度、营销有广度、资源整合发展，以此打造优质的旅游演艺内容来满足不同消费市场对高质量旅游演艺的需求。

（一）需要多重解读 IP 内容

一个成功的旅游演艺 IP 更像是一部经典电影，不同的人、不同时间、不同环境来看都会有不同的收获。要让真正的 IP 内容走进游客心中，需要旅游区域的经营管理者通过多个维度对 IP 内容进行解读。比如，云南大理被列为"国家全域旅游示范区"，不仅有独特的自然环境，同时作家金庸笔下的《天龙八部》对大理进行了另一个维度的解读。利用小说、电影、电视剧、网络游戏等多种形式，游客在文化娱乐中想象大理，在大理旅游中找寻作品踪迹。即便像小说中曼陀山庄这样的小地方，都变成了游客寻觅走遍大理境内的理由。

（二）内容创新，塑造优质 IP

创新能力是评判旅游演艺成功与否的重要尺度。当资源受到限制，且无法满足游客的需求时，就需要根据旅游区域定位创造优质的 IP 内容。只要创造的 IP 符合实际情况，且不跟风模仿，那么创新的优质 IP 内容也是旅游区域的一个突破口。

（三）打造核心 IP 内容，积淀文化内涵

近年来，文旅演艺作为一种融合声音、视觉、文化、风俗、舞台、互动等要素为一体的新型艺术呈现形式，能够更加全面地展现景区风土人情、凸显景区核心特征、带给游客别样的身心体验，因而越发受到重视。

通过文旅演艺打造核心 IP 内容，并逐渐积淀文化内涵，旅游演艺正逐渐形成文旅项目的超级 IP，而超级 IP 必将是旅游演艺、主题公园、主题酒店、文旅小镇、博物馆旅游、文化节庆、旅游商品等多种形式组合起来的旅游生态。这就需要旅游区域在规划建设时既要有宏观格局，又要有微观行动，从主体性、形象性、独特性、故事性、引爆性、互动性、延展性、符号性、互动性入手，以超强 IP 促进旅游区域发展，并带动文化交流，给游客带来主题化的感官刺激和身临其境的互动体验。

（四）打造小而美的特色内容

在市场方面，一些自主编创的原创轻小型旅游演艺剧目融合时尚、青春、动感、科幻等各类主题元素，内容灵活、迭代性强，对场地、设备等要求不高，容易输出和复制到其他地区和市场。不像舞剧、歌剧对艺术的极致追求，旅游演艺习惯在文化性、在戏剧融入感等环节做到位。实质上，旅游演艺是文化产品而非艺术产品，所以声光电等重资金投入的硬件成本并不占主要部分，更多的是内容创新和差异化产品的打造。

现在国内知名的旅游目的地几乎都有了大型旅游演艺，包括实景演出、叙事类演出等，可以说已经快做到极致了。但是很多 4A 级或 3A 级旅游景区缺乏小型的演艺形式，它们既能与已经成型的大型演艺形成互补类产品，又能用四两拨千斤的效果打造出有主题、有特色、有亮点、有文化的演艺及内容。

（五）让 IP 内容转化为消费，以健全旅游演艺 IP 生态链

如果一个景区没有可以体验的产品、没有可留恋的项目、没有可购买的商品，那无疑是一个失败的 IP。以迪士尼为例，其开创了一种以迪士尼卡通为核心的童话世界的文化方式。这种文化的目的在于给大众以梦想，唤发人们心底固有的童趣与纯真，通过征服观众形成稳定永久的卖方市场。回过头看迪士尼乐园度假区的消费，不难发现所有的消费行为都能找到迪士尼童话世界的影子。

以旅游演艺 IP 内容为核心，一方面，创意设计、跨界开发旅游演艺衍生品，如

旅游纪念品、家居用品、艺术装饰品、影视动画、互联网游戏等，延长旅游演艺产品价值链。另一方面，构建 IP 全产业链，丰富旅游业态，发展夜间经济，建成以特色小镇、主题公园、节庆活动、历史街区、特色民宿、度假酒店等"+旅游演艺"为内容的旅游 IP 生态产业链。事实证明，庞大的客流量、有效的游客滞留机制是旅游演艺维持生命力的必备条件，而完善的旅游演艺产业链则是吸引客流、留住客流的有效途径。

四、旅游演艺内容创新前景

创新的演出呈现方式。内容演出呈现方式的创新和升级已成为许多新上演旅游剧目的制胜法宝，好内容与惊艳的舞台效果和新奇的观演体验才能相得益彰，引发更好的观演效果和市场效应。目前，在内容上，国内已经形成了"印象"系列、"千古情"系列、"传奇"系列、"又见"系列等代表性旅游演艺剧目，在运营上也已探索出多条可行的发展路线，但在观众需求不断变换、技术迭代升级加快的大环境下，仍有很多新内容和新玩法值得探索。

（一）整体前景

1. 旅游演艺 + 文化遗产

未来，旅游演艺与文化遗产相结合是旅游演艺重要的发展趋势，让收藏在禁宫里的文物、陈列在广阔大地上的遗产、书写在古籍里的文字活起来。旅游演艺既要有声光电等技术手段创新的路子，更要挖掘历史记忆，从中汲取养分与灵魂，通过"历史视野，当代阐发；历史故事，当代讲述；历史文化，当代弘扬"，把原生态与新生态用时代的脉络、技术的手段和创意的营造连接起来、融合起来。

2. 旅游演艺 + 定制

旅游演艺产品模式加速差异化，针对各自拥有的旅游资源定制化。未来沉浸式旅游将快速普及，中国旅游消费升级从观光消费转型休闲消费，对文化的体验和互动需求大幅度增加，都促使旅游演艺不再停留在舞台上，而是要走下舞台，走到观众中间。而国外传来的沉浸式演出形式奇妙地和旅游演艺发生了化学反应，诞生了全新的沉浸式旅游演艺，极大地满足了消费对文化的体验和互动的两大需求，这将促使大部分旅游演艺转型为沉浸式演出形式，以争夺口味升级的观众群体。

在注重大型旅游演艺产品做实景类的前提下，同时开发小型旅游演艺产品，利用当下热门的沉浸式演出形式，融合当前的 AR、VR 技术，做到在景区内进行沉浸式旅游，把景区演艺化，反过来推动演艺景区化。而且沉浸式演出形式的特点要求旅游演艺产品规模不能过大，而小型旅游演艺产品反而能更好地适应沉浸式演出形式，而融合沉浸式技术成本也极低，对于景区内设备的利用率高，种种优势注定沉浸式旅游演艺产品必将小型化。而且小型化的旅游演艺产品在互动性上要强于大型旅游演艺产品，带给观众独一无二的体验，每次演出都有不一样的体验，在产品周期上也远远领先大型旅游演艺产品。

沉浸式旅游演艺带给观众体验是唯一的、与众不同的，每一次互动都会有不同的结果，造就了千万个不同的内容。随着观众越来越高的需求互动和精神上的自我追求，旅游演艺也将越来越差异化。同时，在旅游资源上也应针对不同特色和情况，定制针对性内容与表演形式，创造产品独特性，以此对抗产品同质化压力。

3. 旅游演艺 + 互动

推进旅游演艺与互联网的融合，产品模式要积极开发线上平台，门票实现电子化，做到随时随处即可买票，在第三方电子商务平台如携程、驴妈妈、途牛及京东、淘宝等也有驻扎平台，同时要在微信、微博、今日头条等媒体渠道开通公众号，随时随地更新旅游演艺产品的信息动态，在新一代观众中推广传播产品。并且要开发线下周边系列产品在线上商城的销售平台，围绕旅游演艺产品打造线上产业链，如小游戏、短视频、音乐等衍生品，实现旅游演艺产品的互联网化。

4. 旅游演艺 + 人工智能

随着人工智能新技术的开发和使用，旅游演艺的表演也逐步自动化，体现在人工智能能针对不同观众的不同动作做出不同回应，并控制一些机械设备与观众进行互动，这大大拓展了旅游演艺的范围，如可以同时对多个观众进行协同互动表演，针对这个新特性将诞生许多无法想象的新表演形式。

（二）内容模式

IP 内容的内在价值包括三种形态，即自带粉丝、IP 价值可以随时变现和具有持续价值增值的潜力。从某种意义上说，IP 内容的价值呈现方式和品牌是一样的。如果 IP 需要有故事做载体并展现持续性，即 IP 内容能够持续化（如系列微电影内容持续传播）的话，那么品牌则需要有内涵和形象做载体。品牌需要做到自带粉丝，即知名度和美誉度表里如一。故事 IP、形象 IP 可以让产品 IP 和企业 IP 的品牌具有更高的传播价值。同样，品牌、IP 和流量之间是一种互助传播的关系，如抖音的网红和抖音之间的关系。

IP 内容包括故事 IP、形象 IP、产品 IP 和企业 IP。高品质品牌是内容 IP 的载体，网红是形象 IP 和自带粉丝的初级品牌。以抖音为例，抖音和网红二者的合作中如果加上故事 IP 和提升型平台对网红进行品牌 IP 的赋能加持，那么网红也就具有更高的品牌内涵效应和持续传播的正能量。换言之，IP 和产品不仅需要流量，而且需要具有赋能加持、正能量提升能力的流量。

（三）商业化趋势

1. 模式："平台 + 文创演艺 + 赋能"

这是一种新型的商业模式，也是文创电商升级版的合作型商业模式。在互联网文化产业和文旅产业快速发展的今天，很多企业和个人因为各种原因没有很好地抓住新机遇，包括企业不懂得及时转型升级，缺乏好的商业模式，对专业领域的了解比较肤浅等；而个人则缺乏必要的内涵提升和品质提升传播。因此，无论是企业还是个人，基于平台资源和流量的赋能都是必要的，如找到合作伙伴、确立合作型商机或者得到更多的品质与信誉提升的赋能流量。

2. 加强商业化的方式

（1）推荐和引入行业资源；

（2）内涵型品质传播；

（3）在平台上组织免费的互助营销，以完善商业模式；

（4）持续性增值，如轮转孵化 IP 内容；

（5）专家智库指导；

（6）获得品牌授权，共享品牌红利；

（7）升级发展（定制系列品牌文创产品和品牌时尚产品）；

（8）活动提升形象。

五、结语

文化旅游是一个大的趋势，带动了不少文化娱乐产业的发展，旅游演出项目想要在激烈的市场竞争中突围，依靠的是多元的演出内容和上乘的品质，才能让一个 IP 形成地域性的消费号召力，而非仅局限在特定的园区、景区内部。

参考文献

［1］王欣，陈徽，王国权. 旅游演艺发展存在的问题及对策［N］. 中国旅游报，2019-04-30.

［2］梧小北. 文旅产业新时代，内容与运营创新仍是旅游演艺发展制胜之道［EB/OL］.（2019-08-07）［2019-10-30］.https：//www.sohu.com/a/332178452_759368.

［3］毛修炳，李子君. 中国旅游演艺行业的发展趋势与未来创新（下）［EB/OL］.（2019-02-15）［2019-10-30］.http：//www.sohu.com/a/294838475_126204.

论儿童旅游产品的研究与开发

■ 郭燕宁

摘　要：在二胎政策的冲击下，中国儿童旅游释放出极大的市场潜力，随着人们物质生活条件的改善和对文化生活质量的更高要求，儿童剧的欣赏变得越来越普及，亲子游也成为旅游市场重要的组成部分，本文试图阐述儿童旅游产业在市场中的不足与未来发展需要作出的努力。

关键词：儿童旅游产品；研发

随着中国旅游业的蓬勃发展，其在国民经济中的角色和地位正显得越来越关键，旅游的产业竞争也注定激烈，寻找和开发新的旅游市场已经成为行业关注的重要话题。在中国不断更新的旅游产业中，成长速度快、生命力强的儿童旅游正成为旅游业一个十分具有发展潜力的细分领域。所以，充分了解当前儿童旅游行业的特点和现状，根据儿童游客的特性，打造适宜的儿童旅游产品，成为引起整个社会关注的重点发展工作。

一、儿童旅游产品的含义

按照国际《儿童权利公约》的概念界定，儿童是指18岁以内的所有人。《中华人民共和国未成年人保护法》等法规都把中国儿童的成年年龄定为18周岁，但目前医学界的主要儿科讨论范围仍是0～14周岁的孩子。针对当前情况，由于少儿旅游产品的重点消费者主要是14周岁以内的少年儿童，而少儿旅游产品与服务研发中心正是要针对此年龄段孩子的心理特征和年龄特性，研发出最符合他们需求、消费习惯的产品。因此，儿童旅游产品的开发与研制具备如下优势：一是具有社会效益，先进的少儿旅游产品能够使孩子们在游玩过程中学习，并有所收获，促进其身心的健康发展；二是具有经济效益，即公司将因此盈利，唯有如此，中国儿童旅游产业才能获得可持续的良好发展前景。

二、儿童旅游产业包含的内容

（一）儿童剧的演出

随着人们对旅游要求的提高，越来越多的亲子景点增设了儿童剧的演出活动。孩子在旅游的途中，不仅能看到不一样的景色，还可以欣赏儿童剧的演出，从而丰富旅游体验。儿童剧是以青少年孩子为重要受众群的话剧、歌剧、舞剧、歌舞剧、戏曲及童话剧、神话剧、木偶戏、皮影戏等不同类型剧种的统称。儿童剧在保留传统戏剧一般特点的基础上，要满足青少年孩子特殊的兴趣、心理及其对事物的认知方法。儿童剧能够利用具体、鲜明的人物形象和生动、鲜明的情景向他们揭示严肃的主题，并进行美的熏陶。在美的熏陶过程中，孩子的创造精神、意志力和想象力均能受到正面的训练，以此培养孩子的逻辑思维技巧，启发孩子的探索欲，使他们得以真实地了解和认识现实世界，并巩固其自身具有的社会伦理道德。

（二）演出之外的产品

除演出之外的产品，夏令营、玩具、食品、服饰等的存在，为旅游市场提供了很大的经济效益和传播价值。高附加值产品是指依靠人的智慧、技能、天赋和文化积淀，对现有的文化资源进行创造性改造与提升，通过 IP 开发和现代科技手段创造的产品。比如，知名的 IP 帝国迪士尼，迪士尼乐园是基于迪士尼系列 IP 建成的主题乐园。迪士尼乐园利用原创电影 IP 推动主题乐园的发展，并以此带动园区内一系列旅游服务设施的更新，从而不断实现业务扩张，使营收如"滚雪球"般增长，这是迪士尼乐园能够取得成功的独特运营思维。可以说，迪士尼乐园秉承着"体验式营销"的生存理念及"创造欢乐"的主旨，成功创建了一个童话般的 IP 世界，使电影作品中虚构的卡通人物艺术形象回归真实。除电影 IP 氛围营造，迪士尼乐园内还提供餐饮、纪念品购买、主题度假村入住等旅游业务，更全面地为游人营造完美的游览感受。世界范围的特许经营也使迪士尼的营收上升到了一个全新的高度，如今全世界共有 4000 多家持有迪士尼特许经营的商店，而迪士尼一年的特许经营额已经超过十亿美元。当年米老鼠一经问世，就有不少制造商同迪士尼取得联系，申请了米老鼠艺术形象的所有权。现在，米老鼠形象的商品已经遍布世界各地，深受全球人民的喜爱和追捧。

三、儿童旅游产业面临的问题

中国儿童旅游市场规模巨大,特别是 1999 年中小学"减负"的教育措施实施后,引发了一场中小学生旅行狂潮。不少旅行公司开始把业务重点投向少年儿童,打造出大量为青少年学生定制的旅游产品。同时,作为全世界最有潜力的儿童旅游市场,我们的少儿旅行产品也面临着许多障碍与困难。

(一)安全问题

由于儿童年龄小、体力弱、缺乏社会阅历,所以儿童旅游的风险要比成人旅游大得多,一般每十个儿童,就要配备一名导游保证其安全。家长因为儿童在旅行中的不满足与一些意外通常要花很长时间才能得到解决。儿童不听从导游安排造成的纠纷也屡见不鲜。

(二)经济效益问题

一般来讲,儿童的门票价格是不及大人的,儿童是非收入群体,在旅游过程中的消费也较少,但对儿童旅游配备的人员等的投入巨大,这也让很多想要做儿童旅游的企业和商家感到头疼。

(三)社会期望值高

家长对儿童旅游产品的期待是较高的,他们期望孩子能从中获得知识和启迪,希望孩子有良好的品德和意志,所以他们对演出内容的设置和周边产品的质量都是有期待的。但景点对孩子出游并不积极,使得旅行社对孩子出游项目的设计难度很大,很多旅行社甚至选择放弃。

(四)儿童演艺精品少

"儿童戏剧的精品太少了。"中国儿童艺术剧院的一级编剧欧阳逸冰说,"影片《喜羊羊与灰太狼》用 1 亿元的高票房告诉市场,孩子也需要文艺精品,如果话剧工作人员仍然选择用口口相传、一票难求的戏剧精品去'俘获'孩子,就依然不能打破传统模式,因为题材单调,对孩子不具备吸引力"。

同时,由于旅游景区对孩子出游活动缺乏积极性,导致旅行社规划的儿童旅游产品难度很大。很多旅行社反映,实际上适合孩子游览的景区和演出很多,只是由于儿童出游经济效益较小，景区并不想另外花费精力给孩子开展特殊接待，造成旅行社没有办法设计旅行商品。

（五）儿童服务设施配套不全

饭店和景点是亲子旅行体验的主要内容，但可以为亲子旅行提供一定的服务设施配套的景点和饭店屈指可数。很多景区都没有儿童专属的相关设备，如儿童餐椅、儿童卫生间等，这注定了无法提供完善的游览体验。很多饭店和景点所谓的儿童服务，就是随便找地方放个游乐设施、摆个卡通塑像。经初步统计，我国真正能够提供儿童服务和设施的景区不超过10%，而且多数为主题乐园或生态农场；而能满足亲子酒店需求的，还不到5%。

四、解决办法

（一）解决安全问题

安全是儿童旅游最基础的原则，也是儿童旅游产品开发中最大的顾虑。无论游览形式怎样，都要先保证孩子的安全：第一，在游览之前就应该反复申明注意事项，并对孩子做好一定的安全教育，同时保证景点安全设施不会出现什么问题；第二，要做好一定的安全措施，在游览之前给孩子购置保险，打消家长的后顾之忧；第三，在旅行的过程中要按配比给每个孩子配置专业的导游和随行人员，以落实每个孩子责任，保证孩子的绝对安全性；第四，在未来针对儿童旅行要建立地区性乃至国家级的儿童绿色旅游通道，并形成从管理上、实施上都可以保证儿童旅行质量的专门机构；第五，可以考虑组建专门接待儿童的专业性旅游接待公司，并由主管部门对企业实施更严格的资质认证，保证儿童旅游的规范。

（二）观念更新是关键

当前影响儿童旅游的主要障碍仍在于观念。景点怕危险、怕麻烦，学校认为旅游耽误学习、不务正业，父母觉得旅行就是在浪费时间和金钱，这种思想严重限制了少儿旅游事业的发展，必须及时疏导。正所谓读万卷书不如行万里路，孩子会在旅途中见识到不同地方、不同种族的风土人情、建筑风貌，增长见识。观念更新也是儿童旅游精品制造的原动力。有了巨大的需求，就会拉动供应，做到了市场的均衡有序，就不怕为市场所提供的商品创造不出精品来。

在旅游产品的研发中，针对儿童各个年龄阶段的需要，制定人性化、个性化的商品，需要特别注意以下几点。

（1）注重儿童心理需求的变化。孩子们随着年龄的增加，存在明显的心理需求差别，所以若要研发适合于各年龄孩子的产品，可借鉴儿童产品"巧虎"的营销模式，巧虎在每个月都为儿童设置了不同的学习与游玩内容，以满足孩子的生理需要与发展身心需要，因此深受孩子们的追捧。

（2）加强旅游线路设计。旅游线路的设计要把精彩、有吸引力的项目放在前面，把轻松、舒适的项目放在后面，行程安排要注意加长休息时间和用餐时间，并多加入一些互动和游戏环节。

（3）讲究经济性。儿童没有经济收入，所有的花费都来自长辈和家庭，所以价格不宜过高。

（三）加强儿童旅游产品的针对性与产品主题多元化

儿童旅游可按照陪伴者的不同分成学校陪同的春秋游、夏冬令营，父母陪同的亲子游和独自外出的修学游等。但无论什么类型，都必须时刻以孩子为中心，将孩子作为真正的服务对象，而不能单纯地将成人旅行产品包装成空有其名的儿童旅行产品。所以，必须从孩子的视角入手，根据孩子的心理特点和行为特性，制定真正属于孩子的旅游项目。在主题多元化的问题上，应在以下方面多下功夫。

（1）在开发针对儿童修学类的旅游产品前，需要先针对儿童学校课程内容，通过拓展思维，发展出形式丰富多样、内容特色明显、中小学生喜爱的修学旅游主题。比如，根据中小学课本，可设计为石油工业游、生物游、奥运游、地质成因游、爱国教育游、书画游、名人故居游等。

（2）针对儿童的年龄特点和心理特点，充分了解儿童的爱好，并投其所好，打造有个性、有深度的精品少儿旅游商品。比如，现在儿童嘴里常常提及的北京、奥运、迪士尼、大海、航空飞机、肯德基、麦当劳等，就可以发现儿童其实并不是完全深陷于童话世界中不能自拔，他们也非常关心社会现实。可以将孩子们经常接触到的内容融入旅行商品中，真实地展现给孩子们，以便进行旅行商品主题的丰富与细化，从而满足各个目标消费者的需要。

除迪士尼外，国内也有优质的儿童旅游品牌——长隆，长隆致力于为每一位旅客带来可以体会到重视与尊敬的服务。当父母带着孩子到宾馆办理入住后，长隆的吉祥物"卡卡虎"会在一旁跟他们嬉戏。广州长隆酒店专门设计了狩猎家庭套房、长颈鹿形象的婴儿床，以及随处可见的儿童专属物品和卡通形象可以看到酒店的用心；熊猫酒店内同样有孩子的游乐区、儿童专属卫生间、餐厅、商店等，其中以熊猫为主题的客房，更是受到了很多家长和孩子的喜爱。珠海长隆横琴湾酒店的家庭套房同样使用了卡通形状的装饰设施，如海盗船形状的儿童床和带有海洋特色拼图的洗浴用品；酒店还有企鹅主题餐厅、房间等。另外，酒店还为儿童提供免费的儿童推车服务；长隆旗下多家酒店品牌都专门设置了儿童专用用品，如环保牙具、儿童水杯、护理用品等，这些物品也同样成为游客争相收藏的纪念品。

（四）加强宣传

除了产品开发，旅游景点、旅行社还应做好宣传。一方面，宣传既要面向孩子，又要兼顾父母；另一方面，传播媒介的选择也很重要，除传统媒介外，一部好的电影、一本好书、一个好的电视节目都是很不错的传播媒介和渠道，如《北京天安门》《登泰山》《桂林山水甲天下》《长江三峡》都曾引发过千万青少年的旅行心愿。

长隆很早就在央视和凤凰卫视播放自己的电视广告。2012年，长隆与浙江卫视《中国好声音》栏目合作，在长隆欢乐世界举办了11场巡演，这是《中国好声音》学员在内地的首次公演，反响热烈。2013年，《爸爸去哪儿》大电影全程在长隆野生动物世界和长隆国际大马戏取景拍摄，长隆的品牌效应也由此实现了质的飞跃。2013年3月10日，京广高铁"长隆号"品牌专列开通仪式在广州南站出发站台举行，这是京广高铁首列旅游专列，也是中国首列由民营旅游企业冠名的高铁专列。2014年年底，长隆野生动物世界与湖南卫视联合摄制了中国第一档原创动物环保真人秀《奇妙的朋友》，节目收视率高居同期段第一，长隆作为该节目全程拍摄地，其品牌影响力进一步凸显。2015年，浙江卫视王牌综艺《奔跑吧，兄弟》走进长隆录制节目，长隆又一次成为国内旅游的焦点。值得一提的是，2013年年底，由原文化部、广东省人民政府主办，长隆集团和珠海市人民政府承办的第一届中国国际马戏节在珠海长隆成功举办，这是一项国家级的大型文化赛事，并力求打造世界顶级的马戏盛宴。可以说，长隆通过极具前瞻性的娱乐化传播营销手段将长隆这个品牌顺利地在国内外打响。而这些成功营销案例的背后，是长隆专业的市场推广团队。

（五）演出后的延伸活动

儿童剧的延伸活动不同于传统儿童表演，舞台演出所需要的儿童小演员有人数限制，要么作为儿童表演者，要么作为观众，有其他能够更深入参与一部儿童剧的方法吗？音乐剧延伸活动也许是最佳答案。音乐剧延伸活动是由儿童剧表演人员组织儿童围绕剧情进行的活动。活动内容有排练舞蹈、教唱片段歌曲、制作道具、扮演角色、参与趣味游戏等，活动形式也非常多样化，可采取讲授、竞赛、分组讨论、提问、抢答等多种形式；活动场所也非常灵活，可在剧院、少儿活动中心、培训机构、公园、景区、自然环境中进行。从活动持续的时间长短上区分，可包括单次活动、系列活动乃至夏令营、冬令营等各种方式。

五、结论

中国的儿童旅游行业正处于成长期，随着旅游行业的蓬勃发展，国家对休闲旅游发展进行有针对性的政策指导，随着家庭收入的提高和父母对儿童教育的关注，更多的父母愿意自己带着孩子旅行或是给他们报团旅行。因此，景区、院团和企业应加大对儿童市场的研究，重视儿童及其家人的体验感，加大对员工的培训及产品的研发专业性，抓住机遇，丰富孩子的旅游体验，推动儿童旅游市场快速、健康发展。

参考文献

[1] 张建宏. 少年儿童旅游产品初探 [N]. 中国旅游报，2006-07-10.

[2] 刘静. 青少年旅游市场的思考 [J]. 中国市场，2006（49）：8-9.

[3] 刘莲. 闲暇教育与儿童旅游市场开发问题研究 [J]. 消费导刊，2008（1）：7-7.

[4] 谭志敏，王宇. 儿童剧面临的矛盾与困境 [J]. 中国戏剧，2006（12）：43-45.

[5] 程式如. 关于儿童剧的断想：儿童剧回眸与前瞻 [J]. 剧本，2000（6）：56-59.

论文旅演艺设备的必要性

■ 杨金明

摘 要：中国演出市场已经开始步入发展转型的阶段，各类演出经营主体在政策环境变化的影响下正主动适应，以更为市场化的面貌打造全新的中国文化演艺产品。随着高新技术的蓬勃发展，演艺装备高新技术也越来越成为演艺行业发展、舞台创新的积极动能。

关键词：文旅演艺；设备；创新

一、文化旅游产业概述

党中央明确提出"要推动文化产业与旅游、体育、信息、物流、建筑等产业融合发展"。作为国家强力扶持发展的第三产业新模式，文化与旅游两大产业的融合发展，对促进整体国民经济的发展升级和整体结构转型具有重要意义。2017年发布的《中国文化旅游业行业深度调研及发展趋势分析报告》认为，文化是旅游的灵魂，旅游是文化发展的重要手段。"十二五"时期，中国文化产业作为"国民经济支柱性产业"，与同样作为"战略性支柱产业"的旅游业将会实现更加广泛的深层次融合，其中，文化旅游产业将是挖掘地方文化、完善旅游产业、带动经济产业结构的根本转变、撬动区域经济腾飞的重大发展契机。

2018年3月19日，第十三届全国人大一次会议第七次全体会议决定，任命原文化部党组书记、部长雒树刚为文化和旅游部部长。原文化部与国家旅游局不再保留，将二者整合，作为国务院的组成部门之一，组建文化和旅游部。

国务委员王勇表示，组建文化和旅游部是为"增强和彰显文化自信，统筹文化事业、文化产业发展和旅游资源开发，提高国家文化软实力和中华文化影响力，推动文化事业、文化产业和旅游业融合发展"。文化和旅游部要在贯彻落实党的宣传文化工作方针政策的基础上，认真研究制定文化和旅游工作政策措施，统筹规划全国文化事业、文化产业、旅游业发展，深入推行文化惠民工作，组织开展文化资源普查、挖掘和保护工作，维护全国各类文化市场秩序，增进国内外文化交流，促进中华文化走出去等。

文化旅游产业作为一个跨界融合的新兴产业，对国家经济建设有着巨大的带动作用，不仅有利于调节国民经济、区域发展格局、提高对外开放的程度和水平，而且对于满足人民群众日益增长的文化需要、改善生活条件、构建和谐社会、促进全面协调可持续发展等领域都起到了巨大的作用。

综上所述，文化和旅游部是对原有组织和资源的优化整合，可以实现 1+1＞2 的效果。

二、文旅演艺行业的现状与发展前景

据原国家旅游局资料，2008 年，中国国内旅游总人数 17.1 亿人次，2015 年，高达 40 亿人次，在 7 年内实现了翻倍增长（见图 1）。2015 年共有 40 亿人次的国内或出境游，相当于我国人均每年出游近 3 次。

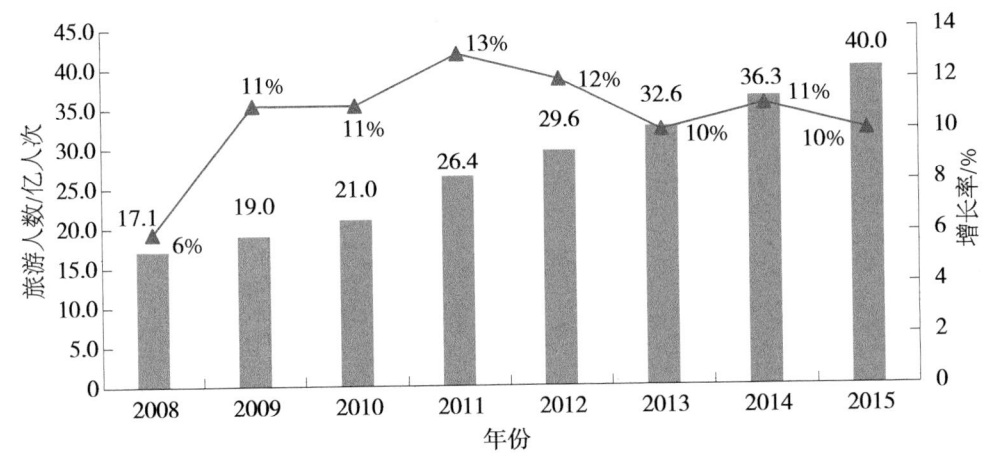

图 1　2008—2015 年国内旅游人数增长情况

原国家旅游局预测，中国旅游度假行业将在未来成为 10 万亿元级别的支柱性产业。毋庸置疑，旅行业已经开始成为中国人消费的重要领域，昭示着中国文旅行业的新投资窗口已经开启（见图 2）。

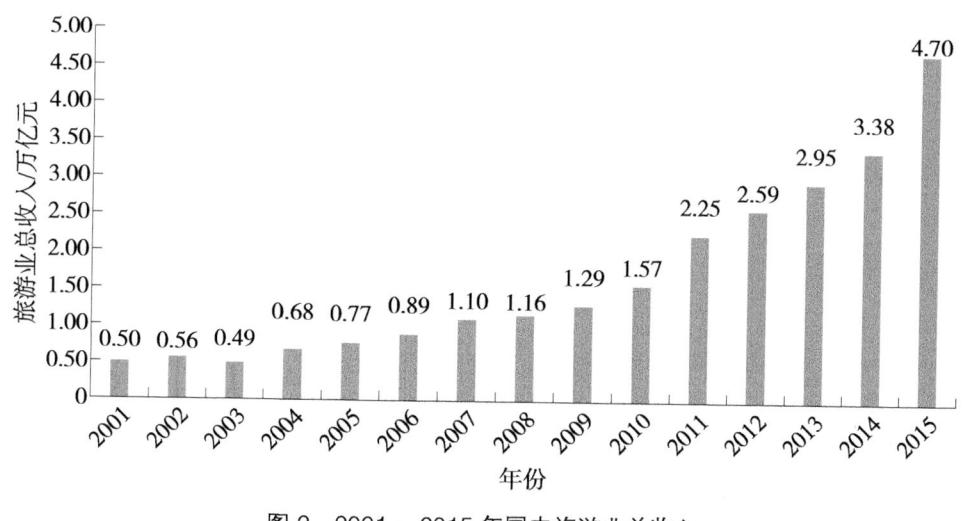

图 2　2001—2015 年国内旅游业总收入

中国战略专家王志纲曾感慨地说：在下一个十年，一旦错失了"文旅产业"，必将错过一个时代！

可以说，我国文旅行业的新发展良机已经来临。但中国文旅的发展仍然面临许多有待提高和完善的问题，亟待与城市区域独特的文化建设紧密联系，这已经是中国文化旅游建设面临的重大发展问题。

三、文化演艺设备创新发展趋势

目前，中国演出市场已经开始步入发展转型的阶段，各类演出经营主体在政策环境变化的影响下正主动适应，以更为市场化的面貌打造全新的中国文化演艺产品。到 2014 年全国演出场次和收入都有了显著回升。这也表明，在公平的市场竞争环境下，只要符合市场规律和市场需求，中国文化演出行业仍存在着巨大的发展潜力。而文化演艺设备与舞美工程企业也及时改变了策略和方向，经过大浪淘沙，一些缺乏实力的公司破产、被收购，留下的都是持续、平稳发展的实力公司。文化产业的发展离不开国民经济体系的支持，主要体现在两个方面：一是文化装备制造业；二是文化消费终端制造业。文化产业发展越快，其对相关装备的需求量也越大，已经成为促进国民经济发展的重要引擎。此外，文化产业对国民经济体系的发展与完善也有很大的促进作用，主要体现在两个方面：一是生产性文化服务业；二是文化内容制造业。

下一步，我们不但要开发最终产品，而且还要做好对中间产品的开发，即加强对文化创意的生产。由"中国制造"向"中国创造"的中国企业转型，靠的正是创新及其背后的中国文化。文化创意对于制造业的促进效果主要体现在这样两个层面：一是有助于提升制造业的品牌价值；二是有助于提升制造业产品的附加价值。

随着高新技术的蓬勃发展，演艺装备高新技术也越来越成为演艺行业发展、舞台创新的积极动能。《文化部"十二五"文化科技发展规划》中就已明确指出，要提高艺术生产装备水平和科技含量，增强文化演出的创造力、表现力和传播力。未来，提升中国演艺装备产业全球竞争力的重点还在于，如何真正突破演艺装备数控系统、功能设备的关键技术，完成演艺照明、音响、舞台机械与数控系统的协调开发和整合配置，建立完善的演艺设备生态圈。文化与现代科技深度融合的当下，科技创新成为文化发展的重要动力，在不断完善的人文技术条件下，文化产业发展也具有蓬勃发展的生机和动力。当前，中国高素质科研人才队伍正进一步壮大，文化科研能力得以明显提高。我国正在持续出台各种文化经济政策，加强对文化产业的扶持力度，从成熟的文化演出、影视、新闻出版领域当中选择一些带头项目，探索文化产业成长模式的先进经验，以此带动整体文化产业的成长。目前，国家文化产业示范基地与国家文化和科技融合示范基地已成为我国文化建设的主要平台，逐步建立起了带动文化产业发展、推动文化事业进步、规范文化市场有序发展的良性局面，扎实推进文化产业成为国民经济支柱产业。

今后，国家在财政方面将进一步采取税费、信贷、政府采购和补助等政策，加大对科技创业的引导与支持力度。文化演艺设备行业也会加强自身的规划布局、能力、体系建设，在产业规划、布局、品牌建设、研发能力、技术标准体系、技能等级与资质认定、市场秩序规范等方面逐步完善。作为文化演艺设备的主要经营者，企业应该紧跟时代发展潮流，把握时代脉搏。

以明和集团为例，主要有以下几个发展趋势。

第一，顺应需求，转型发展，拓展演艺装备市场。

（1）演出团体市场，主要包括各种剧团、演出机构的个性化设施要求，以及舞美声光电工程要求。

（2）广播电视市场，一般分为广播、影视等演艺现场及演播厅工程建设。

（3）文化基础设施市场，主要涉及大型剧场、艺术活动中心、文化馆、体育馆等公益文化设施及建筑。

（4）文化休闲旅游市场，主要涉及酒店、KTV、实景秀等，如《印象·刘三姐》《汉秀》等"印象"系列的文旅实景演艺。

（5）城市多媒体景观市场，主要包括城市景观、城市名片展示等，并能够衔接我国新一轮的城镇化发展相关项目。

（6）展览展示市场，一般分为展览厅、企业及产品展览，此外还有综合展览会、专业展览会等。

（7）农村与城市社区的文化消费市场。

（8）海外市场，突出我国制造业的制造优势、产量优势。

第二，自主研发，逐步完成由"传统制造业"向"高科技产品"的新产品转变。

第三，自主创新，完成由"中国制造"向"中国创造"的转变。

第四，做好市场营销，完成由"普通工业化产品"向"艺术类产品"的转变。以文化创意设计为基础，根据具体的文化剧目展示要求，进行针对性设计，给用户带来人性化的定制服务和产品。标准化的生产早已无法适应用户的需要，唯有人性化的定制可以使文化节目达到最佳的视听效果。

第五，进一步完善产业链体系，以完成企业由"生产销售领域"向"综合服务领域"的过渡。

第六，加强文化装备出口，并积极巩固和拓展国外市场。

四、文旅产业市场痛点及新模式解析

中国家庭收入层次的提升使他们对文化生活的要求越来越丰富。在居民消费升级和国家政策红利的作用下，文旅产品已然成为当前消费市场最火热的领域。

但是，从最初独创的世界之窗到时下遍地开花的万达文旅城；从各类卡通乐园到迪士尼入驻上海；从单体景点经营到全域旅游经营，通过近几年的市场探索，文旅行业正不断经历着由卖方市场向买方市场、由资源能力向生产能力、由标准化生产向差别化产品、由客群市场向细分市场的变化与发展过程。新的市场需求也导致了传统的"旅游搭台，地产唱戏"模式已然不再适合我国国情，从投资人、项目开发商到经营管理方，均将陷入巨额投入、高度同质化、缺少有效经营管理模式、缺少人才资源对接、缺乏盈利模式的困局。所以，企业唯有倾注更多精力于资本运作方式、产品内涵设计、经营管理模式、利润创收渠道等方面，认识到"资金、内涵、经营、盈利"四大范畴的问题，并做出富有针对性的策略布局，方可实现长期稳定的行业发展布局，在提高效益的同时，也谋取更加长期、稳定的利益。

（一）文旅风热点下，如何正确把握投资热点的价值导向

近两年，文旅行业呈现多元化的显著特征。过去，景点、饭店一直是人们重点的投资领域，而现在，旅游综合体投资已成为市场的焦点，通过这些集旅游、文化、运动、商业、社会服务等功能项目于一身的新商业模式，以突出各大功能项目为基础要素的旅游产品、文化小镇、精品住宿、冰雪旅游、自行车营地、主题公园、文化表演、体育赛事的项目形式，引发了广泛的关注和投资热潮。

但由于文旅产业投资经营是一个综合的"组合拳"，从前期定位到后期运作，任何一个环节的任意一项决策或举措都会影响到公司最后的盈利成果，为防止企业盲目跟风市场趋势，只有通过正确掌握公司的发展策略，选取适合于公司定位、具备优良资源，并可以进行灵活投资运营的项目，才能真正助力自身企业的发展。以复星为例，随着国内市场与消费规模的扩大，复星近年来明确提出"中国动力嫁接全球资源的投资方向"，并发布了"快乐时尚战略"，围绕消费升级，增强了国际化产业融入意识，致力于建设具备国际水平的健康快乐时尚平台。复星的全球收购投资策略，符合其现阶段的战略位置和发展要求，对其进行生态圈的深入布局及国际行业合作有着巨大的推进意义。同时，依托陆续获得的渠道资源，复星将利用世界一流的旅游产业资源优势，通过包含并购融资在内的各种手段，逐步构建集影视娱乐、文化消费、媒体网络等为一体的强大文化产业生态。

但是，并不是每个公司都具备复星的资本和资源优势，而且各个项目的融资背景和发展战略也都不尽相同。那么针对具体类别的企业和项目而言，如何投资才能参与文旅项目？究竟怎样的文旅项目适合投资？对于不同类别的公司怎样选取恰当的投资热点，确定合理的投资方向，并进行完善的资本化运作？这些已经成为各大企业聚焦的焦点话题。

（二）内容为王的时代，文旅产业怎样克服同质化诟病

在"体验经济"的影响下，"文旅化"成了文化旅游经营者和地产商实现特色化转型的重要途径。同质化的"大众市场"正在向个性化的"个性市场"过渡中。想要突破商品共性，把握市场经济发展规律，创造高质量的体验经济，就必须从文化旅游商品的本质特征出发。

1. 需求特征

具有地域特点或人文特征的文旅项目正在日益获得市场的认可。文旅产业必须适应人民群众日趋多元化、细致化的生活需求，利用创意手段、市场化产品和立体化服务，准确解读地方个性优势和社会人文基因。

2. 开发特征

现如今，市场需求已开始取代旅游资源，逐渐变成了直接影响文旅行业发展的主要影响因素，并直接影响到了文旅项目的发展理念、设计及商业模式等各个方面。在旅游需求引领文化项目开发的新背景下，休憩体验成为新的发展方向，并直接影响文旅产业而划分出了"目的地型度假综合体模式""城郊游憩型休闲综合体模式"和"文化体验型文旅商综合体模式"三个类别。

3. 产品特征

文旅产业由于自带的文化属性而和一般的旅游产业区分开。借助景观、建筑等新载体能够全面展示其属性优势，其中，产品的打造尤为重要，而复合型的服务功能也是它所不能欠缺的部分。

（1）景观为形，文化为魂。具体的、生动的文旅地产景观是文旅产业人文艺术资源的集中展示，不但能够表现文化主题内涵，还能够呈现出自身独特的美学价值。它是文旅地产发展的"魂"，是模糊抽象的，其主题可以是提炼原有文化，也可构思创造出新文化。

（2）旅游导向，综合发展。旅游观光是文旅产业的出发点，地产则是文旅产业的落脚点。所以，其产品、景观环境及动线设计都必须以丰富旅游者感受为主导，而在设施配套上，则必须全面考虑观光、度假、住宅、商务及产业开发等多种需要。

通过内容打造，文旅产业能够冲破有效资源对传统地产行业的约束和文旅市场对有效需求不足的瓶颈，建立核心价值吸引力，塑造项目品牌形象，推动产业革新，从而培植特色的、有发展潜力的目标消费市场。所以，在全面了解市场需求的基础上，怎样利用设计手法形成复合型的文旅产品？怎样利用因地制宜的设计，丰富文旅产业的消费体验？怎样提升产品"文化"内核，从而形成独具特色的项目类型？这些问题都有待人们深入思索。

（三）重运营模式下，如何实现经营模式常新

目前，市场销售依然是评判文旅项目发展成功与否的最直接标尺，但运营环节已成为市场销售的终极导向，通常表现在高品质的落地项目、细致化的管理，以及精确而多元化的市场营销途径。以各个环节的形式不断创新，形成了产品复合化、体验主题化、经营专业化、收益多样化的创新体系，并通过引入运营和管理资源来实现社会资本的永续利用和增长，进而达到"重运营、轻资产"的转向。

以渔窑小镇为例研讨湖南文旅特色小镇演艺的植入

■ 唐宏岳

摘　要：近年来，随着中国大众旅游的蓬勃发展和全域旅游的强力推动，民众对于文化旅游的品质要求日益提升，以往单一的以展示和介绍自然资源为主的观光旅游项目已经脱离民众日益增长的观光旅游需要，在新消费、新文旅的大背景下，文旅特色小镇将是新时期中国旅游开发的又一块全新蓝海。然而一些特色小镇存在重建设轻运营、重硬件轻软件、重形式轻内容的问题，导致建设后无法达到投资和产业预期。本文将以湖南省岳阳市洋沙湖文旅度假区内的渔窑小镇为例，分析其现状和存在的问题，期待通过演艺的植入盘活小镇的人气和产业生机，由此找到一条适合湖南文旅小镇旅游演艺发展的新思路。

关键词：洋沙湖；特色小镇；演艺

近年来，随着中国大众旅游的蓬勃发展和全域旅游的强力推动，民众对于旅游质量的要求日益提升，以往单一的以展示和介绍自然资源为主的观光旅游项目已经脱离民众日益增长的观光旅游需要，因此，文化旅游开始逐渐得到群众的青睐和追捧。在我国文旅深度融合的大背景下，中国文旅特色小镇将成为新时期文化旅游发展的一块全新蓝海。2017年，我国文旅特色小镇市场营收规模为450亿元，显现出广阔的市场空间和潜力。

湖南近几年也涌现出不少文旅特色小镇，然而成功的不多，大部分盲目跟风，同质化严重。有的重建设轻运营，入不敷出；有的没开业就夭折了；有的直接从事房地产开发，违规改变土地属性。本文以洋沙湖文旅度假区的渔窑小镇为例，着力于本土文化的挖掘、演艺技术和内容的结合及新的商业模式的探索，希望找到一条通过演艺植入盘活湖南文旅小镇的新思路。

一、渔窑小镇介绍

（一）洋沙湖文旅度假区简介

洋沙湖国际旅游度假区项目地处长江中游城市群中部，立于环洞庭湖核心、湘江之东、芙蓉路北，南临长沙 30 千米，距黄花国际机场 60 千米，水路可南下橘子洲、北上洞庭湖。

基于万亩洋沙湖自然生态山水资源，项目以 7 大旅游产业与 14 个核心文旅项目为依托，以具有湖湘特色的水文化为核心，按照"传承千年渔窑文化，独享七星欢乐假日"的文化休闲度假理念，依据三大国家级标准（国家级旅游度假区、国家 5A 级旅游景区、国家生态旅游示范区）策划、建设和经营。

项目总规划面积约 2.6 万亩，总投资约为 200 亿元，已建成投入超 50 亿元。规划未来达到年度千万级的旅游观光人次，辐射将近 800 公里半径的区域，潜力极大。洋沙湖国际旅游度假区已于 2017 年开业运营，其中，花海和水上乐园项目已经创出品牌，年旅游人次近 160 万，营收 1000 多万元。但综合原因导致项目整体自身造血能力不足，盈利还有很大提升空间。

（二）渔窑小镇的现状

1. 特点与优势

渔窑小镇以洞庭湖渔文化和洋沙湖窑文化为内核，并以晚清合院、民国风情群落建筑为载体，大泼墨构建四广场四十三院落，营造独具中华特色的历史文化、生态文化、快乐休闲、美食享受、诚信立业的特色民国小镇。小镇设计精巧，布局紧凑，建造精细，特色突出，一景一故事，一院一设计，既体现出了东方富贵的神采，又洋溢着江南水乡的韵味。渔窑小镇紧挨万亩水面的洋沙湖，自然条件极其优越。作为湖南唯一的民国主题旅游小镇，文化 IP 有特点。小镇离长沙 1 小时车程，区位优势也很明显。综合来看，渔窑小镇有充分打造成一站式旅游目的地的可能。

2. 遗憾与不足

（1）规划重于策划。渔窑小镇在历史上没有存在，而是洋沙湖文旅度假区的项目方规划而来。渔窑小镇名字的由来："渔"即为洞庭湖渔文化，"窑"为古代当地有越州窑址。小镇整体为民国风格，游客在小镇里虽然仿佛置身于民国时代，但因为对渔窑文化的陌生，使游客对小镇的认同感较差。渔窑 IP 的品牌规划看来值得商榷，作为原生态的IP，品牌没有经过时间考验，游客的认知度太低。另外，为了让游客熟知该品牌，因此需要大量的品牌推广营销成本，使得财务成本大大增加。

（2）建设重于运营。渔窑小镇占地500多亩，有几百栋独立街区。建筑材料和工艺，以及对于民国风格的准确把握可以看得出建设方还是很用心，希望打造成高品质的文旅小镇。然而建设只是从图纸到落成的重要一环，运营才是项目整体盈利、持续经营的关键。小镇因为缺乏前期策划，内容卖点不够，很难带动游客的体验。同时没人气使得街区商户也失去了信心，纷纷关门退租。小镇现在运营出现很大的困境，城内几乎处于门可罗雀的状态。

（3）市场重于资源。资源只是形成产品的物质基础和充分条件，市场才是检验产品的唯一标准。洋沙湖万亩水面，自然环境优越，交通方便，区位优势明显。从这些来看，渔窑小镇应该有很好的基础。开发商可能也过于迷信自己优厚的资源条件，在渔窑小镇演艺打造的时候没有经过市场调研，前期上马的是一个北京公司策划的密室逃脱项目。作为一个互动沉浸式体验游乐项目，小镇布局了5大游戏场景，游客需要在小镇入口选择密室类型，并换上服饰，打扮成游戏中角色的模样。

密室游戏比较小众，主体是年轻人，仅占游客中一小部分。因为密室内容和空间的限制，一个密室过关大概2个小时，人员最多20人。游戏每天饱和体验的人只不过几百人，每人100多元的票价，一天收入屈指可数。另外景区离长沙等大城市较远，景区游客只有周末才多一点。可想而知，这种游戏体量的演艺体验完全不能支撑小镇的运营成本。另外，密室游戏在室内封闭举行，游客不会出现在街区，也导致景区街区人流量很少，没有人气，小镇失去了活力。

另外，小镇的场景设置和游戏设计与主流价值观背离。为了真实还原民国风貌，小镇里衙门、督军府、酒坊、钱庄、赌坊等一应俱全，里面的陈设也栩栩如生。但是在现阶段国家弘扬正能量、去除封建糟粕的背景下，这种还原与主流价值观格格不入，有一定的商业风险。

二、渔窑小镇旅游演艺策划思路

（一）整体定位——打造湖南首个文旅演艺小镇

1. 什么是演艺小镇

演艺小镇的概念兴起于2016年。地处浙江省湖州长兴县太湖图影旅游度假区的长兴太湖演艺小镇，凭借总投资200亿元的"太湖龙之梦"项目迅速吸金；翼天集团投资3亿元在婺源建设演艺小镇，于2018年3月初建成对外开放；山水盛典与咨询机构智纲智库联袂组建上海纲元文旅，并联合打造中国脸·演艺小镇。演艺小镇的出现，与中国传统名胜景区游览人数的增长正逐步放缓有关，而与主打地域人文和夜游经济的都市休闲旅游地位正显著提升也有关系。对于演艺小镇而言，演出是其最为核心的发展要素。

2. 渔窑演艺小镇的定位

渔窑小镇要摆脱如今的困境，建议以"特色小镇+文旅演艺"的模式，打造湖南首个真正意义上的"文旅演艺小镇"。作为洋沙湖文旅度假区的升级版，渔窑演艺小镇将整合湖南本土"湖南广电"和"潇影集团"的优质资源，以"影视""民国""洞庭湖"等为关键词，规划多种复合沉浸式演艺形态，还原经典电影故事，打造街区演绎穿越，重塑民国风情场景。让景区活起来，让游客留下来。

3. 演艺小镇的主体——潇湘电影集团影视城

潇湘电影集团前身是1958年成立的潇湘电影制片厂。作为中国中部地区最有活力的国营电影制片单位，潇湘电影集团有限公司制作了不少脍炙人口的影视佳作：《那山那人那狗》作为中国低成本文艺片的代表，至今仍在日本享有极高的声誉；被奉为中国武侠经典之作的《新龙门客栈》，始终被全国观众津津乐道，让人百看不厌；而《国歌》《湘西剿匪记》《毛泽东在一九二五》《刘少奇的四十四天》等一系列知名电影也是潇湘电影集团有限公司在主流电影创作中的代表作。

依托渔窑小镇的民国风貌，把潇湘电影集团的经典影片IP进行全方位的创意策划落地呈现，以《新龙门客栈》《国歌》等电影的场景和情节进行演艺节目创编并演出。同时引入潇影集团的影视剧制作资源，让渔窑小镇成为专业影视机构拍摄基地、抖音等短视频网红打卡地，以及普通游客实现电影电视梦想的乐园。

（二）演艺整体模式和内容

1. 洋沙湖旅游演艺策划定位的"四维"模式：1+3+N+T模式

根据洋沙湖文旅度假区的规模、定位和辐射区域，渔窑小镇可以策划制作1台核心演艺、3台特色演艺、N个动态文化展示及T（Time）节庆活动。

2. 1+3+N+T模式具体内容

（1）1台核心演艺。在洋沙湖渔窑小镇旁，或者另辟地块打造本演出项目。完全还原潇湘电影集团制作的电影《新龙门客栈》的场景和故事情节，以武术、特技和烟火等打造视听盛宴。时长45分钟，预计观众席1500座左右。以强势电影IP为卖点，满足大众武侠情结。同时，可以打造张曼玉、林青霞、梁家辉等个人明星资料馆，满足大众追星喜好。

（2）3台特色演艺。一是大型室内沉浸互动式实景演出《国歌》。利用现有渔窑小镇的建筑布局和空间，在室内外还原潇湘电影集团拍摄的主旋律电影《国歌》几个经典片段，让观众身穿当时服装作为演员参与整个演出。演出时多机位同时拍摄，最后剪成电影片段，让观众在演出结尾的看片大屏幕上找到自己，可现场评选最佳演员并颁奖。观众可以在行进中，体会国歌的诞生过程及革命先烈为国家抛头颅洒热血的精神品格。另可利用小镇现有场地策划建设《国歌》文化主题馆，介绍国歌文化。为研学产品、党的组织活动及中小学教育增加丰富的现实内容与教材。

二是大型水景光影秀《洋沙湖传奇》。以洋沙湖广阔水面为舞台，大型水幕电影结合灯光、激光、动态雕塑、裸眼3D等技术，打造湖南最大的水景光影秀。展现近代湖湘历史、洞庭湖文化、岳州瓷窑文化等，同时展现当代湖湘的巨变和胜景，该项目将成为洋沙湖夜色旅游的最大卖点。

三是大型豪华歌舞秀《风情渔窑》。以20世纪三四十年代流行的歌舞演艺为主，类似旧上海滩"百乐门"的歌厅形式。爵士乐、高衩旗袍、香鬓俪影、轻歌曼舞，节目、演员和场景顿时让广大游客恍惚回到灯红酒绿的民国上海滩。

（3）N个动态文化展示。在现有渔窑小镇的街头、城门内外、湖码头、督府等场所，根据民国的风俗民情及相应重点主题进行外场和内场结合的多种小型演艺布局。丰富景区演艺业态，加强与游客的互动，提升游客满意度。更重要的是提升景区人气和游客参与度。

小演艺大概有以下内容：军阀现场征兵、小镇开城仪式、水码头迎亲、督军府审案、街头卖艺、抛绣球、民俗绝活、非遗展示、开渔祭祀、民国服饰街头秀、"中华第一保镖"大侠杜心五传奇等。

（4）T（Time）节庆活动。旅游景区的节庆消费收入一般会占到全年较大的比重。因此，小镇可以针对不同的节庆日打造主题活动。传统节日如端午节举办龙舟大赛、全民包粽子擂台赛；国庆节举行全民为祖国庆生巡游活动等。

另外在节日策划之外，还需打造年度主题大活动，自身营造热点提升景区收入。比如，"洞庭水上音乐节""洞庭湖开渔节""大年灯展庙会""抖音视频大赛""中国民间定向越野大赛"等。

（三）与本省文化企业强强联合

湖南特色文旅小镇的 IP 策划和内容植入，应该结合本地特色，与熟悉本土情况的湖南大型实力企业或部门合作。渔窑小镇的演艺植入建议与湖南广播影视集团和潇湘电影集团合作，共同打造具有湖南广电特色的演艺小镇。

1. 湖南广播影视集团

湖南广播影视集团是我国首个省属广电传媒集团。其中以湖南卫视为代表的精品频道品牌、以电广传媒为代表的资本经营品牌、以金鹰影视文化城为代表的产业经营品牌、以中国金鹰电视艺术节为代表的文化节庆活动品牌已经成形。湖南广播影视集团，正以更加稳健的步伐迈入现代国际传媒的世界大舞台。

渔窑小镇需优先把湖南卫视等特色栏目进行落地展示体验，定期邀请湖南电视主持人和栏目嘉宾到景区进行互动和宣传。小镇的品牌宣传也可依靠湖南广播影视集团的电视和广播进行推广。后续可继续与湖南广播影视集团进行基地合作和产业转移，打造洋沙湖影视文创园，入住影视公司和明星工作室。并有可能通过湖南广播影视集团的下属投资公司和基金公司，合适的时候推动渔窑小镇和洋沙湖文旅度假区打包上市。

2. 潇湘电影集团

潇湘电影集团现在隶属于湖南广播影视集团管理，属于下级子公司。本文前面已经详细地介绍了潇湘电影集团，在此不赘述了。小镇与该集团的合作，除了把潇湘电影集团的优质电影 IP 植入景区，后期还可共同举办小镇电影节、影视明星见面会等线下活动。同时积极引入电影、电视剧和抖音快手制作机构进入景区拍摄影视剧和短片。合作申请政府扶持资金，把洋沙湖渔窑小镇打造成湖南真正意义上的影视城。

（四）演艺植入服务"三位一体"模式

渔窑小镇的演艺整体植入需要找到合适的公司来全程成体打包合作，一定要有服务的"三位一体"的意识，即策划设计、编创制作和运营管理，全程服务、三位一体、形成闭环，这样就可以避免合作公司只制作不考虑运营的事情。国内好的制作公司，一定是为客户着想，必须在前期策划制作中把后期运营加进来，或者说以运营的目标倒推景区的策划和制作。愿意前后期一起负责的公司，本身对自己的产品有充分的信心，愿意与客户捆绑共同成长。

三、渔窑小镇文旅演艺植入的目标

渔窑小镇及洋沙湖景区现有自然条件和硬件条件都不错，期待整合湖南广播影视集团现有资源，通过独特文化 IP 和旅游演艺项目的植入，撬动小镇旅游增量市场，留客过夜，带动夜间经济，全方位扩大整体旅游收入，把渔窑小镇所属的洋沙湖打造成华中知名的国家级旅游度假区及国家级文化产业示范基地，让洋沙湖成为湖南省"文化+旅游"二者融合的标杆。

四、结语

2019 年 10 月，湖南省文化和旅游厅正式向社会推介湖南十个特色文旅小镇。本次推选主要从文化内涵、品牌影响、文旅融合、产业发展、服务建设、管理机制六个角度展开，获选小镇品牌包括浏阳市文家市镇、永顺县芙蓉镇、洪江区古商城小镇、望城区铜官小镇、通道县坪坦乡、岳阳县张谷英镇、龙山县里耶镇、桃花源旅游管理区桃花源镇、长沙县果园镇、新化县水车镇。以上文旅小镇以地域特色文化为内核，以旅游为载体，以文旅产业深度融合发展为支撑，文化特色突出，地域风情浓郁，拥有较强旅游吸引力和辐射带动效应。

以上提到的都是湖南文旅特色小镇的代表。其实，在全国前几年的文旅小镇建设浪潮后，一些特色小镇存在重建设轻运营、重硬件轻软件、重形式轻内容的问题，使建设后无法达到投资和产业预期，纷纷陷入困境。怎样让这些小镇盘活资产，寻找到各自的产业特点，让小镇真正成为地方产业和旅游发展的双引擎，方法有很多，旅游演艺的植入是其中重要的手段之一。可通过整合湖南本土的传统文化及各方面的政商资源，找到自己文旅小镇独具特色的 IP，因为对文化特色 IP 的植入才是文旅特色小镇能否可持续健康成长和发展的关键。把独特的 IP 通过演艺固化落地，使非物质的东西成为大家看得见、摸得着的文化消费产品。游客在欣赏演艺的过程中，其自身体验感会更强。

总而言之，湖南文旅特色小镇的发展方向和思路不能改变。要将打造中国特色文旅小镇作为实施乡村振兴战略、加快推进文化旅游产业发展的重大举措，促进文化、旅游与农业、休闲、教育、康养及互联网、金融、媒体等产业和要素融合发展。

武乡县红色旅游发展的困境及其发展对策

■ 陈凤枝

摘　要：武乡县历史文化深厚，革命战争遗址遗迹众多，是全国著名的红色旅游胜地，也是太行山革命精神的发源地，作为华北指挥中枢，为抗日战争胜利做出了重大贡献，被誉为"八路军的故乡，子弟兵的摇篮"。探索武乡县红色旅游发展的困境及发展对策，有利于保护当地红色旅游资源、提升旅游综合实力、促进经济发展。本论文通过分析武乡县旅游发展现状和问题，对如何加快武乡县红色旅游发展提出参考性的建议。

关键词：武乡县；红色旅游；发展对策

一、红色旅游概念界定

随着我国的红色旅游开发项目逐渐增多，国内学者分别从不同的角度阐述了红色旅游这一概念。毛日清首次在我国提出红色旅游的概念，他认为红色旅游是指人们通过对革命历史遗迹的参观，在丰富人们历史文化知识的同时，增强人们的爱国主义情感，进而对人们起到教育的目的。李向明认为红色旅游是依托革命战争遗址、革命精神、革命纪念馆等旅游资源，通过合理开发将其转化为旅游产品，并在此基础上开展的旅游活动。2004年发布的《2004—2010年全国红色旅游发展纲要》对红色旅游的概念作了官方界定："红色旅游主要是指以中国共产党领导人民在革命和战争时期建立的丰功伟绩所形成的纪念地、标志物为载体，以其所承载的革命历史、革命事迹和革命精神为内涵，组织接待旅游者开展缅怀学习、参观游览的主题性旅游活动。"此后学者在红色旅游研究中普遍引用这一概念表述或对这一表述的补充。

为了便于对红色旅游展开更为深入的研究，本文在总结前人研究成果的基础上，结合国内红色旅游发展进展，将红色旅游的概念界定为以下几个方面。

（1）红色旅游是以革命战争遗址、遗迹、革命事迹、标志建筑为载体，以其所承载的革命精神为内涵，组织旅游者开展学习革命精神、缅怀革命先烈的一种专项旅游活动。

（2）红色旅游作为革命教育和旅游相结合的产物，属于爱国主义教育的一种新型的旅游活动，具有政治、经济的双重属性。

（3）红色旅游是精神文化产品，是一项具有中国特色的专项旅游产品，红色旅游作为"红色"与"旅游"相结合的产物，其中"红色"是核心内涵，"旅游"是表现形式。

二、武乡县红色旅游资源现状

（一）区位优势明显

武乡县地处太行山中段，位于邯郸、邢台、临汾、焦作、长治、太原的相对中心位置，有明显的地理优势。武乡县境内，铁路、公路等交通线路已贯穿全县，形成初具规模的交通网络系统，为全县红色旅游的发展打下了扎实的基础。

（二）旅游资源丰富

武乡县旅游资源可分为革命文物、自然风光及历史文物三大类。一是武乡县革命遗址遗迹众多，遍布全县境内。目前，武乡县拥有八路军太行纪念馆、百团大战总指挥部、王家峪八路军总部、抗日军政大学旧址等革命遗址40多处，保留的革命文物遗产多达4000多件，其中包括100多件国家一级文物及上百件省级一级文物。此外，武乡县深度挖掘红色旅游文化内涵，依托武乡县红色旅游历史，打造了能够全方位、多角度反映武乡县红色旅游文化的八路军文化体验园、八路军游击战体验园、《太行山》实景剧。八路军文化园能够充分向游客展示抗战时期八路军战士在此战斗、生活、学习，以及武乡县当地人民投身革命事业、军民鱼水情深一家人的生活情景；八路军游击战体验园则是运用现代高科技全面模拟再现了毛主席游击战的精妙之处，可以亲身体验抗日战争时期的战争情景；《太行山》实景剧能够全面反映太行山的整体风貌和太行山人民英勇奋战的场景。二是风光宜人的自然景观，太行山脉蜿蜒境内，更有板山、太行龙湖、华北最大的溶洞太行龙洞。三是绚丽多彩的历史文物，如东汉时期的圣泉寺、后赵的石勒寨、宋代的五龙山应感庙、金代的故城大云寺及监漳会仙观、元代的东良洪济院、北魏的土河真如寺和离相寺、清代的千佛塔等许多古建艺术珍品及保留完整的古建筑群等，还有一大批具有很大影响力的历史名人遗址。

2019年，武乡县的太行龙洞、八路军太行纪念馆和八路军文化园景区被评为长治4A级景区（见表1）。

表1 长治A级景区名录

序号	景区名称	等级	评定时间
1	壶关县太行山大峡谷景区	4A	2007年8月
2	平顺县太行水乡景区	4A	2008年10月
3	平顺县天脊山景区	4A	2008年10月
4	武乡县太行龙洞景区	4A	2009年12月
5	武乡县八路军太行纪念馆	4A	2009年12月
6	武乡县八路军文化园景区	4A	2012年10月
7	黎城县黄崖洞景区	4A	2012年10月
8	平顺县通天峡景区	4A	2014年12月
9	襄垣县仙堂山景区	4A	2014年12月
10	上党区振兴小镇	4A	2018年12月
11	黎城县洗耳河景区	3A	2017年11月
12	屯留区老爷山景区	3A	2017年11月
13	潞州区始祖百草堂景区	2A	2002年4月
14	上党区五凤楼景区	2A	2014年12月

（三）旅游餐饮文化资源独特

武乡县优越的地形特征及适宜的气候条件，为生产绿色无公害农副产品创造了独特的条件，如"老家"有机小米、"杏满园"天然饮品供不应求。"灌肠"是武乡人的夏令小吃，用荞面制成，有清热解毒之功能。《本草纲目》载："降气宽肠，除积滞，消热肿风痛，除白浊白带，脾积泄泻。"山西是面食之乡，武乡县也不例外，"抿圪蚪"、武乡烧饼都是当地有名的特色小吃。

三、武乡县红色旅游发展现状及存在问题

(一) 武乡县红色旅游发展现状

1. 旅游资源大多已转化为旅游产品

武乡县拥有丰富的红色旅游资源，非常重视红色旅游的发展，近年来已取得卓越成效。为了充分突出红色旅游主题，2008年，武乡县将"做大做强八路军文化产业"作为转型发展的切入点，与深圳华侨城集团、北京华严文化投资有限公司合作，投资5.7亿元启动了"两园一剧"等一批重点支撑项目，相继建成全国最大的八路军文化园、国内唯一的体验式八路军游击战体验园和全国最大的红色实景剧《太行山》。2011年，"两园一剧"的正式推出，标志着武乡县已成功将旅游资源转化为旅游产品。

2. 体验性旅游产品独具特色

随着体验经济的到来，游客不再满足于单一的观光讲解，消费需求从观光型向休闲、体验型转变。武乡县在旅游产品开发上，注重产品的体验互动性，在深刻体现红色旅游文化内涵的基础上，增加互动体验性强的游览项目，使游客在这里能够"当一天红军，打一场游击战，吃一餐小米饭，体验一次八路军生活"，加大了游客的参与性和互动性，提升了武乡县旅游产品的趣味性和吸引力，也奠定了开拓中青年旅游市场的基础。

3. 旅游产品宣传力度较大

有效发布旅游信息是吸引游客的一种重要手段，充分利用多媒体全方位地宣传红色旅游资源，是提升红色旅游市场影响力和美誉度的最佳途径。近年来，武乡县为打造八路军主题文化公园，多次组织以红色旅游为核心的主题文化活动。2011年8月，"两园一剧"开园运营后举办全国首届八路军文化节，利用媒体全方位多角度宣传，打响了武乡县八路军文化的品牌，带动了旅游业的发展。与此同时，武乡县政府出资完善了景区相关道路标识标志、高速宣传版面，建设八路军文化氛围一期工程，包括八路军文化版画、八路军将士雕塑、抗日英雄故事版画等，形成了"举步皆是八路文化，处处展示武乡特色"的文化氛围。由此可见，武乡县在旅游宣传方面下足了力气，大大提升了武乡县在全国的知名度。

(二) 武乡县红色旅游发展存在的问题

1. 旅游服务体系有待完善

优质而全面的旅游服务是提升目的地形象与游客满意度的一个重要途径，是旅

游业得以持续发展的精髓。随着武乡县旅游业的大力发展，旅游服务的质量已经有所提升，但尚未形成完善的旅游服务体系。第一，旅游交通道路建设力度亟待加强。武乡县的旅游景点分布较远，各具特色，目前武乡县虽已初步形成旅游交通网络体系，但通往景区的个别道路路况不理想，尤其是通往太行龙洞的道路，如果想利用红色旅游景点带动周边景点发展，以带动武乡县旅游业的新发展，就必须对旅游交通道路进行完善。同时，武乡县的资源分布极不平衡，煤炭资源和旅游资源大都集中分布于东部，煤炭的运输带来东部交通道路的破坏，通往景区的道路上经常来往运煤车，道路上尘土飞扬，不仅严重损害了武乡县在游客心中的形象，也存在很大的安全隐患。因此，为了保证旅游业的顺利发展，武乡县政府应该不断完善基础设施的建设，尤其是旅游交通道路体系的构建。第二，武乡县的旅游接待设施严重滞后。2011年8月，"两园"成功开园后客流量迅速增加，武乡县的旅游接待设施已无法满足游客的需求。武乡县现有武乡宾馆、五洲大酒店两个二星级宾馆，还有正处于建设之中的五星级酒店，仍然无法满足游客的住宿需求。因此，武乡县应当致力于建设针对不同消费水平游客的增设宾馆。

2. 旅游专业人才缺乏

武乡县现处于旅游业发展初期，需要大量旅游专业人才，县政府也十分重视旅游从业人员的专业素质，通过定期对员工进行培训、完善考核制度来不断提升从业人员的专业水平。"两园一剧"已于2010年与深圳华侨城签约，由深圳华侨城的一批精锐人才队伍来管理。即便如此，旅游专业人才，尤其是景区中层管理人才、宣传促销人员、规划人才仍十分缺乏。因此，武乡县必须加大对旅游专业人才的引进和培养，这样才有利于旅游业更快更好地发展。

3. 旅游促销手段滞后

网络的快速发展与普及冲击了旅游目的地的传统旅游宣传促销方式，迫切要求旅游目的地利用网络的便捷高效做出相应创新。武乡县属于革命老区，多年来，经济发展较为落后，对高科技的运用明显滞后。目前，武乡县的旅游宣传方式还是传统的高速路展板式宣传、公交车滚动播放宣传口号、旅游网站等。旅游网站也仅仅局限于对旅游产品进行静态式的图片宣传，还不具备网上订购旅游产品、与游客互动等功能。因此，应当积极运用网络创新宣传方式，进行多元化的宣传，来提升武乡县的知名度和影响力。

4. 旅游业发展所需资金短缺

众所周知，旅游业是一个前期资金投入大、资金回收链较长的产业。武乡县加快红色景区景点的建设，并且根据本地情况积极引导当地煤矿对接旅游开发，为红色旅游的发展提供资金支持。2011年，政府大力度投资7.8亿元，重点建设了一批包括八路军文化园、游击战体验园、太行五星级大酒店等工程在内的红色旅游产业项目；为了扩展投资渠道，政府以财政入股的新形式，投资2亿多元与北京华严文化投资有限公司共同合作开发了大型实景剧《太行山》，同时，不断发挥武乡县革命老区的优势，积极向上争取投资资金，2004年以来，武乡县耗资1.8亿元逐步完成了百团大战总指挥部砖壁旧址、八路军太行纪念馆、八路军总部王家峪旧址三个红色旅游景区的改陈扩建、配套设施建设完善和周边环境整治工作。目前，武乡县后期旅游发展、产品更新、基础设施建设及二期建设所需资金仍然有所欠缺。资金短缺仍然是制约武乡县旅游发展的一个重要因素。

四、对进一步推进武乡红色旅游业的建议

（一）完善武乡县旅游服务体系

作为第三产业的旅游业，其本质在于为游客提供诚信优质的服务。武乡县应当从以下几方面提升旅游服务质量：第一，建立风格统一的武乡县旅游标识，在公共服务场所建立电子导游设施，方便游客查询，营造红色旅游的整体氛围；第二，加强旅游行业诚信体系建设，建立健全旅游投诉机制，并且提高旅游执法力度，建立红色旅游诚信区；第三，充分运用网络、媒体的功能，建设"武乡红色旅游电子服务平台"，开发红色旅游展示交易系统、旅游服务和管理系统，建立旅游资源数据库，对各景区实现智能化、数字化管理；第四，建立红色旅游保障系统。

旅游业是一个淡旺季十分明显的行业。在淡季时，景区的客流量较少，在旺季时，景区会出现超负荷的客流量。这要求景区不仅要有接待大量游客的能力，而且要有对突发事件的应急处理能力。武乡县应当完善景区内安全措施建设，保证景区内安全、医疗、通信畅通，加强对紧急事故的处理能力。优质全面的旅游服务能够体现太行山革命老区人民淳朴的革命传统，让游客有宾至如归的体验，大大提升武乡红色旅游品牌的形象，有利于旅游市场的进一步拓展。

（二）培养高素质的旅游人才队伍

在红色旅游人才培养方面，第一，培养红色旅游学术型人才。依托省内高校的教学资源优势，为武乡县红色旅游发展储备专业人才，以更好地促进红色旅游的发

展。第二，培养红色旅游技能型人才。将红色旅游讲解、带团技巧等实践课程加入省内旅游职业学院教育中，为武乡县红色旅游提供人力资源支持。第三，加强对景区现有员工的培训，从中提拔工作能力强、业绩突出的人才进入中高管理层，推动景区的长远发展。

（三）进行全方位、多渠道旅游融资

要解决资金不足的问题，不能单靠财政补贴，必须发展多样化的资金来源。武乡县政府可以与一些有实力且有投资意愿的企业达成协议，该企业对某些景点定点投资，该景点建成后若干年的收益权归该企业所有，到期后再转交政府。也可尝试股权合作等合作模式，拉动个人和企业的参与，如鼓励当地居民和企业积极入股，以年终分红的方式使当地居民从中获益。既可以缓解资金短缺压力，又可以充分调动当地居民工作的积极性。

（四）加快旅游业与其他产业的融合

加强旅游业与其他产业的融合，是带动地区其他产业发展，实现地区经济协调发展的最佳途径。因此，在武乡县红色旅游发展中，要加强旅游业与煤炭工业融合，促进武乡县工业转型发展。首先，发展旅游纪念品生产工业。旅游纪念品不仅有利于树立和推广旅游目的地形象，而且能够增加旅游业收入，为产业融合提供了良好的途径，同时带动武乡县的轻工业初步发展。其次，发展特色农产品加工工业。武乡县的特色农产品众多，其中杏树的种植已初具规模，生产的浓缩杏汁营养丰富、口感爽滑，深受游客喜爱，但至今尚未进行规模化生产，随着武乡县旅游业的发展，武乡县的杏汁将具有极大的市场。因此，武乡县应加大投资开发力度，对浓缩杏汁进行专业化和规模化生产，打造特色品牌，使杏汁生产成为武乡县的特色工业。

参考文献

[1] 毛日清. 老区建设与"红色旅游"事业的发展 [J]. 求实，2002（12）：49-50.

[2] 李向明. 江西红色旅游资源及其创新开发的思考 [J]. 江西财经大学学报，2005（2）：62-65.

[3] 中共中央办公厅,国务院办公厅.2004—2010年全国红色旅游发展纲要[Z].2004-12-19.
[4] 郑良军.红色旅游发展与资源保护的研究[D].南昌:南昌大学,2011.
[5] 宋丽娟,红色旅游动力机制研究[D].南昌:南昌大学,2010.
[6] 赵翠.延边地区红色旅游开发研究[D].延吉:延边大学,2012.

中小景区投资旅游演艺量力而行

■ 李学强

摘　要：自1982年，第一部旅游演艺产品《仿唐乐舞》问世，至今上万余场次的演出，一直兴盛不衰，它也见证了中国旅游演艺的兴起发展。旅游演艺伴随旅游业的发展逐步兴盛，优势自然资源、历史资源、文化资源之后，伴随着资本热钱涌入旅游业，旅游景区如雨后春笋，遍地开花。在没有资源优势的情况下，人造景区、网红景区风靡一时，又如昙花一现发展至今，旅游演艺被当作引客引流法宝，新的利润增长点，关注头部旅游演艺企业利润的同时，中小企业摩拳擦掌准备在旅游演艺市场大展拳脚。旅游演艺成了香饽饽，被所有人看好，政府需要城市名片，景区需要核心吸引产品，观众需要新的旅游体验，投资人、政府、大众、地产，甚至海外资金也涌入旅游业，催生演艺的快速发展，优势演艺项目动辄观众几十上百万过亿的利润吸引，中小景区是否合适跟风上马？上马是否得到如期效果？

关键词：旅游演艺升级；消费需求升级；行业寒冬；中小景区演艺

一、中国旅游演艺业的发展历程

旅游演艺历经40多年发展，平均每十年一个飞跃，自1978年起，历经了发生期、发力期、发展期和高速发展期。

（一）发生期

第一个十年，中国改革开放初期，各行业发展初兴，还未取得成绩，大量外国游客进入中国，旅游业开始起步，主要是满足国外游客的吃、住、行需求。游览于各大历史、自然、文化景区，古都名城等，最开始集中的就是古都西安，有大量游客，却无相应夜间文化产品可供消费。1984年由中国香港人出资建成了"西安唐乐宫",歌舞剧院的《仿唐乐舞》接待国外游客,只收外汇券。在这个时期,作为新兴城市的深圳,诞生了中国第一座文化公园"锦绣中华",《中华百艺盛会》和《欧洲之夜》等演艺活动被认为是中国旅游演艺产品的雏形。

（二）发力期

20世纪90年代开始,各地为满足外国旅游者的消费需求,开始打造小型演出节目,拉动了演艺项目的持续需求,使越来越多人投入旅游业中。

（三）发展期

2000年开始,国家实现三个黄金周、双休日制度,假日经济来临,国内人民拥有了大量的休息时间,旅游出行成为更多人民群众享受假日的方式,三线以下城市中小景区开始起步,以弱势资源满足周边城市人民观光游览为主的产品占大多数。在此阶段,深圳华侨城的锦绣中华、民俗村等旅游演艺产品爆发式增长,宋城演艺开始起步。2004年《印象·刘三姐》开创了中国山水实景演艺的先河,自此,以自然山水为舞台,借助现代科技,人文与自然并重的山水实景演艺开始流行。出现了以王潮歌的"印象"系列和梅帅元的"山水"系列为代表的《印象·丽江》《印象·普陀》《大宋·东京梦华》《天门狐仙·新刘海砍樵》《鼎盛王朝·康熙大典》等演出剧目,凸显出旅游演艺作为旅游目的地名片的作用。

（四）高速发展期

2008年后的十年,旅游演艺进入高速发展时期,各大城市、旅游目的地都有了代表性产品,如杭州的《宋城千古情》、西安华清宫的《长恨歌》、开封《大宋·东京梦华》、丽江的《印象·丽江》等。这些演出位于旅游目的地城市,成为城市文化名片,吸引着游客观看体验。旅游演艺2.0时代,沉浸式成为演出的主要特征。王潮歌的"又见"系列中,《又见平遥》颠覆了传统的观演方式,观众边走边欣赏演出,一步一景,成为演出的一部分;《又见敦煌》以情景体验剧的形式,通过变换场景将观众带入剧情中,借人物讲述一个个敦煌故事;华夏文旅集团在厦门的《闽南传奇》将室外实景搬进了演出剧场,别出心裁地设置了可移动的室内观众席,打造出一台"会跑的实景演艺",让观众身临其境。

二、旅游演艺格局现状

正所谓旅游演艺，必然是伴随着旅游业的分布发展，而作为一种文化、民俗、科技的艺术化体验形式，相应的成本和观演票价决定了旅游演艺的格局必然是经济发达地区，巨大游客流量。

（一）旅游演艺地理布局

目前国内旅游演艺集中在长江三角洲、珠江三角洲、西南地区三大旅游演艺圈。

（1）长江三角洲旅游演艺圈以杭州《宋城千古情》为首，在地理区位、文化底蕴的杭州具有巨大优势，导演团队、运营管理、景区模式等都具有很大竞争力。

（2）珠江三角洲演艺以广州长隆大马戏表演、《三亚千古情》等主题公园类表演为主。

（3）西南区域的旅游演艺则以《九寨千古情》《丽江千古情》《印象·丽江》《丽水金沙》等为主。

以上，不同区域的演艺圈，都出现了千古情、印象。而正是这些头部演艺企业的品牌积累、输入，形成了"山水"系列、"印象"系列、"千古情"系列等几大品牌，在剧目创作、演出资源供给、运营营销方面出现强者愈强的趋势，占领优势演出市场旅游目的地，优质的演出内容，形成强大市场品牌号召力，对游客市场形成虹吸效应。

（二）旅游演艺分类

旅游演艺细分为主题公园演艺、实景演出、独立剧场演出。在经济效益上二八法则体现尤为明显。

（1）实景演出新上剧目数量、演出票房都增长迅速，而品牌演出项目的吸金能力强大，实景演出剧目共 75 台，代表性演出主要有《印象·刘三姐》《印象·丽江》《印象·大红袍》《文成公主》《长恨歌》等。单台剧目的平均票房约 1944.8 万元。其中，约 80% 的剧目票房低于实景演出平均票房，66.7% 的剧目票房收入在 1000 万元以下。

（2）主题公园演出发展强劲，以 2017 年为例，主题公园演艺剧目数量 26 台，占总台数的 26%，代表作有宋城演艺的"千古情"系列、华夏文旅的传奇系列、开封清明上河园的《大宋·东京梦华》等，贡献的演出票房收入占总体票房的 45.3%，平均票房达 9000 万元，宋城演艺的《宋城千古情》《三亚千古情》《丽江千古情》《九寨千古情》、广州长隆的《魔幻传奇Ⅱ》等知名剧目票房收入超亿元。相比之下，独立剧场的演出剧目数量有 171 台，数量是主题公园演艺数量的 6 倍有余，占总体台数的 62.9%，票房收入却只占到总体票房的 26.4%。

（3）以《云南映象》《又见平遥》《时空之旅》为代表的独立剧场演出增幅明显，但同样存在比例失衡，优秀项目吸金明显，而 78% 的独立剧场演出低于旅游演艺总体票房的平均值，20.5% 的演出票房收入 100 万元以下。

随着政策引导、市场消费趋势，旅游演艺市场增长速度仍在加快，新上演出也越来越多元化，在演出中科技的融入、形式的创新，让人们欣赏水平上升的同时也产生了审美疲劳，每台演出难免会给观众名不副实的感觉。在千万游客级旅游目的地城市，如西安、杭州、三亚、丽江、张家界等演艺竞争已呈白热化态势。《知音号》《又见平遥》《法门往事》《桃花源记》《炭河千古情》《泰山千古情》等都是顶级演艺导演团队的二代产品，均选择了武汉、长沙、常德、宝鸡等二三线次强城市及景区，但在票房上就有明显落差。但在行业繁荣刺激下，投资不降反增，投资规模越来越大，更多地选择了形式技术上的突破创新，忽略了演出本质文化、内涵、艺术的深厚，导致投资回报失衡，运营维艰。

北方景区户外实景演出受到季节时令的限制。《鼎盛王朝·康熙大典》《中华泰山·封禅大典》等剧目，以半年的营收来维持项目运转实属艰难。除此之外，应谨慎进行场地选址。旅游景区类演艺依靠的是当地的自然和人文资源，如《印象·海南岛》选址失误，对当地消费潜力和外来游客需求做出错误的判断，最终面临停演。

根据目前统计数据，旅游演艺营收呈现"811"现象，即 80% 亏损、10% 持平、10% 盈利，这是敲响的警钟，由此，不得不带给我们思考，旅游演艺是否能成为景区发展二次腾飞核心吸引力？

三、中小旅游景区发展现状

中小景区多存在于三线以下城市，具有以下几个特点。

（1）产品低端，没有深厚的文化底蕴，产品设计多流于形式、浮于表面，满足游客基本观光需求，投入网红产品，虽可快速提升市场热度，但很难持续。

（2）同质化严重。无独特文化特色、自然资源，生搬硬凑，牵强附会，新上景区竞合分析首先思路就是人有我有，再考虑新的产品差异性。

（3）管理运营本土化。管理运营多为本地人员，景区发展前景，薪酬待遇，难吸引人才，学习先进管理也会与本地整体执行水平冲突，导致难落实。

（4）客源主要来自城市周边，市场覆盖周边300千米，团队最远500千米范围圈。

（5）吃、住、行、游、购、娱等基本游客需求服务水平不够，都视为满足基本需求即可，不提供增值服务，不争取游客满意度。

基于以上基础，作为旅游产品升级、满足游客高端体验、艺术化追求的旅游演艺在这种土壤中会水土不服。

现在多数中小型景区经营困难，很多景区在不加财务成本的情况下都处于亏损状态，这是当前景区经营的现状。因为中小型景区遇到了很多的问题，所以大家都在苦苦挣扎以求突破，有的侧重产品，有的侧重管理，有的追求营销突破，各有各的思路。

以山东省为例，山东是人口大省，也是旅游大省、文化大省，在几大演艺商圈演艺项目如火如荼之际，山东旅游市场搞夜场旅游演艺的也有一些，东部有威海华夏城《神游华夏》、招远《金山佛谕》、日照《海之秀》、泰安《泰山千古情》《封禅大典》、济宁尼山圣境，还有五莲、东平等小区域。山东作为北方省份，旅游市场季节性明显，清明到十一，半年的旅游季节，夜场演艺季节性影响更大，基本做不到四季演艺，三季都谈不上。只能夏、秋两季还要考虑雨季对演出时间场次、游客市场的影响，所以一直没有作为山东文化名片的旅游演艺出现。

再下沉到市级、县级旅游市场，按照现在国内市场盈利旅游演出项目基本情况判断，城市旅游目的地千万游客量，景区知名过百万游客量，过夜游客存量，符合条件的基本已被占领，整体市场客流情况不足以支撑演出项目的盈利。一个小县城客流能达到100万人就很不错了，说明这个地方起码有个客流能达到50万的景区来支撑，而山东符合标准的县城很少。

举例来看，如一个地方年接待游客100万人，起码有60%为一日游，即过夜客还有40万，这40万游客还包括团队与散客问题，二日游团队比例较大，按照60%算有24万人。如果这个地方搞夜场演艺，最主要的客流还是以团队为主、散客辅助。即使这24万人有30%去看演出也不足8万人。地方景区门票竞争程度激烈，给各个旅行社的门票很低，更不用说夜场演艺票价，按照渠道商底价20元一张算，毛收入160万元，加上散客补充也并无多少，如果投入300万元，很难收回成本。虽然也要考虑周边县城的当地游客，品牌做大之后也能吸引更多游客，但县级当地消费水平支撑不起，也可能并没有能力打造品牌。一个小县城的小景区投资 300 万元发展夜间演艺，开始一段时间的客流可观，但基本上很快就会流失游客，生存很难的情况下更无力打造品牌。

四、旅游演艺未来趋势

虽目前国内旅游演艺发展不均，多数亏损，但随着国民旅游休闲消费需求的增长，旅游演艺也会不断升级，以更加丰富多元的产品来满足游客的新需求。

（一）结合当地特色资源，回归文化

旅游演艺具有文化属性和旅游产业属性，是展现民族文化、当地文化、"原生态"文化的重要承载方式，也是最好的表达形式。因此，发展旅游演艺行业，除了要对技术和表现形式进行升级，也要让演艺成为当地文化最好的表达发声窗口。

（二）满足市场需求，发掘多层次市场的潜力

（1）发掘不同层次市场的需求，推动旅游演艺产品的合理化布局。鼓励有实力的 IP 向下沉市场扩张，开发小而美的演艺产品，打开三四线城市的市场。

（2）以市场需求为基础，开发不同类型的演艺产品。比如，主题公园产品应打造适应广泛人群受众的产品，如近年来广受欢迎的亲子游、情侣游、海洋主题家庭游等。

（3）创新艺术形式，为游客打造真实旅游体验。紧跟时代发展，创新旅游演出形式。中国旅游演艺发展几十年来，演出方式和形态一直随着社会的变迁和市场需求的演变而不断更新。在技术的加成下，沉浸式、行进式、浸没式等新型演出形式仍应主动创新，提升游客体验。

五、结语

旅游演艺是有需求，但动辄追求国内某某方面第一，投资越大越好，消费市场盲目自信，投资回报周期过长，特别是区域性旅游市场中的私营企业，无人托底，夜场演艺对私营企业来讲，更多的是一场声势浩大的鸿门宴，绝不是美酒佳肴丰盛的夜宴。

旅游是多业态、多元化、满足社会各阶层的产品业态。旅游演艺也一定是从小众走向大众的产品。比如，"千古情"系列产品，自身品牌影响、运营经验，开拓轻资产模式。作为转型旅游演艺的华夏文旅，着力打造"旅游+""演艺+"的文旅综合体，在充分发挥集团已有业务板块优势的同时，不断拓展主题乐园、酒店、餐饮等多元业态。

旅游演艺，不是景区标配，可以不用跟风陪跑。在有好的文化和创意时，不妨结合自身条件，量入为出，满足游客需求，丰富自身产品线，力求盈利，先生存再发展。

参考文献

[1] 范周. 旅游演艺，未必是景区"标配"[EB/OL]. (2018-08-15)[2019-10-29]. http://www.sohu.com/a/247582704_182272.

[2] 张小可. 中国旅游演艺热的冷思考[EB/OL]. (2018-07-28)[2019-10-29]. http://www.sohu.com/a/243874232_189327.

[3] 毛修炳. 中国旅游演艺的现状与趋势[EB/OL]. (2019-01-15)[2019-10-29]. http://www.sohu.com/a/289230797_126204.

县域旅游演艺发展前景分析

耿铭生

摘　要：旅游业伴随中国改革开放成就发展而发展，旅游演艺伴随旅游业的发展逐步强大，在旅游业产品周期性更替，产品迭代不能满足人民日益增长的美好生活需要和经济改善带来文化旅游消费升级需求，旅游演艺作为文化挖掘、融合、创作、发扬、传播、表达的最好载体，遇到了最好的发展契机。在旅游演艺蓬勃发展的今天，各大旅游目的地城市，优势资源景区，旅游演艺扎堆，竞争加剧，产业布局、格局逐步明晰。从旅游演艺市场数据分析得知，目前旅游演艺80%项目处于亏损状态，时有企业退出舞台。作为数量众多，消费低端的下沉市场，县级旅游业在当前形势下如何适应当前产品转型升级困难，如何在旅游演艺业态中取得突破。

关键词：消费需求升级；下沉市场；县域旅游

一、中国旅游行业发展历史

改革开放40多年来，中国经济飞速发展、日新月异，中国人民取得了举世瞩目的成就。

20世纪70年代末到80年代中期，中国的文化产业开始萌芽，并取得一定程度的恢复性发展。1992—2001年，中国文化产业初步成型。2002—2011年，文化产业发展进入快速扩张期。2012年至今，文化产业发展全面提升，文化产业成为国民经济发展的支柱性产业，文化科技创新推动文化产业结构不断优化。

自1978年改革开放开始，旅游业经历四大阶段：第一个十年是初创阶段，旅游事业在我国既是经济事业的一部分，又是外事工作的一部分；第二个十年是产业化进程阶段，旅游业成为国民经济新的增长点；第三个十年是旅游业市场化进程深入阶段，假日制度推出，大众旅游开始，旅游市场繁荣兴旺；第四个十年是全面融入国家战略阶段，旅游业融入国家战略体系，倡导发展全域旅游。

2017年党的十九大报告指出，中国特色社会主义进入新时代，我国社会主要矛盾已经转化为人民日益增长的美好生活需要和不平衡不充分的发展之间的矛盾。40多年国家经济、文化、旅游的发展，促进人民群众的美好生活需求增长。改革开放的双向效应直接启动了中国人的旅游需求。天下大势，浩浩汤汤，伴随人民文化艺术需求的不断提升，各类科技、人文产业快速发展，旅游演艺顺势而起。

二、旅游演艺的发展历史

我国的旅游演艺活动，最早可以追溯到20世纪80年代，深圳华侨城集团为开发文化旅游主题园区，推出了在园区内的大型驻场演艺节目，获得了游客的热烈欢迎，演出的高水准更成为华侨城文化旅游产品的竞争力要素。

其后，陕西省为了吸引游客夜间出游，充分利用旅游市场资源，开始发展旅游演艺，游客涵盖国内外。当时旅游演艺的主要参与主体是国有剧院团，演出场地也是在自己的剧院，因此，他们在吸引团体游客的同时，也面向社会零散观众。陕西省歌舞剧院打造的《仿唐乐舞》《唐·长安乐舞》及由天创国际演艺制作交流有限公司制作的大型舞台动作剧《功夫传奇》等一大批以游客为目标观念的旅游演艺产品，受到中外游客的认可，为我国旅游产业发展做出了积极贡献。

2000年后，旅游业的蓬勃发展，县域旅游进入初步发展期。这里的县域旅游，是指并无重大历史资源、自然资源可依靠，利用弱势资源创造、开发景区。而一线旅游资源有了游客量的支撑，开始涉足旅游演艺，旅游景区大型演艺活动争奇斗艳，各地陆续推出品牌项目，如杭州的《宋城千古情》、广西的《印象·刘三姐》、云南的《印象·丽江》等。直至今日，形成几大系列，占据旅游演艺市场的头部空间。

三、旅游演艺产品的特点

与传统演出相比，旅游演出具有独特的特点，即演出地点大多为室外或者专门的剧院，根据剧情以山、水为背景、为舞台。观众主题是旅游游客，涵盖社会各个阶层、全年龄段，老年团、亲子家庭、情侣、毕业旅行、商务接待、亲友出行等，而观众也可以参与到演出中，体验到演出的乐趣。旅游演艺产品主要强调以下几个特征。

（一）本土化

演出内容多为旅游城市或景区的当地特色文化，历史题材、文化题材是最好的IP。文化是旅游的灵魂，也是旅游演艺的灵魂，所以旅游演艺产品非常重视对本地资源的挖掘与文化内涵的开发，运用艺术手法、科技手段、新颖的表演形式打造当地最具特色的文化演艺。比如，"千古情"系列，必定是把演艺作为当地文化的承载体呈献给观众，而演艺也是文化最好的表达。

（二）娱乐化

旅游的目的就是为了游览、观光、娱乐，体验不一样的风土人情，强调观赏与参与体验的结合。现在有虚拟旅游，不一定要离开居住地，就可以实现这些精神上的需求。旅游演艺为旅游人群提供娱乐产品，让游客度过一个美好、休闲的时光，保证艺术性的前提下，更富有娱乐性，让观众放松、身心愉悦。

（三）多样化

相比传统演艺项目，旅游演艺融合了多种艺术形式，即舞蹈、杂技、武术、魔术及国外的一些艺术形式，涵盖全年龄段各个阶层，力求雅俗共赏、欢快、热闹。而最新技术的应用，也让旅游演艺项目成为最新潮震撼的演出，音响、灯光、多媒体技术都可以给旅游演艺加持，旅游演艺版本更新迭代最快，很多改版并不是剧本、内容的更改，而是新技术的应用，新型节能灯光、更好效果的音响、更好的多媒体效果，对观众的震撼力更有影响。而各类新型表演形式也给了观众更多的体验和惊喜，如白鹿原影视城浸没式演出《黑娃演义》，游客换装成了演员，体验演员的同时，最后的电影回访更是给了观众一种登上大银幕的满足感；《法门往事》的行走式演出，伴随一扇扇大门的推开，一幕幕场景的更换，让游客感观不同，唯一没有考虑观众体验，需要观众跟着走。以至于后来推出的会跑的实景演出——传奇系列弥补了这个不足，观众坐地不动360度旋转，于痛点处寻创新，当然这种360度旋转舞台始创于《印象·大红袍》，发扬兴盛于传奇系列演出。

（四）商业化

旅游六要素，即吃、住、行、游、购、娱。时至今日，即便新的旅游六要素的提出也是在此基础上的提升，而旅游演艺本身的商业收入，对游客的吸引，延长逗留时间，尤其过夜游客的留蓄，进而对餐饮、住宿行业的带动，都是不可忽视的经济效益。

四、旅游演艺的现状与趋势

当前把主流演出主要分为三类：第一类独立剧场演出，如《功夫传奇》《丽水金沙》《云南映像》等；第二类主题公园旅游演出，如《宋城千古情》《金面王朝》《华夏传奇》等；第三类实景旅游演出，如"印象"系列、"山水"系列等。而这些演出大多布局在长江三角洲、珠江三角洲、西南地区三大旅游演艺圈。

随着时代的进步，人民群众的审美提高、需求增强，旅游演艺形态也在更新迭代，从剧场演艺模式1.0时代开始，至华侨城的"景区＋演艺"2.0模式，发展到"山水实景＋演出"的3.0模式、"主题乐园＋演艺"的4.0模式，再到演艺主题乐园模式，以演艺体系支撑乐园发展，核心秀为主，大型主场秀及全时段小型演出、体验，如宋城、清明上河园等。而最近，形态再次发展，伴随科技、机械的发展，理念的创新，沉浸式演出、行走式演出、旋转式演出等纷纷出现，给游客带来新奇的同时，也带来行业的繁荣。

目前的趋势，随着人们对旅游的需求加大，旅游产品质量的提高，以及新景区的大量新建，旅游产品同质化严重，竞争加剧，旅游演艺成为旅游景区差异化的主要产品、发展的助推器和二次增长点。演艺对于旅游业的影响逐步加大，日益明显。旅游演艺是旅游与文化的融合，让文化表达活化起来，提升旅游产品的品位，并挖掘整合了当地的文化资源集中展示出来，促进产品优化组合，建立产业结构体系。而旅游强大的个性化基因，增强了产品竞争力，强化了产品差异，增强了景区的吸引力。

五、县域旅游行业发展历史

旅游业顺应时代蓬勃发展。跟经济规律一样，从一线城市到二线城市、二线城市到三线城市，旅游业的发展逐渐下沉。以山东省沂水县为例，2000年年初，旅游业刚刚兴起，在无历史文化、自然山水资源的情况下，走上利用弱势资源发展旅游产业的创新之路；2003—2005年发展迅速，沂水旅游产业集群于2005年入选"山东省十大（特色）产业集群"行列，实现超常规跨越式发展，被誉为山东旅游的一匹"黑马",也被业界称之为"沂水旅游现象"。从无到有、从弱到强,是沂水旅游的发展路径,顺应了时事潮流,满足了旅游业强劲发展的需要,同时也拉动了整个经济体系的优化提升,形成了区域经济发展的良性循环。2012年沂水已有六家4A级旅游景区,沂水县政府提出了"建设全景沂水,发展全域旅游"的发展战略,开创发展全域旅游的沂水实践之路,得到省市领导肯定,为原国家旅游局推行全域旅游战略提供了可靠的实践依据。

旅游景区的快速发展,游客数量的迅速扩大,证实了沂水旅游景区的开发适应了当前客源市场的消费趋势,民间资本的积极参与、景点的集群开发、政府主导的发展思路,也是大多数县域旅游发展的路径。

2010年后,各类资本转型,尤其地产企业转型旅游,使旅游业蓬勃发展,景区如雨后春笋竞相开发,2013—2018年,旅游业每年保持高速增长,2018年,中国旅游55.4亿人次,综合收入达到5.97亿元。旅游走入寻常百姓家,数量大规模增长的同时,旅游景区也面临产品升级迭代,弱势资源依旧是弱势资源,竞争力并不因时间的积累而增强,仍要靠创意、差异来满足市场的需求、游客的需求。而顺应潮流,演艺就出现在县域景区的投资人管理者眼中。

六、旅游演艺行业市场现状及发展前景分析

伴随旅游业的高速发展,旅游演艺给游客带来更为丰富的旅游文化体验,更好地传播了当地旅游文化,拉动了旅游市场消费。根据道略咨询的数据,2018年旅游演出剧目数量比2017年上涨12.1%,达306台。全国旅游演出票房增长至59.1亿元。受益于旅游演艺项目的优质内容,预计整体行业未来仍将以10%以上的增速增长。从细分市场来看,主题公园演艺票房增速高于整体增速,独立剧场旅游演艺票房增速放缓,低于整体增速;实景旅游演艺票房仅增长5.7%,达15.6亿元。

七、下沉市场消费升级的需求

(一)下沉市场的兴起

下沉市场指三线以下城市、县镇与农村地区的市场,基本特征是范围大且分散,服务成本高。

下沉市场与一二线城市相比,基础设施还不够完善,居民消费水平较低,无法

支撑商业活动，其商品和服务距一二线城市还有较大差距。但下沉市场已发展数年有余，随着互联网的不断完善、普及，营造出一个增量市场，拼多多、趣头条、快手则是互联网下沉的代表。而拼多多更是凭借下沉市场用几年时间赶上了阿里和京东，2019年双十一，阿里终于把拼多多当成对手，出台多项举措线上线下争夺下沉市场，与其说把拼多多当对手了，不如说阿里终于意识并开始重视下沉市场了。

（二）下沉旅游市场的消费需求

在县级消费市场，除长三角、珠三角等少数经济发达地区已达到"商、养、学、闲、情、奇"的中高端阶层的上升需求，吃、住、行、游、购、娱六要素仍是主要的市场需求，但也会发展，伴随居民生活水平提高、生活质量上升，整个社会旅游产业也在升级。景区承载这些需求的同时，产品升级更多趋向于平台化，而资本的涌入、竞争的加剧，想寻求突破，差异化亮点，满足游客需求，就只能靠娱。当旅游景区产品成为标配，你追求第一我追求最新的时候，旅游演艺应运而生，我演我的文化，你演你的主题。当然，对比依然存在，投资、导演团队、科技、声光电、多媒体、人员及震撼的效果，最重要的还是票房。

八、旅游演艺现状之成败

2018年，全国旅游演艺新增47台，同比增长12.1%。从新增剧目的地区分布来看，34台剧目位于二三线以下城市，占比高达72.3%，其中宋城演艺、陕旅集团等大型文旅机构的新开发项目多位于三线及以下城市。

全国演艺市场蓬勃发展，而时有退出者，2018年，旅游演艺市场停演、下架剧目达14台，选址、运营、游客转化率等几个重要指标频频被提及，有几个大投资的县域实景演艺项目艰难维持。以泰安为例，《功夫传奇》《泰山千古情》《封禅大典》等大制作，在泰安都未成功。而张家界、丽江等优势旅游资源带动的游客转化给投资者带来丰厚回报，却也面临更加激烈的竞争。演艺观众大幅增长，演出进入散客时代，但演艺扎堆优势资源旅游目的地，马太效应凸显，宋城、华夏文旅剧院"演艺+乐园"模式被证实比山水实景演出更具场次优势，异地复制快速扩张。

旅游演艺盈利的要素：名导演团队、强大的IP演出内容、实景排场强大、旅游目的地、300万游客量的入门门槛、10%~15%的转化率等。

在此环境下，一方面是旅游消费人群消费需求上升，另一方面是景区面临升级转型产品迭代的需求，而旅游演艺看似美好却被证实只是第一梯队的跟随者、陪跑者。有着优势资源景区、大游客量依托的旅游目的地景区动辄五年、八年不盈利，市场培育期痛苦漫长，作为五线、八线县域小旅游景区，何去何从？

《大宋·东京梦华》作为开封 5A 级景区清明上河园的演艺项目，根据周旭东老师的讲课，前三年亏损，第四年售票收入 18 万元，税后 15 万元，调整与景区门票捆绑销售模式后，逐年增长，2019 年，进入实景演艺收入亿元俱乐部，这是依托优质高效团队持续多年运营及近 400 万景区游客。

九、结语

2019 年 3 月，文化和旅游部发布我国首个促进旅游演艺发展的文件《关于促进旅游演艺发展的指导意见》，对旅游行业后续成长具有纲领性意见，其中就指出要鼓励发展中小型、主题性、特色类、定制类旅游演艺项目。

旅游是社会主义新时代人民群众日益增长的美好生活需求的必需品，县域旅游消费群体，小镇青年的文化、娱乐需求也需要满足，县域旅游演艺对于繁荣演艺市场，完善演艺产业链，推动文化和旅游融合发展有重要作用。而综合总体游客量、客单价、过夜人群数量、游客审美、消费水平等各项因素，县域旅游在旅游演艺方面要特别关注投资产出比、演出规模、夜游经济、产业配套、综合收益方面的综合考量。

参考文献

[1] 范周. 改革开放四十年中国文化产业发展历程概述 [EB/OL]. (2018-09-16) [2019-10-26]. http://www.sohu.com/a/254205527_182272.
[2] 刘艳兰. 旅游演艺的发展历程及其对旅游业的影响 [J]. 科技广场, 2009 (8): 32-34.